आज के प्रश्न

कश्मीर का भविष्य

अशोक सेकसरिया नीरेन्द्र नागर अरुण कुमार त्रिपाठी
सत्येन्द्र रंजन सुभाष धूलिया सुरेन्द्र मोहन गीता पुरी
जवाहरलाल कौल मस्तराम कपूर अमरीक सिंह रघुनाथ
वैष्णवी सच्चिदानन्द सिन्हा बलराज पुरी राजकिशोर

आज के प्रश्न

इस पुस्तक श्रृंखला का लक्ष्य है समकालीन राजनीतिक, आर्थिक और सामाजिक दृश्यपट की प्रखर, विस्तृत और वस्तुपरक पड़ताल। कम मूल्य पर विचारपूर्ण सामग्री देने की इस योजना के तहत तीन महीने के अन्तराल पर दो ऐसी पुस्तकें प्रकाशित की जा रही हैं, जो किसी महत्वपूर्ण घटना, मुद्दे या समस्या से सीधे जुड़ी हों। श्रृंखला संपादक हैं प्रसिद्ध लेखक और पत्रकार राजकिशोर।

'आज के प्रश्न' श्रृंखला में अब तक प्रकाशित पुस्तकें :

1. **अयोध्या और उससे आगे**
2. **भारतीय मुसलमान : मिथक और यथार्थ**
3. **हिन्दू होने का मतलब**
4. **विनाश को निमंत्रण : भारत की नयी अर्थनीति**
5. **कश्मीर का भविष्य**
6. **हरिजन से दलित**
7. **स्त्री के लिए जगह**
8. **भारत का राजनीतिक संकट**
9. **भ्रष्टाचार की चुनौती**
10. **मानव-अधिकारों का संघर्ष**
11. **हिन्दुत्व की राजनीति**
12. **अश्लीलता का हमला**
13. **जाति का जहर**
14. **स्त्री परंपरा और आधुनिकता**
15. **बच्चे और हम**
16. **हिंसा की सभ्यता**
17. **मुस्लिम आतंकवाद बनाम अमेरिका**
18. **दलित राजनीति की समस्याएँ**
19. **नैतिकता के नये सवाल**
20. **माओवाद, हिंसा और आदिवासी**

कश्मीर का भविष्य

संपादक

राजकिशोर

वाणी प्रकाशन

वाणी प्रकाशन

4695, 21-ए, दरियागंज, नयी दिल्ली 110 002

शाखा

अशोक राजपथ, पटना 800 204

फ़ोन: +91 11 23273167 फ़ैक्स: +91 11 23275710

www.vaniprakashan.in
vaniprakashan@gmail.com

KASHMIRKABHAVISHYA
Edited by Raj Kishore

ISBN : 81-7055-335-0
Aaj Ke Prashna

संस्करण 1994, 1996
आवृत्ति 2011

मूल्य : ₹125

आर. टेक ऑफ़सेट, दिल्ली-110095 में मुद्रित

वाणी प्रकाशन का लोगो मक़बूल फ़िदा हुसेन की कूची से

सम्पादक की बात

राष्ट्र ऐसे बनाये जाते हैं

भारत में कश्मीर पर कोई भी राजनीतिक किताब लिखना या सम्पादित करना जोखिम से भरा काम है। पंजाब समस्या पर, झारखंड की माँग पर और यहाँ तक कि उत्तर-पूर्व भारत में विद्रोह की स्थिति पर किताब तैयार की जा सकती है। कोई आपको राष्ट्रद्रोही नहीं कहेगा। लेकिन कश्मीर पर वस्तुपरक ढंग से कुछ भी लिखने से यह विशेषण बहुत आसानी से आमंत्रित किया जा सकता है। यही कारण है कि भारत में कश्मीर पर अभी तक जो भी पुस्तकें लिखी या सम्पादित की गयी हैं, वे मुख्यतः 'राष्ट्रवादी' किस्म की हैं। उनमें कश्मीर के असंतोष पर विचार जरूर किया गया है, किंतु उसे भारत का एक अविच्छेद्य अंग मान कर। इनमें से अधिकांश का निष्कर्ष यह है कि कश्मीर का मामला इसलिए बिगड़ा, क्योंकि उसकी स्वायत्तता का सम्मान नहीं किया गया। इस व्यापक समूह के अंदर कश्मीर विशेषज्ञों की दूसरी धारा का प्रतिनिधित्व जगमोहन जैसे लोग करते हैं। उनकी निगाह में कश्मीर न केवल भारत का हिस्सा है, बल्कि ऐसा हिस्सा है, जो जरूरत से ज्यादा स्वायत्तता दिये जाने और अनुचित लाड़-प्यार से बिगड़ गया है। यह वर्ग राजनीतिक नहीं, सैन्यवादी समाधान की माँग करता है। यह भारतीय राष्ट्रवाद की एक संकीर्णतर धारा है। ऐसी किताबें विरल हैं, जो कश्मीर की समस्या को कश्मीरियों की निगाह से भी देखती हों। ऐसी अच्छी किताब शायद कोई कश्मीरी ही लिख सकता है। लेकिन कश्मीरी को इस समय कलम नहीं, बंदूक ज्यादा आकर्षित कर रही है। कलम से आप अपने पक्ष का तार्किक या भावुक प्रतिपादन कर सकते हैं, बंदूक से आप अपना लक्ष्य हासिल कर सकते हैं या कम-से-कम एक उग्रवादी को ऐसा ही लगता है। अभी हाल तक कश्मीर का पक्ष देख पाना इसलिए भी कठिन था, क्योंकि कश्मीर की आजादी की माँग बहुत बुलंद नहीं थी। अब यह आवाज कश्मीर की घाटी में ही नहीं, दूर-दूर तक सुनी जा सकती है। स्थिति में गुणात्मक परिवर्तन आ चुका है। अतः नये विचारों की जरूरत है। यह पुस्तक

इसी दिशा में एक विनम्र प्रयास है।

क्या यह पुस्तक कश्मीर को आजाद कर देने की वकालत करती है ? नहीं। पुस्तक के लगभग हर लेखक की इच्छा है कि कश्मीर भारत में रह जाता, तो अच्छा था। सारा आत्मनिरीक्षण इसी संदर्भ में किया गया है। सिर्फ एक लेख में कश्मीर की आजादी का पूर्ण समर्थन है। किंतु इसके लेखक शुरू से ही इसकी पैरवी करते रहे हैं। यहाँ सिर्फ उनका पक्ष रखा गया है, जिस पर विचार करना अब और भी आवश्यक हो गया है। निस्संदेह भारतीय राष्ट्रवाद का अर्थ यह नहीं है कि कश्मीरी राष्ट्रीयता की अपेक्षा की जाये। एंक अच्छा राष्ट्रवादी ही दूसरे राष्ट्रवादी की वेदना को समझ सकता है। भारत के प्रायः सभी राजनीतिक दल कश्मीर की वेदना को समझने में असमर्थ हैं, तो इसीलिए कि उनका अपना राष्ट्रबोध भी बहुत क्षीण है। राष्ट्रीयता की चेतना बहुत दूर तक जाये, तो वह समाजवाद का रूप ले लेगी। जब सारा राष्ट्र एक ही परिवार है, तो परिवार के अंदर एक ओर इतनी निजी संपत्ति और दूसरी ओर इतनी भयावह संपत्तिहीनता क्यों ? राष्ट्रीयता की चेतना बहुत संकुचित हो, तो वह कम-से-कम अपनी सीमाओं के प्रति संवेदनशील होगी। भारत की राजनीति में और बौद्धिक लेखन में इनमें से कोई भी चेतना साफ-साफ दिखाई नहीं पड़ती। हम मूलतः डरे हुए और आत्मबद्ध लोग हैं। चीन हमें अपने से मजबूत लगता है। अतः उसके कब्जे में हमारी जो जमीन है, उसे मुक्त कराने के बारे में हम सोचना तक नहीं चाहते। यहाँ तक कि तिब्बत के मुक्ति संघर्ष का भी हम खुल कर समर्थन नहीं करते। लेकिन कश्मीरी संख्या में कम हैं और हमसे बेहद कमजोर हैं, अतः उन्हें रौंद कर हम कश्मीर को अपना बनाये रखना चाहते हैं। स्पष्टतः यह किसी भी स्वस्थ अर्थ में राष्ट्रवाद नहीं है। यह राष्ट्रवाद की विकृति है। इस पुस्तक के लेखक इस विकृति का विरोध करते हैं।

स्वतंत्र भारत को अलगाववाद की चुनौती का अनुभव नया नहीं है। स्वतंत्रता के तुरंत बाद यह प्रक्रिया शुरू हो गयी थी। कुछ अलगाववादियों के साथ समझौता किया गया, कुछ ने स्वयं समझौता कर लिया। इस तरह का आखिरी गंभीर उबाल पंजाब में सिख उग्रवादियों का अलगाववाद था। अब वह भी थक चुका है। ऐसा लगता है कि नये राजनीतिक मॉडलों के निर्माण के क्षेत्र में भारत में कोई खास जीवन शक्ति नहीं है। यहाँ चीजें अपनी तार्किक परिणति तक नहीं पहुँच पातीं। लेकिन चूँकि जीवन नयी-नयी चीजों की माँग करता रहता है, अतः लगभग हर प्रक्रिया किसी-न-किसी रूप में जारी भी रहती है। क्या कश्मीर में भी ऐसा ही होगा ? इस मामले में कश्मीर की स्थिति किंचित भिन्न प्रतीत होती है। भारत के अन्य समुदायों का स्वभाव शायद थल की तरह है, जो जल्दी गरम होता है और जल्दी ठंडा हो जाता है। कश्मीरियों का स्वभाव जल की तरह प्रतीत होता

है। जल देर से गरम होता है और ठंडा भी देर से होता है। कश्मीरी मूलतः मृदु होता है, जल्दी उत्तेजित नहीं होता। इसके स्रोत उसकी सांस्कृतिक परंपरा में भी खोजे जा सकते हैं, जो वेदांत, बौद्ध धर्म और सूफी मत को मिला-जुला कर बनी है। लेकिन कोई मृदु समुदाय जब कुछ ठान लेता है, तो उसकी दृढ़ता ज्यादा टिकाऊ होती है। इससे भी महत्वपूर्ण बात यह है कि कश्मीर में एक तरह का राष्ट्रबोध पैदा हो गया लगता है। वस्तुतः यह राष्ट्रबोध भारत में कश्मीर के विलय के बाद कभी समाप्त नहीं हुआ था। हमें भूलना नहीं चाहिए कि कश्मीर का अपना संविधान है। संविधान किसी देश का ही होता है, प्रांत का नहीं। कश्मीर का संविधान और भारत का संविधान परस्पर विरोधी नहीं, एक-दूसरे के पूरक हैं। लेकिन भारतीय संविधान पर अमल करनेवालों को यह रिश्ता मंजूर नहीं हुआ। उन्होंने भारतीय संविधान का भी अतिक्रमण किया और कश्मीर के संविधान का भी। इससे कश्मीर का अपना राष्ट्रबोध और प्रदीप्त हुआ होगा। यदि हम कश्मीर को भारत की एक उपराष्ट्रीयता का भी दरजा दें, तो एक दहकती हुई उपराष्ट्रीयता को राष्ट्रीयता में बदलने में कितना वक्त लगता है ? कश्मीर की स्थिति इस मामले में भी भिन्न प्रतीत होती है कि जहाँ देश के अन्य हिस्सों के अलगाववादी आंदोलनों को व्यापक जनता का समर्थन नहीं रहा है, वहीं कश्मीर घाटी में आजादी के सवाल पर अब लगभग सर्वसम्मति प्रतीत होती है। इस तरह कश्मीर एक समस्या से अधिक एक प्रश्न बन चुका है। इस प्रश्न को समझना यह जानने में मदद करेगा कि नये राष्ट्र किस तरह बनाये जाते हैं।

लेकिन आजादी एक लचीला शब्द है। आजाद कश्मीर का अर्थ अलग कश्मीर नहीं भी हो सकता है। पाकिस्तान में जिसे 'आजाद कश्मीर' कहा जाता है, वह व्यवहारतः पाकिस्तान का ही हिस्सा है। क्या भारत में भी ऐसा ही 'आजाद कश्मीर' हो सकता है ? यह कई व्यावहारिक समाधानों में एक है। इस तरह कश्मीर आजाद भी रहेगा और भारत का हिस्सा भी। कश्मीर की आजादी के और भी कई अन्य लोकतांत्रिक प्रबंध किये जा सकते हैं। जैसा कि इस पुस्तक में कई लेखकों ने इशारा किया है; पूर्ण रूप से स्वतंत्र कश्मीर राजनीतिक रूप से कठिन दिखाई देता है, क्योंकि भारत उसकी स्वतंत्रता का सम्मान करे, तब भी जरूरी नहीं कि पाकिस्तान कश्मीर-विमुख हो जाये। अभी कश्मीरी यह देख नहीं पा रहे हैं, क्योंकि वे तार्किक रूप से सोचने की स्थिति में नहीं हैं। उन पर जुनून सवार है। भारत और पाकिस्तान भी कश्मीर को ले कर जुनून की स्थिति में हैं। इस उत्तप्त माहौल में कश्मीर का भविष्य विवेकसम्मत ढंग से कौन निश्चित कर सकता है ? इस पुस्तक का नाम शायद 'कश्मीर की ट्रेजेडी' होना चाहिए था।

क्या यह ट्रेजेडी सिर्फ कश्मीर की है ? नहीं, यह पूरे भारतीय उपमहाद्वीप की ट्रेजेडी है। भारत विभाजन और बाद में बाँग्लादेश का जन्म इस ट्रेजेडी के

ही विभिन्न अध्याय हैं। ट्रेजेडी की विशेषता यह होती है कि उसका नायक एक अपरिहार्य अंत की तरफ खिंचा जाता है। कई बार वह सब कुछ समझता-बूझता भी है, फिर भी कोई विकल्प नहीं पैदा कर पाता। महाभारत का युद्ध एक ऐसी ही ट्रेजेडी थी। वह रोका जा सकता था, पर रोका नहीं जा सका। एक लम्बे अरसे से भारतीय उपमहाद्वीप का सामान्य स्वभाव घटनाविहीनता का है। लेकिन ट्रेजेडी में घटनाएँ होती हैं। भारत को भी घटनाओं का शिकार होना पड़ा है। क्या अब अगला चरण कश्मीर है ? वस्तुतः हमारी छानबीन का एक उद्देश्य यह भी है। इसी इरादे से हमने कश्मीर के ताजा अतीत में डुबकी लगायी है और उसके संभावित भविष्य का आकलन करने की कोशिश की है।

इस प्रक्रिया में राष्ट्रीयता, लोकतंत्र, संविधान, केंद्र-राज्य सम्बन्ध, मानवाधिकार, जनमत संग्रह आदि तमाम तरह के सवाल उठे हैं। इन प्रश्नों का जिस तरह विवेचन किया गया है, आशा है, पाठक उसे तार्किक और वस्तुपरक पायेंगे। तब शायद यह भी कुछ और स्पष्ट हो कि कश्मीर के भविष्य के सवाल अंततः भारत के ही भविष्य के सवाल हैं। भारत जिन नीतियों के कारण कश्मीर को अपने साथ नहीं रख सकता, उन्हीं नीतियों के जारी रहते क्या वह अपने साथ भी न्याय कर सकेगा ? इसके विपरीत भारत अपने साथ न्याय करना सीख जाये, तो कश्मीरियों को भारतीयों के साथ रहने में दिक्कत ही क्यों हो ? भारत की राजनीतिक एकता बची रहे, यह लक्ष्य महत्वपूर्ण, किन्तु अपर्याप्त है। राजनीतिक रूप से ऐक्यबद्ध लोग भी क्षय का शिकार हो सकते हैं। महत्वपूर्ण बात इस क्षय को रोकना है, न कि किसी भी कीमत पर एक तथाकथित एकता को बनाये रखना। भारत अपना चरित्र बदल कर ही कश्मीर से अपनी एकता को संभव कर सकता है। शायद अभी भी समय है। लेकिन भारत में फिलहाल कश्मीर को ले कर जिस तरह उन्माद फैलाया जा रहा है और वास्तविक सवालों की उपेक्षा हो रही है, उसे देखते हुए ऐसा कहना चरम आशावाद की अभिव्यक्ति मानना चाहिए। भारत के मामले में यह स्थिति विशेष रूप से दुखद है, क्योंकि हमने सिर्फ आधी शताब्दी पहले यह देखा था कि एक राष्ट्र को किस तरह दो राष्ट्रों में बदल दिया जाता है। भारत एक था, पर उसके भीतर से पाकिस्तान उग आया। राष्ट्र एक स्वाभाविक चीज है, क्योंकि उसका आधार एक विशिष्ट समुदाय होता है। पर वह एक अस्वाभाविक चीज भी है, क्योंकि उसका आधार सिर्फ समुदाय नहीं है–राजनीतिक संगठन भी है। स्पष्टतः कोई राष्ट्र कितना टिकाऊ या संगत होगा, यह इस पर निर्भर है कि समुदाय और राजनीतिक संगठन के बीच रिश्ते कैसे हैं। राजनीति की विकृति के कारण समुदाय टूटते हैं, तो राष्ट्र भी अखंडित नहीं रह सकता। इसके विपरीत अच्छी राजनीति टूटे हुए राष्ट्रों को भी जोड़ सकती है, यह हमने जर्मनी में अभी-अभी देखा।

फिर भी एक चेतावनी जरूरी प्रतीत होती है। कश्मीर को हम प्रेम और विनय से भारत में रख सकें, तो अच्छा है। यदि कश्मीर अपनी पूर्ण स्वाधीनता से कम पर राजी नहीं हो जाता और भारत को इसके लिए बाध्य होना पड़ता है, तो यह भी बुरा नहीं है। लेकिन जैसा कि किशन पटनायक बार-बार कहते हैं, बिलगाव के वक्त भी कम प्रेम और शुभेच्छा की जरूरत नहीं पड़ेगी। भारत विभाजन सद्भाव और सौहार्द के माहौल में नहीं हुआ था। तब की कटुताएँ अब भी जारी हैं। यही बात बाँग्लादेश के जन्म के बारे में भी कही जा सकती है। उस वक्त कम से कम भारत के साथ सीमाहीन सौहार्द था। किन्तु अब अलगाव और कटुता है। कश्मीर के मामले में यह क्षुद्रता नहीं दोहरायी जानी चाहिए। कश्मीर की स्वतंत्रता यदि सौहार्द के माहौल में घटित होती है, तभी स्वतंत्र कश्मीर भारत का मित्र रह सकता है। अन्यथा अपनी सीमा पर हम एक और तनाव पैदा कर लेंगे और फिर हर तरफ से घिरे रहेंगे। लेकिन उतने प्रेम और सद्भाव से तो कश्मीर को भारत का अंग भी बनाये रखा जा सकता है। वस्तुतः बुनियादी चुनौती यह प्रेम और सद्भाव ही है और अगर हम सभी ओर घूम कर बार-बार एक ही बिंदु पर पहुँच जाते हैं, तो समझ जाना चाहिए कि असली समस्या क्या है।

क्रम

एक सुन्दर सपने की ट्रेजेडी

अशोक सेकसरिया

कश्मीर पर बल द्वारा नहीं, केवल पुण्य द्वारा विजय की जा सकती है। यहाँ के निवासी केवल परलोक से भयभीत होते हैं, न कि शस्त्रधारियों से। —*कल्हण (राजतरंगिणी)*

इस दशक के प्रारंभ से कश्मीर घाटी में इतनी ज्यादा अशांति है कि बहुत-से लोगों को पहली बार यह एहसास हुआ है कि कश्मीर की जनता भारत में रहना नहीं चाहती और उसे उसकी मरजी के खिलाफ रख पाना प्रायः असंभव है। इसीलिए पहली बार कुछ ऐसे सच भी प्रकट किये जाने लगे हैं जिन्हें पाँच-दस वर्ष पहले तक देश प्रेम के नाम पर और अंध राष्ट्रवाद के चलते छिपाया जाता था। यह कहा जा सकता है कि कश्मीर की मौजूदा स्थिति का एकमात्र रचनात्मक पहलू यही है, क्योंकि सच को छिपाने से समस्या हल होने की ओर बढ़ने के बजाय घिसटते-घिसटते चरम विकृति को ही प्राप्त करती है। इसमें कोई शक नहीं कि कश्मीर समस्या अपनी विकृति की चरम अवस्था में पहुँच गयी है और उसका कोई तुरत-फुरत हल दिखाई नहीं देता। ऐसे में सबसे पहली आवश्यकता यह समझने की है कि समस्या का ऐसा रूप क्यों बना।

इस विवरण में हम इस बात की कोशिश करेंगे कि समस्या को समझने की हमारी दृष्टि सही बने। हमें सबसे पहले उन परिस्थितियों को जानना होगा, जिनमें कश्मीर भारत में शामिल हुआ था। आखिर शामिल होने के पीछे कश्मीर की जनता की क्या आकांक्षा थी और अपने में कश्मीर को शामिल करने के पीछे भारत की क्या भावना थी ? शायद सारी गड़बड़ी इन दोनों के बीच सामंजस्य न होने के कारण पैदा हुई है। एक बात ध्यान में रखने की है कि सत्ता राजनीति और छल-प्रपंच की राजनीति के दायरे में कश्मीरी जनता की उस समय की आकांक्षा और भारत सरकार की भावना को समझा नहीं जा सकता, क्योंकि जब कश्मीर भारत में शामिल हुआ था, तो कश्मीर की जनता और भारत सरकार दोनों ही

स्वतंत्रता के दीर्घ संघर्ष के आदर्शों से प्रेरित थीं। यह तो लगातार आदर्शों से स्खलन और सत्ता राजनीति के ही एकमात्र राजनीति बन जाने तथा देश की संवेदनहीन और क्रूर विकास नीति का परिणाम है कि कश्मीर आज अपने को बाकी देश से बेगाना समझता है, जबकि 1947 में साम्प्रदायिक उन्माद के भयावह दिनों में उसने बाकी देश से जुड़ना चाहा था।

इंगलिस्तान की सरकार ने जून 1947 में ब्रिटिश भारत के विभाजन और उसे सत्ता हस्तांतरित करने की घोषणा की। एक और भारत भी था–रियासती भारत। इस पर संधियों आदि के तहत सर्वोच्च सत्ता (पैरामाउंट पावर) ब्रिटेन की ही थी और इसकी सुरक्षा और वैदेशिक मामलों आदि की देखभाल भी उसके जिम्मे थी। ब्रिटिश भारत को सत्ता हस्तांतरित किये जाने के साथ रियासती भारत पर ब्रिटेन की सर्वोच्च सत्ता समाप्त किये जाने की भी घोषणा की गयी। ब्रिटिश सरकार ने कहा कि अब वह देशी रियासतों की सुरक्षा और उनके वैदेशिक मामलों की देखभाल से मुक्त हो जायेगी, रियासतें अब उसके खूँटे से बँधी नहीं रहेंगी, वे आजाद हो जायेंगी और यह उनकी मरजी पर निर्भर होगा कि वे नये देशों–भारत और पाकिस्तान-से सम्बन्ध कायम करें या न करें। देशी रियासतों की संख्या लगभग पौने छह सौ थी। इनमें हैदराबाद (आबादी 1 करोड़ 60 लाख), मैसूर (73 लाख), त्रावणकोर (60 लाख) और जम्मू-कश्मीर (40 लाख) (ये सभी 1941 की जनगणना के आँकड़े हैं) ही चार बड़ी रियासतें थीं। क्षेत्रफल के मामले में जम्मू-कश्मीर की रियासत सबसे बड़ी थी। अधिकांश रियासतों में यह क्षमता ही न थी कि वे भारत या पाकिस्तान से अपनी अलग हैसियत की कल्पना भी कर सकें। अँगरेजों की विदाई के वक्त इन रियासतों के राजाओं, महाराजाओं और नवाबों की यह सबसे बड़ी चिंता थी कि वे जो घोर विलासितापूर्ण जिंदगी बिताते आये थे, उसमें खलल न पड़े। लेकिन त्रावणकोर, हैदराबाद और जम्मू-कश्मीर जैसी रियासतों को कहीं यह खुशफहमी भी थी कि वे अपना स्वतंत्र अस्तित्व बनाये रख सकती हैं।

भारत के गवर्नर-जनरल लॉर्ड माउंटबेटन ने 24 जुलाई 1947 को देशी नरेशों को कहा था कि यद्यपि सर्वोच्च सत्ता समाप्त हो जाने के साथ वे पूर्णरूपेण मुक्त हो जायेंगे, लेकिन यह उनके हित में होगा कि वे 15 अगस्त 1947 के पहले निर्णय कर लें कि किस देश (डोमिनियन, चूँकि भारत और पाकिस्तान दोनों ही राष्ट्रमंडल में रहनेवाले थे) से रिश्ता बनायेंगे और यह निर्णय करते हुए उन्हें अपनी रियासत की भौगोलिक परिस्थिति और आबादी की इच्छा को भी ध्यान में रखना चाहिए। धीरे-धीरे सारी रियासतें अपनी भौगोलिक परिस्थितियों और अपनी जनता की इच्छा के अनुकूल भारत और पाकिस्तान में शामिल होती गयीं। पाकिस्तान में शामिल होनेवाली रियासतों की संख्या अत्यंत अल्प थी, क्योंकि अधिकांश रियासतें भारत के भौगोलिक क्षेत्र में ही पड़ती थीं।

लेकिन हैदराबाद और जम्मू-कश्मीर जैसी दो बड़ी रियासतें और जूनागढ़ की छोटी रियासत 15 अगस्त 1947 को भारतीय संघ में शामिल नहीं हुईं। हैदराबाद और जूनागढ़ के मामले डेढ़-एक वर्ष में निपट गये और उनका अंततः भारतीय संघ में विलय हो गया। ब्रिटिश सर्वोच्च सत्ता की समाप्ति पर जम्मू-कश्मीर की रियासत तीन विकल्पों से खेल रही थी–(1) पाकिस्तान में शामिल हो, (2) भारत में शामिल हो, (3) स्वतंत्र रहे। रियासत की स्थिति यह थी कि महाराजा हिन्दू था और 78 प्रतिशत आबादी मुसलमान। भौगोलिक लिहाज से रियासत भारत की अपेक्षा पाकिस्तान से ज्यादा जुड़ी थी। 1947 के पहले कश्मीर में बाहर से रसद उस इलाके से ही हो कर आती थी, जो विभाजन के बाद पाकिस्तान के हिस्से में आया। ऐसे में महाराजा दुविधा में था। उसे लॉर्ड माउंटबेटन ने जुलाई 1947 की अपनी कश्मीर यात्रा के दौरान यह आश्वासन भी दिया था कि अगर वह अपनी रियासत को पाकिस्तान में शामिल करना चाहता है तो भारत सरकार को इसमें कोई आपत्ति नहीं होगी। महाराजा, दरअसल, भारत और पाकिस्तान दोनों में से किसी में भी शामिल नहीं होना चाहता था और स्वतंत्र रहना मुमकिन नहीं जान पड़ता था। ऐसे में महाराजा ने अनिर्णय की स्थिति में असंभव को संभव बनाने की कोशिश की–शायद चमत्कार संभव हो जाये। पाकिस्तान के गवर्नर-जनरल जिन्ना के इस वक्तव्य से भी उसे प्रेरणा मिली कि ब्रिटिश सर्वोच्च सत्ता समाप्त हो जाने के बाद रियासतें चाहें तो स्वतंत्र रह सकती हैं। जिन्ना या मुस्लिम लीग के विपरीत कांग्रेस का मत था कि रियासतों को स्वतंत्र रहने का अधिकार नहीं है। उन्हें जल्द-से-जल्द अपनी जनता की इच्छा के मुताबिक भारत या पाकिस्तान में शामिल होना चाहिए। जिन्ना के मत की स्पष्ट व्याख्या यही हो सकती थी कि जनता की मरजी नहीं, वरन राजा, महाराजा या नवाब की मरजी पर रियासत निर्णय करेगी (जूनागढ़ के मामले में पाकिस्तान का तर्क भी यही था)।

जम्मू-कश्मीर के दीवान (प्रधानमंत्री) राय बहादुर रामचन्द्र काक अंग्रेजीदाँ व्यक्ति थे। उनकी पत्नी अँगरेज थीं। काँग्रेस और नेशनल कांफ्रेंस के नेताओं से काक को बेहद चिढ़ थी और मुस्लिम लीग के नेताओं से उनके अच्छे संबंध थे। जून 1946 में नेशनल कांफ्रेंस के 'कश्मीर छोड़ो' आंदोलन के दौरान शेख अब्दुल्ला की गिरफ्तारी का विरोध करने और उनकी तरफ से मुकदमा लड़ने के लिए पं. जवाहरलाल नेहरू कश्मीर आये, तो काक ने उनको गिरफ्तार कर लिया। इससे रियासत की सरकार से कांग्रेस के रिश्ते बहुत ज्यादा बिगड़ गये। पं. नेहरू ने 1946-47 में वायसराय लॉर्ड वावेल और लॉर्ड माउंटबेटन दोनों को ही काक की शिकायत करते हुए लम्बे पत्र लिखे। 25 मई 1946 के पत्र में नेहरू ने लॉर्ड वावेल को लिखा, '''' कश्मीर घाटी में सर्वत्र मार्शल लॉ है'''' राज्य के अधिकारी जनता के मनोबल को कुचल देने पर तुले हुए हैं। राज्य की सेना इस तरह

का आचरण कर रही है मानो उसने तुरंत किसी शत्रु प्रदेश पर कब्जा किया हो। ... मस्जिदों के भीतरी कक्षों तक में सेना घुस गयी है। जामा मस्जिद की दीवार को तोड़ दिया गया है, ताकि सेना की गाड़ियाँ आ-जा सकें। मुसलमानों के शव उनके रिश्तेदारों को सौंपे नहीं जा रहे हैं।... मैं यह जानना चाहता हूँ कि पॉलिटिकल डिपार्टमेंट (ब्रिटिश भारत सरकार का रियासती मामलों का दफ्तर) इन सबमें कितना शामिल है और स्थिति से निपटने के बारे में क्या सोच रहा है।' 17 जून 1947 को नेहरू ने लॉर्ड माउंटबेटन को जो पत्र लिखा, उसमें उन्होंने काक द्वारा कश्मीर को पाकिस्तान में मिलाने का षडयंत्र करने की शिकायत की थी।

यहाँ कश्मीर के रेजिडेंट विल्फ्रेड वेब द्वारा वायसराय के सेक्रेटरी एल. सी. एल. ग्रिफिन को लिखे गये नवम्बर 1946 के एक पत्र का भी उल्लेख किया जा सकता है। वेब ने ग्रिफिन को लिखा, 'काक ने मुझे यह संकेत दिया कि कांग्रेस की केंद्रीय सरकार का कश्मीर के प्रति विद्वेषपूर्ण रुख होगा। मुझे लगता है कि सर्वोच्च सत्ता के समाप्त हो जाने पर महाराजा यही चाहेंगे कि कश्मीर अपने पैरों पर खड़ा हो।' काक ने वेब को एक संक्षिप्त नोट भी दिया, जिसमें उन्होंने लिखा, 'हाल की घटनाओं से यह जाहिर है कि जो लोग संभवतः भविष्य में भारत सरकार का संचालन करेंगे, वे रियासत की सुरक्षा का ध्यान नहीं रखेंगे और मामूली से मामूली वजह पर आंतरिक मामलों में दखल देंगे और अपनी जोर-जबरदस्ती चलायेंगे। रियासत में (अभी ही इन लोगों द्वारा) आंदोलनों को प्रोत्साहित किया जा रहा है।... अगर संकट की कोई स्थिति पैदा होती है, तो ब्रिटिश सरकार (क्राउन) से रियासत के क्या संबंध होंगे ? क्या उसे (जम्मू-कश्मीर रियासत को) वे साधन उपलब्ध कराये जायेंगे जिससे वह उस समय तक अपने अस्तित्व व अखंडता को कायम रख सके जब तक कि वह अपने पैरों पर खड़ी न हो जाये ?'

काक भारत के एकदम खिलाफ थे और इसकी वजह नेशनल कांफ्रेंस का राजतंत्र विरोधी आंदोलन और उसका कांग्रेस से निकट का रिश्ता था। वह यह अच्छी तरह समझते थे कि यदि कश्मीर भारत में शामिल हुआ तो रियासत में लोकप्रिय सरकार कायम हो कर रहेगी और उन्हें कश्मीरी जनता पर अत्याचार करने के लिए जवाबदेह ठहराया जायेगा। इसके विपरीत यदि कश्मीर पाकिस्तान में शामिल हुआ, तो वह अपने अंग्रेजीदाँ तौर-तरीकों और पाकिस्तानी नेताओं व सैनिक अधिकारियों से अच्छे ताल्लुकात की वजह से खुद की और महाराजा की सुरक्षा कर पायेंगे। 1947 में भारत के सर्वोच्च कमांडर सर क्लॉड अचिनलेक के प्राइवेट सेक्रेटरी और बाद में पाकिस्तानी सेना के एक उच्च अधिकारी मेजर-जनरल शाहिद मुहम्मद ने अपनी पुस्तक 'डिजास्टरस ट्वाइलाइट' में रामचन्द्र काक की प्रशंसा करते हुए लिखा है, 'काक यथार्थवादी थे और कश्मीर के पाकिस्तान में शामिल होने का खुल्लमखुल्ला समर्थन करते थे। उनका मानना था कि कश्मीर

को पाकिस्तान में न्याय मिलेगा और रियासत गड़बड़ी और अशांति से बच जायेगी।' ब्रिटिश रेजिडेंट विल्फ्रेड वेब भी यह मानते थे कि कश्मीर का पाकिस्तान में शामिल होना युक्तिसंगत है और रियासत के हित में होगा, 'काक ने महाराजा को चेतावनी दी है कि मुसलमानों को बहुत देर तक काबू में नहीं रखा जा सकेगा और वे देर-सबेर अपने मुसलमान भाइयों के पक्ष में उठ खड़े होंगे, जिनका कि भारत में कत्लेआम हो रहा है।'

काक का महाराजा हरि सिंह पर पूरा प्रभाव था, लेकिन उनके (काक के) खिलाफ असंतोष बढ़ता ही जा रहा था और महाराजा को भी शायद उन पर पूरा भरोसा नहीं रह गया था। सो उन्हें हटा दिया गया। कुछ दिनों दीवान के पद पर जनक सिंह नाम के एक सैनिक अधिकारी रहे और फिर अक्टूबर 1947 में मेहरचंद महाजन को दीवान नियुक्त किया गया। महाजन का रुख कांग्रेस के प्रति कैसा था, यह उनके इस कथन से स्पष्ट है, 'कांग्रेस के लोकप्रिय मंत्रिमंडलों से मुझे घृणा (डिसगस्ट) है और मैं कश्मीर में ऐसा नहीं होने दूँगा। कश्मीरी अभी भी इस तरह की जिम्मेदारी में हिस्सा बँटाने लायक नहीं हुए हैं। उन्हें प्रशिक्षित करने में बहुत वक्त लगेगा।' काक के बाद महाजन की नियुक्ति से ऐसा लगता है कि महाराजा किसी भी हालत में भारत में शामिल नहीं होना चाहता था और एक ऐसे स्वाधीन देश के रूप में ही कश्मीर का अस्तित्व बनाये रखना चाहता था, जिसमें डोगराशाही पूर्ववत चलती रहे।

अमृतसर की संधि के बाद जम्मू की डोगराशाही के अधीन सिर्फ 75 लाख रु. के विनिमय पर कश्मीर घाटी और लद्दाख के क्षेत्र आ गये। 1846 से 1947 तक के अपने शासन में डोगरा महाराजाओं ने 28 दीवान नियुक्त किये, जिनमें एक भी मुसलमान नहीं था। 1930 के दशक तक (जब शेख अब्दुल्ला और मुस्लिम कांफ्रेंस के नेतृत्व में नौकरियों में मुसलमानों के खिलाफ भेदभाव बरतने के विरुद्ध आंदोलन चला और सरकार आयोग बिठाने को बाध्य हुई) रियासत की सिविल सर्विस में मुसलमानों का कोई स्थान नहीं था। रियासत की सेना में गैर-डोगरा जातियों की भरती की कोई गुंजाइश नहीं थी। शस्त्र अधिनियम के तहत सिर्फ डोगरा और राजपूत जातियों के लोगों को बंदूक, पिस्तौल आदि का इस्तेमाल करने की इजाजत थी। रियासत के कानूनों का रुझान हिंदुओं के पक्ष में किस हद तक था, यह इस तथ्य से प्रकट है कि गो-हत्या की सजा दस वर्ष की कैद थी। मुसलमान त्यौहारों के अवसर पर कुरबानी करने पर कर देना पड़ता था। डोगराशाही में उन हिन्दुओं की सम्पत्ति को जब्त करने का भी कानून था, जो अपना धर्म त्याग कर मुसलमान बनते थे।

थोड़े विषयांतर के बावजूद हम यहाँ यह जानकारी देना चाहते हैं कि कश्मीर में लोग राजसत्ता के परिवर्तन के साथ मुसलमान नहीं बने। 'बारहवीं शताब्दी के

बाद से कश्मीर घाटी के लोग धीरे-धीरे इस्लाम को अपनाने लगे।' इसके पीछे राजसत्ता के बजाय सूफी संतों का प्रभाव अधिक था। कश्मीर में हिंदुओं और मुसलमानों के बीच शादी-विवाह भी होते थे। दर, भट्ट, ऋषि, कौल तथा ऐसी ही अन्य कश्मीरी उपाधियों से यह निश्चित रूप से नहीं जाना जा सकता कि व्यक्ति मुसलमान है या हिन्दू। यहाँ तक कि पंडित उपाधि से भी नहीं। कश्मीरी पंडितों को वैसे भी बोल-चाल में लोग आधा मुसलमान मानते हैं। 'पहले के मुसलमान सुलतान मूर्तिपूजक भी थे। मुसलमानों का शासन प्रारंभ होने के 200 वर्षों बाद तक संस्कृत राजकाज और न्यायालय की भाषा बनी रही।' कहने का मतलब यह है कि कश्मीर की संस्कृति मिली-जुली संस्कृति का एक श्रेष्ठ उदाहरण है। उत्तर भारत के हिन्दुओं और मुसलमानों में आचार-व्यवहार में जो थोड़े-बहुत फर्क दिखते हैं, वे भी कश्मीर घाटी में कम-से-कम हैं। किन्तु डोगरा शासकों को कश्मीर घाटी की उदार परंपरा (जिसमें जैनुल अबदीन जैसे प्रजावत्सल शासक हुए) और मिली-जुली संस्कृति से किसी प्रकार का लगाव न था।

हम अपने विषय पर लौटें। 1940 के पूर्वार्ध और 1946-1947 के सत्ता हस्तांतरण के दिनों में जिन्ना ने महाराज हरि सिंह को कई बार यह आश्वासन दिया था कि मुस्लिम लीग की नीति महाराजा के प्रशासन में हस्तक्षेप की नहीं है और वह महाराजा और उनकी प्रजा के बीच कोई समस्या पैदा करना नहीं चाहती। 1946 के नेशनल कांफ्रेंस के 'कश्मीर छोड़ो' (अगस्त 1942 की तर्ज पर) आंदोलन के वक्त मुस्लिम लीग समर्थक मुस्लिम कांफ्रेंस का महाराजा के प्रति रवैया एक प्रकार से समर्थन का ही था। उसका मुख्य विरोध तो नेशनल कांफ्रेंस से था। जिन्ना के आश्वासनों, रियासत की हिन्दू राज्य सभा द्वारा भारत में शामिल होने के विरोध और दीवान काक की सलाह के बावजूद महाराजा पाकिस्तान में शामिल होने का निर्णय न कर सका। एक हिन्दू राजा के रूप में इस्लामी राष्ट्र पाकिस्तान में शामिल होने में उसे निश्चय ही दुविधा थी। दूसरी तरफ भारत में शामिल होना भी खतरे से खाली नहीं था। भारत में शामिल होने का मतलब ही होता शेख अब्दुला के नेतृत्व में उत्तरदायी शासन कायम होना और महाराजा का अपने निरंकुश अधिकारों से वंचित होना। ऐसी स्थिति में 14 अगस्त 1947 को महाराजा हरि सिंह ने पाकिस्तान सरकार से एक 'स्टैंडस्टिल समझौता' (यथास्थिति, ब्रिटिश सरकार की सर्वोच्च सत्ता के समाप्त होने से उत्पन्न परिस्थिति में किसी भी प्रकार की छेड़छाड़ न करने का समझौता) किया। इस समझौते के साथ यह भी तय किया गया कि कश्मीर की डाक-तार व्यवस्था का, जिसका जिम्मा पहले ब्रिटिश सरकार का था, संचालन पाकिस्तानी सरकार करती रहेगी और वही रसद पेट्रोल आदि की सप्लाई का भी काम करेगी। इस समझौते के कारण पाकिस्तानी सरकार को लगा कि जम्मू-कश्मीर की रियासत पाकिस्तान में शामिल होने की

बात सोच रही है। महाराजा ने भारत सरकार से भी 'स्टैंडस्टिल' समझौता करना चाहा था, पर वह राजी नहीं हुई। भारत सरकार का कहना था कि रियासत की जनता की मरजी के मुताबिक भारत या पाकिस्तान में शामिल होने का तत्काल फैसला किया जाना चाहिए। भारत और पाकिस्तान की सरकारों का यह दृष्टिकोण रियासतों के सम्बन्ध में कांग्रेस और मुस्लिम लीग के सोच के बुनियादी फर्क को भी प्रकट करता है।

जम्मू-कश्मीर की रियासत 15 अगस्त 1947 से 27 अक्टूबर 1947 तक (जब वह भारत संघ में शामिल हुई) एक प्रकार से स्वाधीन रही। 12 अक्टूबर को उप-दीवान राय बहादुर बत्रा ने कहा कि 'हम हिंदुस्तान और पाकिस्तान दोनों से मैत्रीपूर्ण संबंध बनाये रखना चाहते हैं। भारत या पाकिस्तान में शामिल होने का हमारा कोई इरादा नहीं है। हमारे महाराजा और उनकी सरकार ने यह तय किया है कि जब तक रियासत में शांति और व्यवस्था स्थापित नहीं हो जायेगी, इस प्रकार का कोई निर्णय नहीं किया जायेगा। महाराजा कश्मीर को पूरब का स्विट्ज़रलैंड बनाना चाहते हैं। ऐसा राज्य, जो बिलकुल तटस्थ हो। रियासत की जनता पर्यटकों पर निर्भर करती है, इसलिए हमें पर्यटकों का ध्यान रखना है। कश्मीर की सीमा भारत, पाकिस्तान, तिब्बत, रूस, अफगानिस्तान से और सिक्यांग से मिली हुई है, इसलिए हमें इन सब देशों का भी ध्यान रखना है। हम चाहते हैं कि सभी जगहों के लोग कश्मीर में आयें।' बत्रा के इस बयान से जाहिर है कि महाराजा हरि सिंह पुंछ (जम्मू से लगा पुंछ का मुस्लिम-बहुल इलाका, जहाँ से भारतीय सेना के लिए जवानों की भरती होती थी) में 9 अगस्त को अपनी सरकार के खिलाफ विद्रोह और पाकिस्तान द्वारा रियासत की आर्थिक नाकेबंदी शुरू कर देने के बाद भी कश्मीर को स्विट्ज़रलैंड बनाने का सपना पाल रहे थे।

अक्टूबर 1947 के तीसरे पखवाड़े 21-22 अक्टूबर से पाकिस्तानी सीमा से कबायलियों का आक्रमण शुरू हुआ और बारामूला के पतन के बाद आक्रमणकारी राजधानी श्रीनगर से जब कुछ मील ही दूर रह गये थे तो महाराजा हरि सिंह अपनी प्रजा को असहाय छोड़ कर जम्मू भाग गया और तब शेख अब्दुल्ला के नेतृत्व में नेशनल कांफ्रेंस के स्वयंसवेकों ने ही श्रीनगर की रक्षा की जिम्मेदारी अपने ऊपर ली। 9 अगस्त के पुंछ के विद्रोह से महाराजा को यह लगा कि कहीं यह विद्रोह रियासत में साम्प्रदायिक दंगों का रूप न ले। उधर पंजाब में भीषण मारकाट मची हुई थी ही। रियासत को साम्प्रदायिक दंगों से बचाने की अगर किसी में क्षमता थी तो वह शेख अब्दुला में ही थी। 29 सितम्बर को शेख अब्दुला को रिहा कर दिया गया।

यहाँ हम शेख अब्दुल्ला के 29 सितंबर, 3 अक्टूबर, 5 अक्टूबर, 8 अक्टूबर और 9 अक्टूबर 1947 के भाषणों से उद्धरण दे रहे हैं। इन उद्धरणों से यह प्रकट

होगा कि भारत में शामिल होने के पहले वह क्या सोच रहे थे।

29 सितंबर को अपनी रिहाई के तत्काल बाद शेख अब्दुल्ला ने कहा, 'जो कुछ हुआ, उसे हर हिंदुस्तानी जानता है। हिंदुस्तान का बँटवारा हो चुका है और एक नया डोमिनियन पाकिस्तान अस्तित्व में आ गया है। छह वर्ष पहले पाकिस्तान एक अव्यावहारिक कल्पना थी। यह अब वास्तविकता बन गयी है, जिससे इनकार नहीं किया जा सकता। लेकिन पाकिस्तान बनने से क्या हासिल हुआ ? इसने हिंदुस्तान के दो बड़े समुदायों–हिंदुओं और मुसलमानों-के बीच दरार को और गहरा और चौड़ा कर दिया है। द्विराष्ट्र के साम्प्रदायिक सिद्धांत को देश के विभाजन का आधार बना कर मौलाना आजाद की विचारधारा को नाकामयाब कर दिया गया है और बादशाह खाँ के सपने को धूमिल। श्री जिन्ना के निराधार सिद्धांत को अलबत्ता कामयाबी मिल गयी है।'

3 अक्टूबर 1947 को शेख अब्दुल्ला ने कहा, 'जम्मू-कश्मीर के सामने आज बड़ी समस्या यह है कि रियासत भारत संघ में शामिल हो या पाकिस्तान में। मैं आल इंडिया स्टेट्स पीपुल्स काफ्रेंस का प्रेसीडेंट हूँ। कांग्रेस ने हमारे आंदोलन में बड़ी सहायता की है। इन सब बातों के बावजूद आप लोग स्वतंत्र निश्चय करना चाहें कि कश्मीर किस डोमिनियन में शामिल हो, तो मैं और मेरे विचार आपके निश्चय में बाधक नहीं होंगे। कश्मीर के भारत संघ या पाकिस्तान में शामिल होने का आधार रियासत की जनता का कल्याण ही हो सकता है। लेकिन अगर हम पाकिस्तान में मिल भी जाते हैं तो हम द्विराष्ट्र के सिद्धांत को स्वीकार नहीं करेंगे। इस सिद्धांत ने देश में बहुत जहर फैलाया है। मैं हिंदुओं और सिखों को आश्वासन देता हूँ कि जब तक मैं जीवित हूँ, उनकी जिंदगी और इज्जत बिलकुल सुरक्षित रहेगी। हम कश्मीर के लोगों का राज्य चाहते हैं। ऐसी सरकार कायम करना चाहते हैं जो सभी लोगों को समान अवसर दे और हर जाति और धर्म को फलने-फूलने दे।'

5 अक्टूबर को शेख अब्दुल्ला ने कहा, 'मुस्लिम लीग का हमारे आंदोलन के बारे में जो भी रुख रहा हो, अगर कश्मीर का हित पाकिस्तान में मिलने से है तो हम मिलने से हिचकिचायेंगे नहीं। पं. नेहरू और कांग्रेस से दोस्ती इसमें आड़े नहीं आयेगी।'

8 अक्टूबर 1947 को शेख अब्दुल्ला ने कहा, 'मानव जीवन में भावनाओं और आवेग का अपना महत्व होता है। हिंदू और सिख अपनी भावनाओं के आवेग में स्वाभाविक है कि भारत में शामिल होना चाहेंगे। इसी तरह मुसलमान भी, जो कश्मीर में 80 प्रतिशत हैं, पाकिस्तान में शामिल होना चाह सकते हैं। मैं उन हिंदू दोस्तों से, जो कश्मीर के हिंदुस्तान में शामिल होने के पक्ष में हैं, यह अपील करूँगा कि वे एक ऐसा मनोवैज्ञानिक माहौल बनायें जिसमें मुसलमानों को यह भरोसा

हो कि उनकी संस्कृति भारत में सुरक्षित रहेगी, क्योंकि हिंदुस्तान को एक हिन्दू राष्ट्र बनाने के प्रयत्न किये जा रहे हैं। हालाँकि पं. नेहरू ने कहा है कि वह ऐसा नहीं होने देंगे, लेकिन भविष्य में क्या होगा, क्या हो सकता है, यह कौन जानता है। लिहाजा मुसलमान भारत में शामिल होने के मामले में शंकालु होते जा रहे हैं। जिस तरह हिंदू दोस्तों को मुसलमानों को भरोसा देना होगा, उसी तरह जो लोग यह चाहते हैं कि कश्मीर पाकिस्तान में मिले, उन्हें भी दस साल गैर-मुसलमानों को उनकी सुरक्षा का पूरा भरोसा देना होगा।'

9 अक्टूबर 1947 को शेख अब्दुल्ला ने कहा, 'हम हिन्दुस्तान या पाकिस्तान में गुलामों की तरह शामिल नहीं होना चाहते। मैं भारत और पाकिस्तान दोनों की सरकारों को चेतावनी देता हूँ कि अगर महाराजा हमारी अनुमति के बिना किसी डोमिनियन में शामिल हुए तो हम उनके निर्णय के खिलाफ विद्रोह कर देंगे।'

इन उद्धरणों से यह प्रकट है कि शेख अब्दुल्ला पाकिस्तान के अस्तित्व में आ जाने से जो स्थिति पैदा हुई थी, उसको पूरी तरह जाँचना-परखना चाहते थे।

22 से 26 अक्टूबर के बीच महाराजा हरि सिंह को यह एहसास हो गया कि कश्मीर को स्विट्जरलैंड बनाने का सपना उन्हें कहाँ ले डूबेगा। बाध्य हो कर 22 अक्टूबर 1947 को पाकिस्तानी सीमा से कबायली आक्रमण के खिलाफ उन्होंने भारत से सहायता माँगी। अपने दीवान मेहरचंद महाजन को तुरन्त दिल्ली भेजा। महाजन ने 24 अक्टूबर की अपनी इस दिल्ली यात्रा के बारे में लिखा है, 'मैं भारत के प्रधानमंत्री और उप-प्रधानमंत्री से मिला। मैंने सैनिक सहायता की याचना की और कहा कि तुरंत हवाई जहाज से श्रीनगर सेना भेजी जाये। मुझे कहा गया कि यदि श्रीनगर पाकिस्तान के कब्जे में चला भी जाता है तो उसे बाद में जीत लिया जायेगा। मैं इस दलील से प्रभावित नहीं हुआ। मैंने कहा कि सेना भेजिए, कश्मीर को भारत में शामिल करना स्वीकार कीजिए और लोकप्रिय पार्टी को जो भी अधिकार देना चाहें दीजिए, वरना मैं जिन्ना के पास जाता हूँ। उनके सामने संधि की शर्तें रखूँगा, क्योंकि श्रीनगर को बचाना आवश्यक है। इस पर प्रधानमंत्री नेहरू गुस्से में आ गये और उन्होंने मुझे बाहर निकल जाने को कहा। शेख अब्दुल्ला बगल के कमरे में बैठे हमारी बात सुन रहे थे। उन्होंने नेहरू को एक परची भेजी। परची प्राप्त करते ही नेहरू का रुख बदल गया।'

महाजन के इस नाटकीय विवरण को छोड़ें। बहरहाल भारत सरकार ने महाराजा हरि सिंह का अनुरोध स्वीकार कर लिया। 27 अक्टूबर को लॉर्ड माउंटबेटन ने महाराजा हरि सिंह को लिखा, 'विशेष परिस्थितियों में मेरी सरकार ने कश्मीर रियासत के भारत डोमिनियन में शामिल होने के निर्णय को स्वीकार करने का निश्चय किया है। यदि किसी रियासत के शामिल होने का प्रश्न विवाद का विषय हो, तो उस

राज्य की जनता की इच्छा के अनुसार निर्णय किया जाना चाहिए। इसलिए मेरी सरकार की इच्छा है कि जैसे ही कश्मीर में कानून और व्यवस्था फिर से स्थापित हो जायें और आक्रमणकारी भगा दिये जायें, राज्य को डोमिनियन में शामिल होने का प्रश्न जनमत द्वारा तय किया जाना चाहिए। आपकी अपील को मान कर आपके प्रदेश की रक्षा करने के लिए आपकी फौज की मदद करने के लिए भारतीय सैनिक भेजे जा रहे हैं। मेरी सरकार को और मुझे इस बात से संतोष है कि आपने शेख अब्दुल्ला को अपने दीवान के साथ काम करने के लिए अंतरिम सरकार बनाने को आमंत्रित किया है।'

इस तरह जम्मू-कश्मीर की रियासत भारत में शामिल हुई। यह सच है कि पं. नेहरू कश्मीर को भारत में शामिल करना चाहते थे। कश्मीरी होने के नाते उनका कश्मीर से लगाव था और इसकी वह कई बार भावुकता भरे अंदाज में सार्वजनिक रूप से घोषणा भी कर चुके थे। नेहरू ने लॉर्ड माउंटबेटन को 17 जून 1947 को जो खत लिखा था, उसमें उन्होंने कश्मीर के 'स्ट्रेटेजिक' (सामरिक और सीमा संबंधी) दृष्टिकोण से महत्व और उसे भारत में शामिल करने की आवश्यकता पर बल भी दिया था। लेकिन दूसरे कांग्रेसी नेता सरदार पटेल, राजेन्द्र प्रसाद, आचार्य कृपलानी, राजगोपालाचार्य, मौलाना आजाद आदि क्या चाहते थे, यह हम नहीं जानते। देश के विभाजन को स्वीकार कर लेने के बाद शायद उनमें कोई राय बनाने की सामर्थ्य नहीं रह गयी थी। पाकिस्तानी लेखकों का तो यह भी कहना है कि सरदार पटेल कश्मीर को भारत में शामिल करने के पक्ष में नहीं थे। राजगोपालाचार्य के बारे में भी ऐसी ही बात कही जाती है। हमारा खयाल है कि कश्मीर को भारत में शामिल करने पर (और खासकर उस पर आक्रमण की स्थिति को देखते हुए) गाँधी जी ने ही जोर दिया होगा। साम्प्रदायिक आधार पर द्विराष्ट्र के सिद्धांत पर देश का विभाजन गाँधी जी मान चुके थे, पर उनके निकट यह एक अस्थायी राजनीतिक समझौता या विराम ही था। यहाँ विषयांतर की कीमत पर गाँधी जी की उन दिनों की मानसिकता का जिक्र करना बहुत आवश्यक लगता है।

उस वक्त गाँधी जी किस पीड़ा और यातना से गुजर रहे थे, हम शायद आज उसकी कल्पना भी न कर सकें। साम्प्रदायिक उन्माद की भयावहता और अपने निकट के संगी-साथियों के उसमें बह जाने की स्थिति से जीवन में पहली बार गाँधी जी का मानसिक संतुलन डाँवाडोल होने लगा था। उन्हें एक ही बात नजर आती थी कि साम्प्रदायिक वैमनस्य और विद्वेष के बढ़ने का नतीजा देश के सर्वनाश के सिवाय और कुछ भी नहीं हो सकता। उन्हें शायद सबसे बड़ी पीड़ा इस बात की थी कि साम्प्रदायिक विद्वेष के प्रश्न को वह जिस तरह देख पा रहे

हैं, उस तरह उनके साथी नहीं देख पा रहे। यही उनका चरम अकेलापन था, जिसके चलते वह नोआखाली गये, बिहार दौड़े, कलकत्ता और दिल्ली में अनशन किया। उनके ब्रह्मचर्य के प्रयोगों को भी शायद इसी आपा-धापी की शृंखला में देखा जाना चाहिए।

मुस्लिम कश्मीर का भारत में शामिल होना उन्हें निश्चय ही एक ऐसे अवसर के रूप में नजर आया होगा जिससे साम्प्रदायिक आधार पर स्थापित किये गये द्विराष्ट्र के सिद्धांत को खंडित किया जा सकता था और देश में साम्प्रदायिक उन्माद को भी पनपने से रोका जा सकता था। गाँधी जी के सचिव प्यारेलाल अपनी पुस्तक 'लास्ट फेज' (द्वितीय खंड) में लिखते हैं, 'कश्मीर के भारत में शामिल होने का प्रश्न भारतीय संघ के राज्य को सेकुलर आदर्श में ढालने के संघर्ष में एक निर्णायक तत्व बन गया। गाँधी जी ने भारतीय जनता को बार-बार इस बात की याद दिलाने और समझाने की कोशिश की कि किस प्रकार साम्प्रदायिक उन्माद से मुक्त होना उसके लिए आवश्यक है—उन्माद, जिसमें वह अपनी सहज बुद्धि तक खो बैठी है। कश्मीर जाने के बहुत-से मार्ग पाकिस्तान से हो कर हैं। एक सँकरी पट्टी ही कश्मीर को पूर्वी पंजाब से जोड़ती है। अगर पूर्वी पंजाब में उन्माद और पागलपन जारी रहा तो कश्मीर का भारत में शामिल होना निरर्थक हो जायेगा।' (27 नवम्बर 1947 की प्रार्थना सभा में भाषण।) एक बार तो गाँधी जी ने हिंदुओं को चेतावनी दी कि उनके मुस्लिम विद्वेष से भारत की प्रतिष्ठा एकदम गिर जायेगी। मुसलमान दुनिया भर में छितरे हुए हैं।

प्यारेलाल की पुस्तक से एक और उद्धरण देना आवश्यक लगता है। यह साम्प्रदायिकता के खिलाफ गाँधी जी की दृढ़ता और उनके लोकतांत्रिक मर्यादा-बोध का एक उत्कृष्ट उदाहरण है। प्यारेलाल लिखते हैं, 'अक्टूबर 1947 की पंजाब की हिंसक उथल-पुथल से कश्मीर भी बच नहीं पाया। जम्मू से भागनेवाले मुसलमान निष्क्रमणार्थियों को बचा कर ले जानेवाली गाड़ियों पर गैरमुसलमानों ने हमले किये और निष्क्रमणार्थियों की हत्या की। इन हमलाबरों का निर्देशन राष्ट्रीय स्वयंसेवक संघ कर रहा था। रियासत की फौज की इस हत्याकांड में बड़ी ही शर्मनाक भूमिका रही। गाँधी जी को जब इस हत्याकांड का पता लगा तो उन्होंने कहा, 'सर्वोच्च और निरंकुश शासक के रूप में महाराजा इस हत्याकांड की जिम्मेदारी से बच नहीं सकते। वह नालायक साबित हुए हैं। उन्हें तुरंत गद्दी छोड़ देनी चाहिए या नाम मात्र का शासक बन कर जनता के वास्तविक प्रतिनिधियों को कानूनी और व्यावहारिक दोनों ही रूप में सत्ता सौंप देनी चाहिए।' भारत सरकार के कुछ सदस्यों को शेख अब्दुल्ला के इरादों के बारे में शंका थी। उनका कहना था कि स्थिति के ठीक न होने और ढर्रे पर न आने तक गाँधी जी की सलाह को मानना बहुत बड़ा राजनैतिक खतरा मोल लेना होगा। मौजूदा परिस्थितियों में महाराजा पर ज्यादा

भरोसा किया जा सकता है। इस प्रश्न पर केंद्रीय मंत्रिमंडल में काफी तनाव भी था। गाँधी जी खुद शंकाओं से मुक्त नहीं थे। (प्यारेलाल ने इन शंकाओं को स्पष्ट नहीं किया है।) लेकिन उन्होंने कहा, 'सिद्धांत के लिए सब कुछ गँवाने की जोखिम लेना सिद्धांत त्याग देने से कहीं ज्यादा श्रेयस्कर है। अगर शेख अब्दुल्ला अपने कर्तव्य पालन में चूक रहे हों तो उन्हें निश्चय ही हट जाना चाहिए और अपने से बेहतर व्यक्ति के हाथों में सत्ता सौंप देनी चाहिए। यह तो कश्मीर की भूमि पर हिंदू धर्म और इस्लाम की परीक्षा हो रही है। अगर दोनों सही आचरण करें और एक दिशा में बढ़ें तो जो लोग मुख्य भूमिका निभायेंगे, वे अपने को महिमामंडित करेंगे और उन्हें उनके साझा यश और श्रेय से कोई भी वंचित नहीं कर सकेगा। मेरी एकमात्र आशा और प्रार्थना यही है कि कश्मीर इस तिमिराच्छन्न उपमहाद्वीप को मार्ग दिखाये, उसका प्रकाशस्तम्भ बने।'

'महाराजा के साथ सख्ती की जाये, इस बारे में तो गाँधी जी का मत कश्मीर के नेताओं से भी ज्यादा उग्र था।' गाँधी जी ने शेख अब्दुल्ला से पूछा था कि क्या मुसलमान निष्क्रमणार्थियों की राष्ट्रीय स्वयंसेवक संघ और रियासत की फौज द्वारा हत्या की गयी थी, तो शेख अब्दुल्ला ने कहा कि दुर्भाग्यवश यह सच है। इस पर गाँधी जी ने शेख अब्दुल्ला को झिड़का कि तब महाराजा के प्रति क्यों कड़ा रवैया नहीं अपनाया जा रहा ?

गाँधी जी का यह प्रसंग लंबा खिंच गया। ऊपर के उद्धरणों से यह लगता है कि कश्मीर के भारत में शामिल होने को गाँधी जी एक ऐसे अवसर के रूप में देख रहे थे, जो चूक के बाद फिर मिला हो। शायद कांग्रेस के शिथिल और क्लांत नेतृत्व में आजादी की लड़ाई के आदर्शों की जो खुरचन बची थी, उसने उन्हें कश्मीर को भारत में शामिल करने को प्रेरित किया। शायद उत्तर-पश्चिम सीमा प्रांत और बादशाह खाँ जैसे 'दूसरे महात्मा' को भेड़ियों के हवाले कर देने की ग्लानि ने झकझोरा हो। यह सब कल्पना और अनुमान की बातें हैं। अगर हम 'भारत की कश्मीर को अपने में शामिल करने के पीछे क्या भावना थी' इसकी जाँच-पड़ताल गाँधी जी को भूल कर करें, तो भी निष्कर्ष बहुत भिन्न नहीं होंगे। साम्राज्यवादी इरादे की उस वक्त शायद कल्पना भी नहीं की जा सकती थी। कश्मीर तब मनोरम प्रकृति स्थल जरूर था, लेकिन भारत के मध्य वर्ग और संपन्न वर्ग का ऐसा सैरगाह नहीं बना था कि वहाँ की जनता के न चाहने पर उसे जबरदस्ती शामिल किया जाये। कोई रियासत मुस्लिम-बहुल होने मात्र से ही पाकिस्तान में शामिल होगी, यह तर्क नहीं माना जा सकता था। लेकिन अगर उसकी जनता की इच्छा न हो, तो उसे शामिल भी नहीं किया जा सकता था। जनमत संग्रह करवाने की बात अँगरेज माउंटबेटन के दिमाग की उपज नहीं थी, सीधे आजादी के आंदोलन की उपज थी, जिसमें जनता सर्वोपरि थी।

भारत में कश्मीर को शामिल करने का निर्णय कहीं रियासत की जनता के प्रति कांग्रेस की संवेदना का भी सूचक था–पाकिस्तान के सामंतवादी, लोकतंत्र विरोधी और साम्प्रदायिक कट्टरतावाले शासन में कश्मीर की गरीब जनता और बदहाल हो जायेगी, उसे बचाना होगा। आजादी की लड़ाई के सपने एकदम मरे नहीं थे। लेकिन एक नयी वास्तविकता ने पाकिस्तान के रूप में जन्म ले लिया था और इससे कश्मीर का मामला पेचीदा हो गया था। अक्टूबर '47 में भारत सरकार को शायद इस पेचीदगी का भान था। पर गाँधी जी की हत्या के बाद सत्ता राजनीति के माया जाल में कांग्रेसी नेताओं की संवेदना कुंद होती चली गयी। उन्हें धीरे-धीरे लगने लगा कि सत्ता की ताकत के बूते कुछ भी किया जा सकता है; जनता नहीं, सत्ता सर्वोपरि है।

हम अब यह देखें कि भारतीय नेताओं की भावनाओं के बरक्स कश्मीर की जनता की क्या आकांक्षा थी। इस आकांक्षा को जानने के लिए हमें नेशनल कांफ्रेंस के सपने की तरफ मुखातिब होना होगा।

देशी रियासतों में निरंकुश शासकों के खिलाफ नेशनल कांफ्रेंस ने आदर्श, निष्ठा और लड़ाकूपन के साथ जैसा संघर्ष किया, वैसा किसी ने नहीं, यह एक निर्विवाद सत्य है। उसके नेता शेख अब्दुल्ला '30 के दशक से 1980 के दशक तक कश्मीर की राजनीति में छाये रहे। एक गरीब और पीड़ित जनता उनके नेतृत्व में धीरे-धीरे किस प्रकार जागरूक होती गयी और साम्प्रदायिकता से मुक्त शोषणहीन समतामूलक 'नया कश्मीर' का सपना देखना सीखती गयी, यह 1947 तक की कहानी है।

आज वह जनता अशांत है तो उसका कारण उसकी वही जागृति और वही सपना है। जागृति रह गयी है, सपना भटक गया है। हम जागृति से शुरू करें।

1930 के दशक के पूर्वार्ध में शेख अब्दुल्ला के प्रयत्नों से कश्मीर में मुस्लिम कांफ्रेंस की स्थापना हुई। रियासत मुस्लिम-बहुल थी और हिंदू राजा का मुसलमान प्रजा के प्रति व्यवहार भयंकर भेदभाववाला था। प्रजा राजा की गाय थी, जिसे दुहना ही राजा का उद्देश्य था, देखभाल करना नहीं। रियासत में गो हत्या पर अलबत्ता प्रतिबंध था। रियासत की नौकरियों, रियासत की फौज में मुसलमानों का कोई स्थान न था। ऐसी स्थिति के खिलाफ मुस्लिम कांफ्रेंस के आंदोलन का चरित्र किसी-न-किसी रूप में साम्प्रदायिक हुए बिना नहीं रह सकता था। लेकिन स्थापना के पाँच वर्षों के भीतर ही कांफ्रेंस के नेताओं की समझ में यह आ गया कि यह तो संयोग मात्र है कि राजा हिंदू है। उनका संघर्ष तो अत्याचार, भेदभाव और लोकतांत्रिक अधिकारों के हनन के खिलाफ है। कश्मीर में कुछ हिंदू महाराजा के समर्थक हैं तो हैदराबाद और भोपाल में भी तो कुछ मुसलमान निजाम और नवाब के समर्थक हैं। 1935 में शेख अब्दुल्ला ने अपने एक भाषण में कहा कि

हमें तुच्छ साम्प्रदायिक संघर्षों से ऊपर उठना चाहिए और जनसाधारण के लिए काम करना चाहिए। 'मेरी अब से यही कोशिश होगी कि रियासत का राजनीतिक आंदोलन भारतीय राष्ट्रीय कांग्रेस के आदर्शों के अनुसार चले। मैं देश को साम्प्रदायिकता के अभिशाप से मुक्त करने को प्रतिश्रुत हूँ और कितनी ही बाधाएँ क्यों न आयें, उनसे विचलित नहीं होनेवाला।'

1935 में पहली बार एक हिंदू प्रेमनाथ बजाज ने मुस्लिम कांफ्रेंस का समर्थन किया। इसी साल शेख अब्दुल्ला ने प्रेमनाथ बजाज के सहयोग से 'हमदर्द' नामक साप्ताहिक पत्र का प्रकाशन शुरू किया। 1936 में कांफ्रेंस ने रियासत में 'उत्तरदायी शासन दिवस' मनाया। कहने का मतलब यह है कि कांफ्रेंस का दायरा व्यापक होने लगा और उसकी सक्रियता बढ़ती गयी।

11 जून 1939 को मुस्लिम कांफ्रेंस ने एक विशेष अधिवेशन में अपना नाम बदल कर अखिल जम्मू-कश्मीर नेशनल कांफ्रेंस करने का निश्चय किया। नाम बदलने के निर्णय का विरोध करनेवालों में 'भारत-भक्त' बख्शी गुलाम मुहम्मद प्रमुख थे। अक्टूबर 1939 में नेशनल कांफ्रेंस ने महाराजा के अधीन उत्तरदायी शासन, बालिग मताधिकार पर आधारित धारा सभा (विधान सभा) और अल्पसंख्यकों के लिए संरक्षित सीटों की माँग करते हुए 'राष्ट्रीय माँग' का प्रस्ताव पास किया। एक और प्रस्ताव में कांफ्रेंस ने सिफारिश की कि फारसी और देवनागरी लिपि में लिखी जानेवाली 'हिंदुस्तानी' रियासत की सरकारी भाषा के रूप में इस्तेमाल की जाये। इस सिफारिश के पीछे गाँधी जी का प्रभाव स्पष्ट नजर आता है। गाँधी जी उन दिनों 'हिंदुस्तानी' का प्रचार कर रहे थे। यह अचरज की बात लगती है कि एक मुस्लिम-बहुल रियासत में, जिसकी सरकारी काम-काज की भाषा एक शताब्दी से फारसी में लिखी जानेवाली उर्दू हो, इस तरह की सिफारिश की जाये। यह एक 'क्रांतिकारी' सिफारिश थी। क्रांतिकारी इस अर्थ में कि रियासत की अल्पसंख्यक हिंदू जनता कहीं भी अपने को वंचित न समझे। लेकिन इसी कारण नेशनल कांफ्रेंस को साम्प्रदायिक मुस्लिम तत्वों ने हिंदूवादी संगठन करार दिया।

1941 में नेशनल कांफ्रेंस आल इंडिया स्टेट्स पीपल्स कांफ्रेंस की विधिवत सदस्य बन गयी और 1946 में तो शेख अब्दुला उसके अध्यक्ष भी चुने गये। दूसरे विश्व युद्ध के दौरान नेशनल कांफ्रेंस अपने 11 जून 1939 के राष्ट्रीय माँग के प्रस्ताव के आधार पर संघर्ष करती रही।

अब हम 1944 में नेशनल कांफ्रेंस की 'नया कश्मीर' योजना की अत्यंत संक्षेप में चर्चा करेंगे। इस योजना के द्वारा एक नया कश्मीर बनाने का सपना देखा गया था। हाँ, एक बात जरूर ध्यान में रखने की है कि यह सपना तब देखा गया था जब पाकिस्तान एक खयाली पुलाव मात्र था। 'नया कश्मीर' योजना की प्रस्तावना में कहा गया कि नेशनल कांफ्रेंस संकल्प करती है कि 'पूर्ण समता

और आत्मनिर्णय के सिद्धांत की स्थापना कर हम खुद को और अपनी भावी संतानों को दमन, गरीबी, अपमान, अंधविश्वास, अज्ञान और मध्ययुगीन अंधकार के गर्त से बाहर निकाल कर स्वतंत्रता, विज्ञान और ईमानदार परिश्रम के सूर्य के प्रकाश से नहाती हुई बहुतायत भरी वादियों में ले जायेंगे। एशिया के हिमाच्छादित वक्ष पर अपने देश को एक देदीप्यमान रत्न-सा सुशोभित करेंगे।' (शाब्दिक अनुवाद)

योजना में रियासत के लिए बुनियादी कानून बनाने के उद्देश्य से एक संविधान सभा के गठन की भी बात कही गयी। कृषि कार्यक्रम के तहत जमींदारी, जेलदारी और नम्बरदारी के उन्मूलन, जमीन की मिल्कियत जोतनेवाले को देने और सहकारिता संघों की स्थापना करने पर जोर दिया गया। 'नया कश्मीर' योजना जिन दिनों बनी, उन दिनों शेख अब्दुल्ला पर समाजवादियों और कम्युनिस्टों का खासा प्रभाव था। कश्मीर को छोड़ कर किसी भी रियासत में इस तरह की क्रान्तिकारी और आमूलचूल परिवर्तन चाहनेवाली योजना नहीं बनायी गयी।

नेशनल कांफ्रेंस का संगठन बढ़ता चला गया और कांग्रेस से उसका संबंध मजबूत होता गया। 1942 में कांग्रेस के 'भारत छोड़ो' आंदोलन के समर्थन के मामले में देशी रियासतों में कश्मीर सबसे आगे रहा। 26 अगस्त 1942 को वायसराय लिनलिथगो ने भारत मंत्री एल. एमरी को सूचित किया कि 'देशी रियासतों में कांग्रेस के आंदोलन के सिलसिले में सबसे ज्यादा गंभीर घटना कश्मीर में हुई है। पैराशूट का रेशम बनानेवाली एक फैक्टरी तोड़-फोड़ की कार्रवाई में जला दी गयी है। (खुफिया विभाग से) यह चेतावनी देर से मिली कि कांग्रेस के आंदोलन के समर्थन में रेशम कारखाने सहित कई इमारतों को नुकसान पहुँचाने की योजना बनायी गयी थी।' 23 अगस्त को 'भारत छोड़ो' आंदोलन के समर्थन में 'राष्ट्रीय दिवस' का पालन किया गया। नेशनल कांफ्रेंस ने एक प्रस्ताव पास कर 'भारत छोड़ो' आंदोलन का समर्थन किया। वायसराय को कांग्रेस के नेताओं की रिहाई की माँग करते हुए तार भेजा।

इस बीच महाराजा ने कुछ सुधार किये तो नेशनल कांफ्रेंस ने सहयोग करने का निश्चय किया। चुनाव लड़ कर बहुत सारी सीटें जीतीं। उसके प्रतिनिधि अफजल बेग मंत्री भी बनाये गये। लेकिन उन्हें कोई काम करने नहीं दिया जाता था। लगातार चार दीवान बदले गये और आखिरी दीवान रामचन्द्र काक के साथ तो काम करना एकदम असंभव हो गया। काक रियासत के मुसलमान और हिंदू साम्प्रदायिक तत्वों को बढ़ाने में लग गये। संकट बढ़ता ही गया और नेशनल कांफ्रेंस के मंत्री ने इस्तीफा दे दिया। इसके बाद 1946 में नेशनल कांफ्रेंस ने 'भारत छोड़ो' आंदोलन की तर्ज पर 'कश्मीर छोड़ो' आंदोलन छेड़ कर 1846 की अमृतसर की 'कश्मीर बिक्री संधि' रद्द कर राजतंत्र समाप्त करने और उत्तरदायी शासन कायम

करने की माँग की। नेशनल कांफ्रेंस के इस आंदोलन को कुचलने के लिए 'काकशाही' (कश्मीर में उन दिनों दीवान रामचन्द्र काक की स्वेच्छाचारिता के चलते यह शब्द चल पड़ा था) ने कश्मीर घाटी में दहशत भरी स्थिति पैदा कर दी, मार्शल लॉ लागू कर दिया। 20 व 21 मई को शेख अब्दुल्ला सहित नेशनल कांफ्रेंस के नेताओं और कार्यकर्ताओं को गिरफ्तार कर लिया गया। इस स्थिति का विरोध करते हुए पं. नेहरू ने लॉर्ड वावेल को 25 मई 1946 के अपने पत्र में (जिसकी चर्चा पहले भी की गयी है) लिखा, 'आल इंडिया स्टेट्स पीपुल्स कांफ्रेंस के अध्यक्ष और एक कश्मीरी के रूप में मेरा मन बहुत सारी आशंकाओं से घिरा हुआ है। तत्काल खयाल आता है कि तुरंत कश्मीर दौड़ा जाऊँ, क्योंकि मेरे बहुत-से साथी और मित्र गिरफ्तार कर लिये गये हैं और कश्मीर घाटी में आतंक की भयावह स्थिति पैदा हो गयी है। मैं अपने साथियों और दोस्तों को, जब वे विपत्ति में पड़े हों और उन पर अत्याचार हो रहे हों, अकेला छोड़ देना नहीं चाहता।' पं. नेहरू बाद में जब कश्मीर गये, तो काकशाही ने उन्हें भी गिरफ्तार कर लिया। आठ महीने बाद नेहरू ने वावेल को पत्र लिख कर शिकायत की कि जुल्म में कोई कमी नहीं आयी है।

1930 से 1947 के 17 वर्षों में पहले मुस्लिम कांफ्रेंस के नाम से और फिर नेशनल कांफ्रेंस के नाम से कश्मीर में एक ऐसे आंदोलन ने जन्म लिया जिसका अपना झण्डा, अपना कार्यक्रम, गाँव-गाँव फैला संगठन और हजारों कार्यकर्ता थे। यह एक सामंतवाद विरोधी, असाम्प्रदायिक जागरूक चेतनावाला राजनीतिक आंदोलन था जो एक ऐसे नये कश्मीर का निर्माण करना चाहता था, जिसमें कश्मीरी किसी भी दृष्टि से पराधीन न रहे। यह आंदोलन देश में मुस्लिम लीग के बढ़ते प्रभाव और साम्प्रदायिक हिंसा के माहौल में दोनों से अछूता रह कर फूला-फला। पाकिस्तान बन सकता है, यह इस आंदोलन ने सोचा भी नहीं था। यह ध्यान देने की बात है कि 1939 में जब मुस्लिम कांफ्रेंस ने अपना नाम बदल कर नेशनल कांफ्रेंस कर लिया, तो एक छोटा-सा गुट मुस्लिम कांफ्रेंस के बतौर जीवित रहा। यह गुट मुस्लिम लीग के प्रभाव में था, पर कश्मीर घाटी में उसका प्रभाव नगण्य था। उसके प्रमुख नेता भी जम्मू अंचल के ही थे।

जब तक हिंदुस्तान अविभाजित था, तब तक मुस्लिम-बहुल रियासत की मुस्लिम साम्प्रदायिकता से नेशनल कांफ्रेंस अपनी शर्तों पर लड़ने की क्षमता रखती थी। लेकिन पाकिस्तान बन जाने पर उसके मार्ग में रोड़े ही रोड़े थे। इन रोड़ों पर चल कर ही नेशनल कांफ्रेंस ने भारत में शामिल हो कर 'नया कश्मीर' के सपने को बचाने की कोशिश की थी। 'नया कश्मीर' के सपने को विभाजित भारत में पूरा करने के लिए भारतीय नेताओं और भारतीय जनता का सहयोग अपेक्षित था। यह सहयोग नहीं मिला। शेख अब्दुल्ला ने भी उस दूरदर्शिता का परिचय

नहीं दिया, जिसकी उनसे अपेक्षा की जाती थी। इस ट्रेजेडी का ही वर्णन आगे के पृष्ठों में आयेगा।

कश्मीर के भारत में शामिल होने के निर्णय का तात्कालिक कारण अलबत्ता पाकिस्तानी सीमा से होनेवाला उस पर आक्रमण था। इससे पहले भारत सरकार और नेशनल कांफ्रेंस दोनों का ही यह मत था कि रियासत के जन-प्रतिनिधियों की राय से ही भारत या पाकिस्तान में मिलने का फैसला होना चाहिए। इसके लिए अंतरिम व्यवस्था के तौर पर एक अंतरिम प्रतिनिधि सरकार जरूरी थी। भारत सरकार और नेशनल कांफ्रेंस दोनों को ही यह मंजूर न था कि महाराजा अपनी मर्जी से कोई फैसला करें।

प्रथम खंड में शेख अब्दुल्ला के 29 सितंबर को रिहा होने के बाद दिये गये भाषणों के उद्धरणों से यह जाहिर है कि नेशनल कांफ्रेंस भारत या पाकिस्तान में मिलने के बारे में तत्काल कोई निर्णय नहीं करना चाहती थी। वह भारत और पाकिस्तान दोनों विकल्पों को ठोंक-बजा कर देखने के बाद ही कुछ करना चाहती थी। इस बात को बहुत ज्यादा सहानुभूति और गहराई से समझने की जरूरत है कि 1947 से पहले नेशनल कांफ्रेंस के आंदोलन में कश्मीर की आजादी या 'नया कश्मीर' की कल्पना भारत की आजादी या नये भारत की कल्पना से सीधे जुड़ी थी। अगस्त 1945 में नेशनल कांफ्रेंस के सोपोर अधिवेशन में शेख अब्दुल्ला ने घोषणा की थी कि 'जम्मू-कश्मीर रियासत का भविष्य और स्वतंत्रता भारत के भविष्य और स्वतंत्रता से जुड़े हुए हैं।' विभाजन के बाद यह सब खंडित हो गया।

नयी स्थिति में किस देश में शामिल होने से कश्मीर के लिए ज्यादा से ज्यादा लाभ और स्वतंत्रता प्राप्त की जा सकती है ? यह शेख अब्दुल्ला जाँचना-परखना चाहते थे। हम यह भी कह सकते हैं कि शेख अब्दुल्ला एक प्रकार का सौदा (गलत अर्थों में नहीं) करना चाहते थे और अपनी जनता के लिए ज्यादा से ज्यादा कीमत वसूलना चाहते थे। यह कोई गलत बात नहीं थी। शेख अब्दुल्ला ने अपनी रिहाई के तुरंत बाद पाकिस्तान अपने दो दूत भी यह जानने के लिए भेजे थे कि पाकिस्तान क्या-क्या सुविधाएँ दे सकता है। यह वार्ता विफल रही और दूतों के श्रीनगर लौटते न लौटते पाकिस्तान सीमा से कबालियों का आक्रमण शुरू हो गया।

यह आक्रमण निश्चय ही एक प्रकार का ब्लैकमेल था। 27 अक्टूबर को कश्मीर के भारतीय संघ में मिलने का समझौता करने के बाद शेख अब्दुल्ला ने नयी दिल्ली से श्रीनगर लौट कर जो भाषण दिया, वह इस ब्लैकमेल के चरित्र

को और नेशनल कांफ्रेंस के भारत में मिलने के कारणों पर प्रकाश डालता है। शेख अब्दुल्ला ने कहा, 'हर कश्मीरी का पहला कर्तव्य आक्रमणकारियों से अपनी मातृभूमि की रक्षा करना है। हमले का उद्देश्य कश्मीरी जनता को बाध्य करना और धमकाना है कि वह आक्रमणकारियों के कहे के मुताबिक पाकिस्तान में शामिल हो जाये। कश्मीरी यह धमकी और जबरदस्ती अस्वीकार करता है। जिन लोगों पर कश्मीर की रक्षा का जिम्मा था, वे नालायक साबित हुए हैं। ऐसे में कश्मीर की रक्षा की जिम्मेदारी कश्मीरी जनता पर आ गयी है। कश्मीरी जनता अतिक्रमणकारियों और आक्रमणकारियों से, जो देश को लूटने, रौंदने और उसे अपनी मरजी के मुताबिक चलाने आये हैं, लड़ने को संकल्पबद्ध है। यह तो एक नयी किस्म की गुलामी होगी, जो वे हम पर लादना चाहते हैं। हम इसका मरते दम तक प्रतिरोध करेंगे। नेशनल कांफ्रेंस महाराजा के अधीन उत्तरदायी शासन की माँग करती आयी है। हमने अपनी आजादी के लिए लड़ाई लड़ी है और उसकी खातिर कष्ट सहे हैं। हमने यह उम्मीद की थी कि कोई भी कदम उठाने के पहले उत्तरदायी सरकार का प्रश्न निपटा लिया जायेगा। यह नहीं हो सका।

'नेशनल कांफ्रेंस के बहुत-से प्रभावशाली सदस्यों की राय थी कि भारतीय संघ में मिलना फायदेमंद होगा–राजनीतिक और आर्थिक, दोनों ही दृष्टियों से। आर्थिक रूप से कश्मीर अपने (माल के) बाजार के लिए पाकिस्तान की अपेक्षा भारत पर ज्यादा निर्भर है और राजनीतिक दृष्टि से यह सोचा गया कि भारत पाकिस्तान की अपेक्षा कहीं ज्यादा प्रगतिशील राज्य है और उसमें कश्मीर को अपनी प्रतिभा और प्रवृत्ति के मुताबिक स्वतंत्र विकास करने का ज्यादा मौका मिलेगा।

'लेकिन मेरे जेल में रहने के दौरान भारत में बड़ी उथल-पुथल हो गयी और अब एक नयी स्थिति पैदा हो गयी है। जो हुआ, उससे करोड़ों लोगों को क्या-क्या न सहना पड़ा–दुख, कष्ट और सर्वनाश। ऐसे में बहुत गंभीरता और सतर्कता के साथ स्थिति को पूरी तरह तौल कर फैसला करना आवश्यक है कि कश्मीर के लिए क्या फायदेमंद होगा और वह उसकी बहुसंख्यक जनता की इच्छा के मुताबिक हो। इसलिए मैंने अपने साथियों को सलाह दी थी कि भारत या पाकिस्तान में मिलने के प्रश्न पर तत्काल फैसला न किया जाये। हमारा पहला कदम उत्तरदायी सरकार की स्थापना के आधार पर सांविधानिक परिवर्तन होना चाहिए। इसके बाद ही भारत या पाकिस्तान से भावी रिश्तों के बारे में फैसला किया जाना चाहिए।

'लेकिन मेरी रिहाई के बाद घटनाएँ इतनी तेजी से हुईं। मैंने पाकिस्तानी सीमा से एक प्रकार के अतिक्रमण या हमले की बात सुनी। सशस्त्र लोग रियासत में घुस आये हैं और बहुत-सी जगहों पर सशस्त्र संघर्ष भी हुए हैं। मैं आल इंडिया स्टेट्स पीपुल्स कांफ्रेंस की संचालन समिति की अध्यक्षता करने नयी दिल्ली गया था। जिस दिन वापस लौटा, उसी दिन खबर मिली कि लारियों में सवार सशस्त्र

लोग बरास्ता अबोहाबाद रोड कश्मीर में घुस आये हैं और श्रीनगर की तरफ मार्च कर रहे हैं। यह एकदम प्रकट है कि इस आक्रमण का उद्देश्य कश्मीर की जनता को धमका कर बाध्य करना है। मैं आक्रमणकारियों के खिलाफ प्रतिरोध का नेतृत्व करने लौटा हूँ। '

जाहिर है कि नेशनल कांफ्रेंस के पास इसके सिवाय और कोई दूसरा विकल्प नहीं रह गया था कि वह भारत में शामिल हो कर भारतीय सेना की मदद से आक्रमणकारियों का प्रतिरोध करे। 31 अक्टूबर को कश्मीर में इमरजेंसी प्रशासन की स्थापना हुई और शेख अब्दुल्ला उसके प्रधान बनाये गये।

इसी दिन शेख अब्दुल्ला ने कहा, 'मैं श्री जिन्ना से अनुरोध करता हूँ कि वह हमारे राज्य की जनता की प्रभुसत्ता के सिद्धान्त को स्वीकार करें। हमारे राज्य की 78 प्रतिशत जनता मुसलमान है। राज्य अंतिम रूप से किस डोमिनियन में शामिल हो, इसका चुनाव करने की उसको स्वतंत्रता होनी चाहिए और इसमें किसी भी प्रकार की बाधा नहीं डाली जानी चाहिए। मैं श्री जिन्ना से अनुरोध करता हूँ कि वह अतिक्रमणकारियों को वापस लौटाने के लिए अपने प्रभाव और अपनी ताकत का इस्तेमाल करें। अगर वह चाहें तो मैं उनसे मिलने कराची जाने को तैयार हूँ।'

शेख अब्दुल्ला का यह अनुरोध दो बातों की ओर संकेत करता है–27 अक्टूबर के भारत में शामिल होने के निर्णय के प्रति वह पूरी तरह आश्वस्त नहीं थे। आश्वस्त न होने का एक ही कारण था कि कश्मीर के एक नयी शुरुआत करने के वक्त उस पर युद्ध और अशांति की छाया न रहे। इसी से जुड़ी हुई बात पाकिस्तान से कश्मीर के संबंध की थी। नया राज्य पाकिस्तान से स्थायी शत्रुता नहीं चाह सकता था। साम्प्रदायिक हिंदू मानसिकता के लिए देश प्रेम का अर्थ ही पाकिस्तान से घृणा है और हिंदुत्व का अर्थ ही है मुस्लिम विद्वेष। देशभक्ति और हिंदुत्व की इतनी संकीर्ण व्याख्या हैरतअंगेज है, पर उसे एक वास्तविकता बनाये जाने की घिनौनी कोशिशें आज भी जोरों से चल रही हैं। यह मानसिकता शेख अब्दुल्ला के पाकिस्तान से अच्छे संबंध चाहने को रचनात्मक रूप में देख ही नहीं सकती। बहरहाल, शेख अब्दुल्ला यह नहीं चाहते थे कि कश्मीर लंबे समय तक विवाद में फँसा रहे और भारत तथा पाकिस्तान के बीच पीसा जाये।

शेख अब्दुल्ला का सारा सोच एक कश्मीरी के रूप में था। पाकिस्तान बनने के बाद वह एक समग्र भारतीय दृष्टि से सोचने में असमर्थ थे। विभाजन के पहले उनकी यह सीमा न थी। लेकिन उनकी यह असमर्थता एक बाँझ असमर्थता नहीं थी, क्योंकि उसमें देश के स्वस्थ सांविधानिक विकास और राज्यों की अधिकाधिक स्वायत्तता के बीज भी छिपे थे। जम्मू-कश्मीर भारतीय संघ का एक मॉडल राज्य बन सकता था, जिसके आधार पर केंद्र और राज्यों के रिश्ते बनते और राज्यों

को अधिकाधिक स्वायत्तता प्राप्त होती। इसका कुल नतीजा लोकतंत्र का प्रसार और जनता की हिस्सेदारी में वृद्धि होता। 27 अक्टूबर 1947 को कश्मीर 'विशेष परिस्थितियों' में भारत में शामिल हुआ था। इन 'विशेष परिस्थितियों' को ध्यान में रखते हुए ही भारत सरकार ने कहा था कि स्थिति के शांत होने पर रियासत की जनता की मरजी से कश्मीर के विलय का प्रश्न तय किया जायेगा और इसके लिए जनमत संग्रह करवाया जायेगा। इस तरह कश्मीर भारत में शामिल जरूर हुआ, पर अन्य रियासतों की तरह उसका भारत में विलय नहीं हुआ। हम कितना ही क्यों न कहें कि कश्मीर भारत का अविभाज्य अंग है, लेकिन वास्तविकता यह है कि सं. रा. संघ और दुनिया के अधिकांश देशों की राय में कश्मीर का प्रश्न अभी भी विवादास्पद है, क्योंकि जब तक जनमत संग्रह से इसका निपटारा नहीं होता, तब तक उसका भारत में विलय हो जाना अधिकृत रूप से नहीं माना जा सकता। 1953-54 तक भारत सरकार ने भी यह स्वीकार किया कि कश्मीर के प्रश्न का अंतिम निपटारा जनमत संग्रह के माध्यम से ही हो सकता है या होगा। 9 अगस्त 1953 को शेख अब्दुल्ला की गिरफ्तारी के बाद कश्मीर के नये वजीरे आजम बख्शी गुलाम मुहम्मद ने भी रेडियो कश्मीर पर अपने भाषण में कहा था, 'हम जनमत संग्रह के लिए प्रतिबद्ध हैं।··· मैं राज्य के भारतीय संघ में विलय के नारे का कभी समर्थन नहीं करूँगा।' इस भाषण में कश्मीर के भारत में शामिल होने को बख्शी ने 'लिमिटेड एक्सेशन' बताते हुए कहा था कि इससे हम अपनी पूरी स्वाधीनता कायम रखने में समर्थ हुए हैं।

नेशनल कांफ्रेंस के नेताओं ने 27 अक्टूबर 1947 को विशेष परिस्थितियों में भारत में शामिल होने के लिए जो शर्तें रखीं थीं, वे प्रायः 15 अगस्त 1947 के पहले के ब्रिटिश सरकार और देशी रियासतों के बीच हुए करारनामों की शर्तों जैसी ही थीं। इनके तहत कश्मीर ने भारत को सिर्फ रक्षा, वैदेशिक मामले, मुद्रा और संचार व्यवस्था की जिम्मेदारी सौंपी थी। कश्मीर के साथ इस प्रकार के विशेष व्यवहार के लिए भारतीय संविधान सभा में अनुच्छेद 307 अ रखा गया, जिसने बाद में अनुच्छेद 370 का रूप ले लिया। इस धारा के मसौदे को ले कर 1949 में भारत सरकार और शेख अब्दुल्ला के बीच हलका-सा विवाद भी चला। मसौदे में भारतीय संविधान की नागरिकता, मौलिक अधिकार तथा नीति निदेशक सिद्धांत संबंधी व्यवस्थाएँ कश्मीर पर लागू करने की बात थी। शेख अब्दुल्ला को इन पर आपत्ति थी, क्योंकि इनके लागू हो जाने पर जमींदारों को उनकी जमीन का मुआवजा देना पड़ता और कश्मीर में बाहरी लोगों को अचल संपत्ति खरीदने का अधिकार देना पड़ता। भारत सरकार ने शेख अब्दुल्ला की आपत्तियाँ स्वीकार कर लीं। पर यहीं से शेख अब्दुल्ला और भारत सरकार के बीच दरार-सी पड़ने लगी। नेहरू ने इस समय सरदार पटेल को लिखे गये एक पत्र में शेख अब्दुल्ला की

काफी कड़ी आलोचना की है। जम्मू-कश्मीर स्थित उच्च पदस्थ भारतीय अफसर नेहरू को शेख अब्दुल्ला के खिलाफ शिकायतें पहुँचाते रहते थे। अफसरों के अँगरेजीदाँ तौर-तरीके नेहरू को ज्यादा पसंद थे और फिर हमारे सभी नेताओं में अफसरों को कहीं बहुत योग्य व कुशल मानने की हीन ग्रन्थि भी तो काम करती रहती है।

मुख्य बात शायद यह है कि 'विशेष परिस्थिति' की भारतीय नेताओं की समझ और नेशनल कांफ्रेंस के नेताओं की समझ में बुनियादी अंतर था। भारतीय नेता यह मानते प्रतीत होते थे कि विशेष परिस्थिति केवल कबायली आक्रमण और पाकिस्तान के आक्रामक रुख से जुड़ी हुई है। बहरहाल, अनुच्छेद 370 का विशेष परिस्थिति से सीधा संबंध था। कश्मीर के भारत में शामिल होने के 16 वर्ष बाद 27 नवंबर 1963 को जवाहरलाल नेहरू ने लोक सभा में कहा था, 'अनुच्छेद 370 का धीरे-धीरे क्षय हो रहा है और इस दिशा में अगले एक-दो महीने में नये कदम उठाये जायेंगे। लेकिन अनुच्छेद 370 को एकदम समाप्त कर देने के मामले में हम पहल करना नहीं चाहते। हम चाहते हैं कि यह पहल राज्य सरकार और कश्मीर की जनता की तरफ से हो।'

नेशनल कांफ्रेंस के नेताओं की 'विशेष परिस्थितियों' की समझ यह थी कि कबायली आक्रमणवाली 'विशेष परिस्थिति' एक तात्कालिक घटना है। देश का विभाजन हो जाने के बाद जो नयी स्थिति उत्पन्न हुई, उसमें कश्मीर भारत में सामान्य ढंग से शामिल नहीं हो सकता। मुस्लिम-बहुल राज्य की जनता अपने नेताओं से हमेशा यह प्रश्न करेगी कि पाकिस्तान के बजाय आप भारत में आखिर क्यों शामिल हुए हैं। इस प्रश्न का जवाब इसके सिवाय कुछ नहीं हो सकता कि राज्य की जनता के लाभ के लिए और यह लाभ तभी हासिल हो सकता है जब राज्य भारत के भीतर ऐसी स्वतंत्रता प्राप्त करे जिसकी पाकिस्तान में कल्पना भी नहीं की जा सकती हो। विशेष परिस्थिति के एकदम विपरीत बोध के ही कारण अनुच्छेद 370 को ले कर सारी गड़बड़ी हुई है। शायद इसीलिए अनुच्छेद 370 की रचनात्मक संभावनाओं की ओर हमारा बहुत कम ध्यान गया है।

26 जनवरी 1950 को जब भारतीय संविधान लागू किया गया, तो राष्ट्रपति ने अनुच्छेद 370 के तहत जम्मू-कश्मीर सरकार की सलाह से एक आदेश जारी किया। इसमें संघीय संसद के अधिकार क्षेत्र और राज्य पर लागू होनेवाली संवैधानिक व्यवस्थाओं की परिभाषा की गयी। प्रतिरक्षा, विदेशी मामले, संचार और विदेश व्यापार जैसे विषयों से संबंधित भारतीय संविधान के हिस्से राज्य पर पूरी तरह लागू किये गये, लेकिन व्यापार, ऑडिट, न्यायपालिका, चुनाव, वित्त जैसे विषयों के बारे में भारतीय संविधान के हिस्से कुछ परिवर्तनों के साथ लागू किये गये। भारतीय संविधान के मौलिक अधिकारों और नीति निदेशक सिद्धांतों संबंधी अनुच्छेद

सुनिर्दिष्ट रूप से राज्य पर लागू नहीं किये गये।

1951 में अनुच्छेद 370 के तहत जम्मू व कश्मीर में संविधान सभा की स्थापना हुई, लेकिन इसके साथ राज्य के शासक द्वारा अपनी प्रभुसत्ता के अधिकार के इस्तेमाल से भी उसका जन्म हुआ। यह एक विचित्र स्थिति कही जायेगी। इसे समझने के लिए कश्मीर के विशेष परिस्थिति में भारत में शामिल होने को ध्यान में रखना पड़ेगा। विशेष परिस्थिति को देखते हुए भारतीय संविधान कश्मीर पर पूरी तरह लागू नहीं किया जा सकता था। सो उसमें अनुच्छेद 370 की व्यवस्था कर जम्मू-कश्मीर संविधान सभा की स्थापना की गयी और साथ ही उसकी स्वायत्तता के लिए राज्य के शासक द्वारा अपनी प्रभुसत्ता के इस्तेमाल की बात भी कही गयी। बहरहाल, राज्य संविधान सभा के संविधान बनाने का काम शुरू करते ही उसकी क्षमता, अधिकार क्षेत्र आदि के बारे में उँगली उठायी जाने लगी। 12 जून को सभा की बुनियादी सिद्धांत समिति ने राजतंत्र समाप्त करने का निर्णय किया तो भारतीय संविधान के अनुच्छेद 370 में परिवर्तन करना पड़ा ('महाराजा' की जगह राज्य के निर्वाचित प्रधान 'सदरे रियासत' बिठाना पड़ा)। जाहिर है कि राजतंत्र की समाप्ति राज्य के साम्प्रदायिक हिंदू तत्वों को काफी खली। साथ ही शेख अब्दुल्ला ने जम्मू के प्रति उपेक्षापूर्ण रवैया अपना कर इन साम्प्रदायिक तत्वों को परोक्ष रूप से मदद ही की। राज्य के राजनीतिक नेतृत्व में जम्मू अंचल का प्रतिनिधित्व नहीं के बराबर था और जम्मू में प्रजा परिषद और साम्प्रदायिक तत्वों द्वारा अनुच्छेद 370 को रद्द करने और राज्य के भारत में पूर्ण विलय की माँगों को शेख अब्दुल्ला ने एक दूरदर्शी राजनेता की तरह समझने के बजाय सपाट ढंग से समझा और झुंझलाहट में इन्हें विशुद्ध साम्प्रदायिक माँग करार दिया। उन्होंने यह नहीं सोचा कि अनुच्छेद 370 को रद्द करने और राज्य के भारत में पूर्ण विलय की माँग के पीछे जम्मू की अवहेलना की बात भी काम कर रही है।

कश्मीर विधान सभा ने एक के बाद एक कुछ ऐसे निर्णय किये, जिनसे उथल-पुथल मच गयी–(1) राज्य में जमींदारों को उनसे ली गयी जमींदारी का मुआवजा नहीं दिया जायेगा, (2) राजतंत्र समाप्त कर दिया जायेगा, (3) बाहरी व्यक्तियों को राज्य में अचल संपत्ति खरीदने नहीं दी जायेगी। दो निर्णयों से तो 1944 की 'नया कश्मीर' योजना के संकल्प को अमली रूप देने का निर्णय किया गया था। लेकिन दिल्ली दरबार में यह शिकायत जोरों से की जाने लगी कि शेख अब्दुल्ला मनमानी कर रहे हैं। तीसरा निर्णय बाद में 1954 के जम्मू-कश्मीर सांविधानिक आदेश के तहत अमल में लाया गया। इसके द्वारा अचल संपत्ति खरीदने और स्थायी निवासी बनने का हक हासिल करने पर प्रतिबंध लगाया गया।

इस प्रतिबंध की कटु आलोचना की जाती है और इसे साम्प्रदायिक करार दिया जाता है। लेकिन साम्प्रदायिक करार देते हुए दो बातों को एकदम नजरअंदाज

किया जाता है—कश्मीर में जन आंदोलन पहले-पहल बाहरी आदमियों के विरोध के रूप में ही उभरा। '20 के दशक तक रियासत की प्रायः सारी नौकरियाँ बाहर के लोगों को मिली हुई थीं। इसके विरोध में शिक्षित हिंदू युवकों ने ही 1927 में पहले आंदोलन किया। इसका नतीजा यह हुआ कि 1927 में 'कश्मीरी प्रजा' की परिभाषा की गयी और स्थानीय लोगों के अधिकारों की रक्षा करने का कानून बनाया गया। देश में पिछड़े और गरीब इलाकों व आदिवासी इलाकों में इस तरह के किसी-न-किसी किस्म के कानून हैं भी। लेकिन चूँकि शेख अब्दुल्ला एक मुस्लिम-बहुल राज्य के मुसलमान प्रधानमंत्री थे, सो हिंदू साम्प्रदायिक तत्वों को यह याद करने की भी जरूरत महसूस नहीं हुई कि ऐसा ही कानून हिंदू महाराजा के राज में भी बना था। भारत में एक ऐसा मूढ़ फासिस्ट समूह है जो यह मानता है कि कश्मीर की समस्या वहाँ की जनसंख्या के हिंदू-मुसलमान अनुपात को बदल कर ही हल की जा सकती है। इसके लिए बड़े पैमाने पर कश्मीर में हिंदुओं को बसाया जाना चाहिए। इस तरह के जघन्य सुझाव की काट और मुसलमान आबादी को भरोसा दिलाने के लिए ऐसा कानून क्या गलत माना जा सकता है ?

अक्टूबर 1947 से अप्रैल 1952 तक शेख अब्दुल्ला और भारत सरकार के बीच मतभेद काफी बढ़ गये थे, हालाँकि इस दौरान शेख अब्दुल्ला के वक्तव्यों से यह प्रकट नहीं होता। 31 अक्टूबर 1951 को जम्मू-कश्मीर विधान सभा की पहली बैठक में शेख अब्दुल्ला ने कहा, 'पिछले चार वर्षों में भारत सरकार ने कभी भी हमारी अंदरूनी स्वाधीनता में हस्तक्षेप करने की कोशिश नहीं की है। इससे हमारा भारत सरकार में विश्वास और बढ़ गया है।··· पाकिस्तान मुस्लिम राज्य नहीं, सामंतवादी राज्य है। कहा जाता है कि हमारी अधिकांश जनता मुसलमान है। लेकिन पाकिस्तान ने तो मुसलमानों को तितर-बितर कर दिया है। भारत में 4 करोड़ मुसलमान हैं, जबकि पश्चिमी पाकिस्तान में, जिसकी सीमा हमारे राज्य से जुड़ी हुई है, मुश्किल से ढाई करोड़ मुसलमान हैं। अगर मुसलमानों के साथ रहने की ही बात है तो हम क्यों न 4 करोड़ मुसलमानों के साथ रहें ? पाकिस्तान में कोई संविधान नहीं। बादशाह खाँ और उनके साथियों तथा बलूची नेता खान अब्दुस समद खाँ का पाकिस्तान में क्या हश्र हुआ है, यह सभी जानते हैं। 15 अगस्त से 27 अक्टूबर तक जम्मू-कश्मीर स्वतंत्र रहा। इस स्वतंत्रता का क्या नतीजा हुआ ? यही न कि हमारे पड़ोसी देश ने, जिसके साथ हमारा स्टैंडस्टिल समझौता था, हम पर हमला कर दिया।'

लेकिन इसी वक्तव्य के लगभग 6 महीने बाद ही शेख अब्दुल्ला ने रणवीर सिंहपुरा में जो भाषण दिया, उससे बवंडर-सा मच गया और शेख अब्दुल्ला के बारे में तरह-तरह की शंकाएँ उठायी जाने लगीं। 10 अप्रैल 1952 के अपने इस भाषण में शेख अब्दुल्ला ने कहा था, 'हमने भारत को प्रतिरक्षा, वैदेशिक मामलों

और संचार व्यवस्था का भार सौंपा था, ताकि हम अपनी आंतरिक स्वायत्तता की रक्षा कर सकें। हमें अपनी नियति और अपना भविष्य तय करने का अधिकार है। लेकिन अगर इसे ही चुनौती दी जाये और भारत में साम्प्रदायिकता फिर से सिर उठाने लगे, तो हम कश्मीर के मुसलमानों को कैसे यह भरोसा दिला सकते हैं कि भारत का हमें निगल जाने का इरादा नहीं है ?

'इस बात से कोई इनकार नहीं कर सकता कि भारत में साम्प्रदायिक ताकतें अभी भी मौजूद हैं। बहुत-से कश्मीरियों को इस बात की चिंता है कि अगर पं. नेहरू को कुछ हो गया, तो उनका (कश्मीरियों का) क्या होगा। हमें यथार्थवादी होना चाहिए। हमें सभी प्रकार की स्थितियों के लिए तैयार रहना पड़ेगा। अगर भारतीय संविधान में कश्मीर को विशेष दरजा मंजूर न किया जाये, तो हम कश्मीर के मुसलमानों को कैसे यह भरोसा दिला सकते हैं कि भारत कश्मीर के भीतरी मामलों में दखल नहीं देगा ?

'अगर जम्मू और लद्दाख चाहते हों तो वे भारत के साथ अपना पूर्ण विलय कर सकते हैं और कश्मीर घाटी सीमित 'एक्सेसन' (मिलन) के अपने निर्णय पर कायम रह सकती है··· हाल की घटनाएँ चिंताजनक हैं। इनसे कश्मीर का भारत में मिलन समाप्त हो सकता है।'

इस भाषण ने जम्मू और लद्दाख के लोगों को तो नाराज किया ही, नेहरू को भी बहुत सशंकित कर दिया। शेख अब्दुल्ला को दिल्ली बुलाया गया और इसके फलस्वरूप 24 जुलाई 1952 को शेख अब्दुल्ला और नेहरू के बीच एक समझौता हुआ, जिसे 1952 के दिल्ली समझौते के रूप में जाना जाता है। इसके तहत भारत ने अपने संविधान में जम्मू-कश्मीर को विशेष दरजा प्रदान करना स्वीकार किया। राज्य को अपने आंतरिक मामलों के बारे में पूर्ण स्वाधीनता दी गयी। राज्य के शासक के स्थान पर पाँच वर्ष के लिए चुने गये अध्यक्ष 'सदरे रियासत' की व्यवस्था की गयी। भारतीय संविधान में मंजूर किये गये मौलिक अधिकार इस शर्त के साथ जम्मू व कश्मीर पर लागू किये गये कि उनका राज्य के भूमि सुधार कार्यक्रम पर कोई असर नहीं पड़ेगा। यह तय किया गया कि सर्वोच्च न्यायालय का जम्मू-कश्मीर में अधिकार क्षेत्र सिर्फ अंतर्राज्य विवादों, मौलिक अधिकारों, वैदेशिक मामलों और संचार तक सीमित रहेगा। भारत के झण्डे का सर्वोच्च स्थान रहेगा, लेकिन उसके साथ जम्मू-कश्मीर का भी अलग झण्डा रहेगा। भारतीय राष्ट्रपति के आपातकालीन अधिकार जम्मू-कश्मीर में राज्य सरकार की सहमति से ही लागू किये जा सकेंगे।

दिल्ली समझौते के वक्त शेख अब्दुल्ला ने जम्मू और लद्दाख को क्षेत्रीय स्वायत्तता देने की बात कही। अप्रैल 1953 के एक रेडियो ब्राडकास्ट में भी उन्होंने अपने इस आश्वासन को दुहराया। लेकिन जम्मू में शेख अब्दुल्ला के प्रति असंतोष

बढ़ता ही गया। भारतीय जनसंघ के अध्यक्ष श्यामा प्रसाद मुखर्जी ने उस वक्त जम्मू प्रजा परिषद के भारत में पूर्ण विलय के आंदोलन (एक निशान, एक संविधान, एक प्रधान) में योग दिया। अगस्त 1952 में उन्होंने राज्य की यात्रा की। इसके पहले उन्होंने राज्य में जनमत संग्रह का विरोध करते हुए कहा था कि उत्तर-पश्चिम सीमा प्रांत के अनुभव को देखते हुए जम्मू-कश्मीर में जनमत संग्रह करवाना एक ट्रेजेडी होगी। मई 1953 में श्यामा प्रसाद मुखर्जी ने जम्मू-कश्मीर की फिर यात्रा की, तो उन्हें गिरफ्तार कर लिया गया। जेल में उनकी 23 जून 1953 को मृत्यु हो गयी।

कहा जाता है कि श्यामा प्रसाद मुखर्जी जम्मू व लद्दाख को क्षेत्रीय स्वायत्तता मंजूर किये जाने पर अनुच्छेद 370 के प्रति अपने विरोध को वापस लेने को राजी हो गये थे, लेकिन उनकी कश्मीर यात्रा और गिरफ्तारी ने जम्मू में साम्प्रदायिक माहौल बनाने में बड़ा योगदान किया।

शेख अब्दुल्ला इस माहौल से इतने विचलित हुए कि 7 अगस्त 1953 को उन्होंने कहा कि जम्मू और भारत में साम्प्रदायिकता की जो लहर फैली है, उससे वह कश्मीर के भारत के साथ संबंध के बारे में पुनर्विचार करने को बाध्य हो गये हैं। इस बयान से शेख अब्दुल्ला के बारे में दिल्ली का संदेह काफी बढ़ गया। यह अफवाह भी जोरों पर थी कि शेख अब्दुल्ला अमेरिका से संबंध बना कर कश्मीर को स्वतंत्र घोषित करने की योजना बना रहे हैं। ऐसे संदेह के वातावरण में 9 अगस्त 1953 को सदरे रियासत कर्ण सिंह के आदेश पर राज्य के सार्वजनिक सुरक्षा अधिनियम के तहत शेख अब्दुल्ला को गिरफ्तार कर लिया गया।

प्रसिद्ध राजनीतिक कर्मी और लेखक बलराज पुरी ने शेख अब्दुल्ला की गिरफ्तारी के बारे में लिखा है, 'परिस्थितियाँ कुछ भी क्यों न रही हों, अगस्त 1953 के संकट के लिए शेख अब्दुल्ला, प्रजा परिषद और जनसंघ, विदेशी शक्तियों, नेहरू तथा अन्य तत्वों को कितना ही दोषी या जिम्मेदार क्यों न ठहराया जाये, इस बात में शक की तनिक भी गुंजाइश नहीं कि 1947 में कश्मीर के भारत में शामिल होने के बाद यह (शेख अब्दुल्ला की गिरफ्तारी) भारतीय 'फेडेरलाइज़ेशन' (राज्य संघ शासन) की प्रक्रिया को सबसे बड़ा आघात था।' पुरी इसके साथ यह भी लिखते हैं, 'अंतर्राष्ट्रीय दुनिया में भी बिना मुकदमा शेख अब्दुल्ला की नजरबंदी ने भारत की नैतिक प्रतिष्ठा और साख को गिराया।' बर्ट्रेण्ड रसेल ने भारत के बारे में अपनी निराशा व्यक्त करते हुए कहा कि 'कश्मीर के मामले में भारत सरकार के सारे ऊँचे आदर्श धरे रह गये हैं।'

शेख अब्दुल्ला की गिरफ्तारी के बाद की कहानी केंद्रीय सरकार की अधिकाधिक दखलअंदाजी, तिकड़मबाजी और लोकतांत्रिक प्रक्रियाओं को धता बताने की कहानी है। यह कश्मीर को भारत का अविभाज्य अंग घोषित करते रहने,

कश्मीर को भारत की सैरगाह मानते रहने तथा वहाँ की जनता की सहज आकांक्षाओं को पाकिस्तान प्रेरित बताते रहने की भी ट्रेजेडी है।

अगस्त '53 में शेख अब्दुल्ला की नजरबंदी कश्मीर की राजनीति में एक निर्णायक मोड़ थी। शायद एक ऐसा मोड़, जिसने कहीं सारे देश की राजनीति को प्रभावित किया। देश की राजनीति में वह पहले व्यक्ति थे, जिन्हें अपने राज्य का प्रधानमंत्री रहते हुए गिरफ्तार किया गया। यह आजादी के बाद लोकतांत्रिक परंपराओं और मर्यादाओं पर सबसे बड़ा पहला आघात था। जम्मू-कश्मीर में विरोध के सिवाय देश भर में इसका विरोध नहीं हुआ। यह आजादी के चार वर्षों में ही लोकतांत्रिक प्रक्रियाओं के मजबूत होने के बजाय दुर्बल होने का यथेष्ट संकेत था।

शेख अब्दुल्ला के केंद्रीय सरकार से रिश्ते 1949 से ही बिगड़ने लगे थे। क्यों बिगड़ने लगे थे, इसका कुछ जिक्र पहले के पृष्ठों में आया है। आज लगभग 40 वर्ष बाद यह लगता है कि केंद्रीय सरकार ने कहीं उन दबावों को सहानुभूतिपूर्वक समझने की कोशिश नहीं की जो एक मुस्लिम-बहुल राज्य के नेता के रूप में एक मुसलमान देश पाकिस्तान के बजाय भारतीय संघ से रिश्ता जोड़ने के कारण शेख अब्दुल्ला पर थे। 10 जुलाई 1950 को शेख अब्दुल्ला ने पं. नेहरू को जो पत्र लिखा, उसमें न समझे जाने की पीड़ा मार्मिक रूप से व्यक्त होती है। शेख अब्दुल्ला ने लिखा है, 'मुझे लगता है कि आपके लिए मैं अपना बलिदान तो कर सकता हूँ, पर 40 लाख कश्मीरियों के भविष्य के संरक्षक के रूप में मैं उनकी आकांक्षाओं, अधिकारों और विशेषाधिकारों की बलि नहीं होने दे सकता। मैंने कई बार कहा है कि पाकिस्तान के साथ बहुत सारी निकटताओं के बावजूद हम भारत में शामिल हुए, तो उसका कारण यह था कि हमें आशा और आकांक्षा के दो देदीप्यमान नक्षत्र–गाँधी जी और आप–नजर आ रहे थे। हम पाकिस्तान में शामिल नहीं हुए, क्योंकि हमने यह सोचा कि हमारा कार्यक्रम उसकी नीतियों से मेल नहीं खायेगा। लेकिन अगर हम यह मानने को बाध्य किये जायें कि अपने राज्य का अपनी प्रतिभा के मुताबिक, अपनी इच्छानुसार हम निर्माण नहीं कर सकते, तो मैं अपने लोगों को क्या जवाब दे सकता हूँ और कैसे उनको अपना मुँह दिखा सकता हूँ ?'

जब तक शेख अब्दुल्ला गद्दी पर थे, कश्मीर घाटी के लोगों को यह लगता था कि वह दिल्ली के आगे नहीं झुकेंगे। दिल्ली से उनके विवादों का जनमानस पर यह असर पड़ता था कि कश्मीर के हितों की रक्षा की जा रही है, उनके लिए लड़ा जा रहा है। यह एक ऐसी स्थिति थी, जिसमें दिल्ली के प्रति असंतोष भारत विरोध की हद तक उफन नहीं पाता था। उफन न पाना इस अर्थ में रचनात्मक

था कि उसमें बिगड़ते रिश्तों के सुधार की गुंजाइश बनी हुई थी। शेख मुहम्मद अब्दुल्ला के बाद जो भी प्रधानमंत्री बने, उनमें से किसी की भी हैसियत यह न थी कि वे जनता की इच्छा और आकांक्षाओं के मुआफिक किसी ठोस आधार पर दिल्ली से रिश्ते बनाते।

शेख अब्दुल्ला के बाद कठपुतली प्रधानमंत्रियों की बहाली शुरू हुई, जिनके शासन में कश्मीर की स्वायत्तता छीजती गयी, असंतोष व्यक्त करने के तरीके समाप्त होते गये और केंद्र की मनमानी चलने लगी। इन सबका लाजिमी नतीजा यह था कि कश्मीरी जनता से भारत की दूरी बढ़ने लगी और उसका असंतोष बार-बार उफनने लगा।

शेख अब्दुल्ला के बाद बख्शी गुलाम मुहम्मद राज्य के प्रधानमंत्री बने। जिन परिस्थितियों में वह प्रधानमंत्री बने, उनमें कश्मीर और दिल्ली के बीच कोई स्वस्थ रिश्ता विकसित करने या बिगड़ी को बनाने की संभावना न थी। बख्शी दिल्ली की अनुकंपा से गद्दी पर बैठे थे। शेख अब्दुल्ला अनुकंपा से नहीं, अधिकार से बैठे थे। अपने दस वर्ष के शासन में बख्शी ने केंद्र को हर तरह का सहयोग दिया और उसके एवज में राज्य में तिकड़म, भ्रष्टाचार, दमन और चुनाव धाँधली पर आधारित अपनी व्यक्तिगत हुकूमत कायम कर डाली। सबसे बुरी बात तो यह हुई कि उन्होंने केंद्रीय नेताओं को यह आभास दिया कि कश्मीर में भी वही सब किया जा सकता है जो वे देश के अन्य राज्यों में करते थे। केंद्रीय नेताओं की सत्ताकामी मंद बुद्धि में यह समझ में नहीं आया कि कश्मीर की परिस्थिति विशेष है और वहाँ उत्पन्न होनेवाले असंतोष में अलगाववाद के बीज रहेंगे ही।

अलगाववाद के बीज को कश्मीर की विशेष स्थिति को स्वीकार कर उसे ज्यादा से ज्यादा स्वायत्तता दे कर पनपने से रोका जा सकता था, जिससे कश्मीरी जनता को यह महसूस होता कि उसे वह हासिल हो रहा है जो पाकिस्तान में नहीं हो सकता था। आखिर बाँग्लादेश पाकिस्तान से क्यों अलग हुआ और आज वहाँ पंजाब को छोड़ कर सभी राज्यों में किसी-न-किसी प्रकार के अलगाववादी आंदोलन क्यों पनप रहे हैं ?

बख्शी ने 1953 से 1963 के अपने दस वर्ष के शासन में एक प्रकार के स्थायित्व का आभास जरूर दिया। शेख अब्दुल्ला की नजरबंदी के बाद से केंद्रीय नेताओं ने यह धारणा बनायी और देश भर में फैलायी कि कश्मीर अब सीधे रास्ते पर आ रहा है। बलराज पुरी लिखते हैं, 'इस बीच भारत सरकार ने कश्मीर को भारत का अविभाज्य अंग घोषित करना और जनमत संग्रह के वायदे से मुकरना शुरू किया। ऐसे में राज्य में ढुलमुल मानसिकतावाले लोगों को यह लगने लगा कि राज्य के विलय का प्रश्न अब नहीं रह गया है, भारत में मिलना एक तथ्य बन चुका है। इससे भी बख्शी को अलगाववादियों की चुनौती का सामना करने

में सहूलियत हुई··· वह एक स्थायी और एकछत्र आधिपत्यवाली (रेजिमेंटेड) व्यवस्था कायम करने में सफल हुए।'

बख्शी के शासन में ऊपर से सब कुछ ठीक-ठाक था। इन दस वर्षों में बाकी देश में भी यह भ्रम फैला कि कश्मीरी लोगों ने अपनी परिस्थिति को स्वीकार कर लिया है। 1956 और 1962 के चुनावों में बख्शी ने भयंकर धाँधली की। लेकिन भारतीय अखबारों और जनमानस ने इनके बारे में एक अजीब ग्रंथि विकसित की कि 'चूँकि जम्मू-कश्मीर एक ऐसा राज्य है जिसे पाकिस्तान हड़पना चाहता है, इसलिए वहाँ सरकार की तरफ से जो भी धाँधली होती है वह क्षम्य है; इस तरह की धाँधली की बात करना भी उचित नहीं, क्योंकि इससे पाकिस्तान को मदद मिल सकती है।'

यह विडंबनापूर्ण है कि जम्मू-कश्मीर में चुनाव धाँधलियों की शुरुआत की जिम्मेवारी शेख अब्दुल्ला की है। 1951 के संविधान सभा के चुनाव में 75 निर्वाचन क्षेत्रों में 4 को छोड़ कर कहीं चुनाव ही नहीं होने दिये गये। शेख अब्दुल्ला के ज्यादातर विरोधी जम्मू में थे। विरोधी उम्मीदवारों के नामांकन पत्र चुनाव अधिकारियों ने इस बहाने से खारिज कर दिये कि वे ठीक से भरे ही नहीं गये हैं। शेख अब्दुल्ला के प्रति जम्मू में असंतोष बढ़ने की एक बड़ी वजह 1951 की वह धाँधली भी थी। बहरहाल, बख्शी ने चुनाव धाँधलियों के और नये तरीके ईजाद किये—उम्मीदवारों को घूस, नौकरी और पद का प्रलोभन और यह सब व्यर्थ होने पर उनका अपहरण।

चुनाव लोकतंत्र की एक मुख्य अभिव्यक्ति है। कश्मीर में मोरारजी देसाई के शासन काल को छोड़ कर कभी निष्पक्ष और स्वतंत्र चुनाव नहीं हुए। कश्मीर की जनता से इससे बड़े विश्वासघात की कल्पना नहीं की जा सकती। जब चुनाव प्रहसन हो जाये तो जो सरकार गद्दी पर बैठती है, वह भले ही जनता द्वारा निर्वाचित कहलाये, पर वह होती जनता की नहीं है। इस तरह कश्मीर की सभी सरकारें छद्म सरकारें थीं और उनके प्रति जनता में आस्था नहीं हो सकती थी। बख्शी ने दमन और लोकतांत्रिक अधिकारों के हनन का जो सिलसिला शुरू किया, उससे कश्मीर की जनता राजनीति से उदासीन होती चली गयी और समय-समय पर किसी बड़ी घटना, जैसे हजरतबल (पैगंबर के बाल चोरी होने) की घटना, के हो जाने पर वह उफनती थी। ऐसे में जो प्रतिक्रिया होती थी, वह अक्सर हिंसात्मक रूप ग्रहण करती थी। बख्शी की राजनीति के चलते बिचौलियों, भ्रष्टाचारियों, तिकड़मबाजों और चापलूसों के गिरोह सक्रिय हो गये। राज्य की जनता इन गिरोहों को भारत समर्थक के रूप में देखने लगी और उसके मन में यह धारणा पनपने लगी कि सारी बुराइयों की जड़ भारत से रिश्ते में है। आज हम कश्मीर में जो असंतोष देख रहे हैं, उसमें इस धारणा के स्पष्ट दर्शन होते हैं।

1956 में राज्य का जो नया संविधान बना, उसमें जम्मू-कश्मीर की स्वायत्तता का वह रूप नहीं रह गया जिसकी नेशनल कांफ्रेंस के नेताओं ने 30 अक्टूबर 1947 को कल्पना की थी। 1954 से 1977 के दौरान राष्ट्रपति ने अपने पहले के आदेशों के संशोधन के लिए 28 सांविधानिक आदेश जारी किये। इन सभी आदेशों द्वारा भारतीय संविधान के और ज्यादा अनुच्छेदों को जम्मू-कश्मीर पर लागू किया गया। हाँ, अनुच्छेद 370 की स्मृति में ये सभी आदेश राज्य की विधान सभा की सिफारिश पर जारी किये गये। संसद ने भी 1973 तक राज्य सरकार की सहमति से 262 केंद्रीय कानूनों को राज्य पर लागू करवाया। केंद्रीय गृह मंत्री गुलजारीलाल नंदा ने यह स्वीकार किया कि बख्शी गुलाम मुहम्मद के हटने के बाद से कश्मीर में संविधान और केंद्रीय कानूनों को लागू करने की प्रक्रिया तेज हुई है।

भारतीय संविधान की व्यवस्थाओं और केंद्रीय कानूनों के लागू किये जाने को देश के साथ जम्मू-कश्मीर की एकात्मता बढ़ना बताया गया। 21 दिसंबर 1964 को जारी किये गये राष्ट्रपति के आदेश द्वारा भारतीय संविधान की दो सबसे बदनाम धाराओं 356 और 357 (जिनके द्वारा राष्ट्रपति को राज्य में संविधान मशीनरी के ठप हो जाने पर राज्य की सरकार का जिम्मा लेने दिया जाता है और संसद को ऐसे राज्य के लिए कानून बनाने, बजट पेश करने आदि का अधिकार दिया जाता है) को राज्य पर लागू किया गया। इन दो धाराओं को लागू करने का राज्य में काफी विरोध हुआ। प्लेबिसिट फ्रंट (जनमत संग्रह मोर्चा) और अवामी ऐक्शन कमेटी ने 15 जनवरी 1965 को राज्य में प्रतिवाद दिवस का पालन किया। उधर राज्य में बढ़ते असंतोष की केंद्रीय नेताओं में यह प्रतिक्रिया हुई कि उन्होंने 26 जनवरी 1965 को नेशनल कांफ्रेंस को अ. भा. राष्ट्रीय कांग्रेस की एक शाखा का रूप दे डाला। नेशनल कांफ्रेंस समाप्त कर दी गयी।

इससे पहले 1963 के उत्तरार्ध में नेहरू ने कामराज योजना के करतब से बख्शी गुलाम मुहम्मद को इस्तीफा देने के लिए राजी कर लिया था। 1965 में गुलाम मुहम्मद सादिक की सरकार द्वारा नियुक्त एक अर्धन्यायिक आयोग ने बख्शी को सत्ता के दुरुपयोग और भ्रष्टाचार तथा अपने परिवार को 54 लाख रु. का गलत फायदा करवाने का दोषी पाया। सादिक ने बख्शी की प्राइवेट सेना शांति ब्रिगेड को भी भंग कर दिया और निवारक नजरबंदी अधिनियिम की धाराओं को भी थोड़ा हलका कर दिया। लेकिन बख्शी ने दस वर्षों में जिस तरह का शासन चलाया था, उसमें राज्य की जनता भारत से दूर होती चली गयी थी। यह दूरी जीवन के तमाम क्षेत्रों में व्यक्त हो रही थी। नेहरू को भी यह लगा कि शेख अब्दुल्ला को नजरबंद कर कश्मीर में अंततः कुछ भी हासिल नहीं हो सका है। अप्रैल 1964 में शेख अब्दुल्ला को रिहा किया गया। नेहरू से उनकी वार्ता शुरू

हुई। शेख अब्दुल्ला अब यह मानने लगे थे कि कश्मीर समस्या में पाकिस्तान भी एक पक्ष है और उसके सहयोग के बिना स्थायी हल असंभव है। मई में नेहरू से वार्ता के बीच में वह पाकिस्तानी राष्ट्रपति अयूब से बातचीत करने पाकिस्तान गये और वहाँ से लौट कर नेहरू से फिर बातचीत शुरू करनेवाले थे। लेकिन उनके पाकिस्तान रहते ही नेहरू की मृत्यु हो गयी। इस तरह कश्मीर समस्या के हल के लिए एक नयी शुरुआत की जो संभावना बनी थी, वह बीच में ही समाप्त हो गयी। कहते हैं कि शेख अब्दुल्ला ने राष्ट्रपति अयूब से कश्मीर के प्रश्न के संभावित हल के रूप में भारत-पाक महासंघ के गठन के विचार की भी चर्चा की थी, क्योंकि नेहरू ने इस विचार को अग्राह्य नहीं किया था। लेकिन यह फिर अनुमान और कल्पना की बात है। निश्चित रूप से कुछ भी कहना मुश्किल है।

भारत के नये प्रधानमंत्री लालबहादुर शास्त्री से उनकी कमजोर हैसियत को देखते हुए आशा नहीं की जा सकती थी कि वह कश्मीर के बारे में कोई बड़ा कदम उठाने का साहस करेंगे। शेख अब्दुल्ला ने पाकिस्तान से लौटने के बाद जनमत संग्रह की माँग करना शुरू कर दिया। इस माँग से निपटने की कोशिश में कश्मीर का सत्तारूढ़ नेतृत्व केंद्रीय सरकार पर और ज्यादा निर्भर होता चला गया।

शेख अब्दुल्ला इस बीच अपना पक्ष रखने के लिए विदेश दौरे पर रवाना हुए। अल्जीरिया में वह चीन के प्रधानमंत्री चाऊ एन लाई से मिले। चाऊ ने कश्मीर की जनता के आत्मनिर्णय के अधिकार का समर्थन किया। शेख अब्दुल्ला विदेश से लौटे तो 8 मई 1965 को उन्हें फिर गिरफ्तार कर लिया गया। इस गिरफ्तारी के विरोध में कश्मीर में हिंसक प्रदर्शन हुए। 26 मई को तो श्रीनगर में स्थिति एकदम बेकाबू हो गयी। लेकिन केंद्रीय नेतृत्व ने कश्मीर की राजनीति में शेख अब्दुल्ला की अहमियत को समझने की कोशिश करने के बजाय यह तय किया कि भारतीय संविधान के सभी अनुच्छेदों को धीरे-धीरे जम्मू-कश्मीर में लागू किया जाना चाहिए ताकि राज्य पूरी तरह देश के अन्य राज्यों जैसा बन जाये। 1966 के अक्टूबर में प्रधानमंत्री इंदिरा गाँधी ने अपने कश्मीर दौरे के दौरान कहा कि राज्य में कांग्रेस को छोड़ कर दूसरी पार्टी की जरूरत ही नहीं है (1965 में नेशनल कांफ्रेंस कांग्रेस का अंग बन चुकी थी।) यह तो एक विशुद्ध तानाशाही-वाला वक्तव्य था। इससे यही जाहिर होता है कि 1966 तक भारत सरकार यह मान चुकी थी कि कश्मीर को लोकतांत्रिक व्यवस्था से नहीं, तानाशाही व्यवस्था के द्वारा भारत में रखा जायेगा।

इसके बाद राज्य में 1967 में जो चुनाव हुए, उसमें गैर-कांग्रेसी उम्मीदवारों के, खासकर कश्मीर घाटी के मुस्लिम-बहुल निर्वाचन क्षेत्रों में, नामांकन पत्र बड़ी मात्रा में रद्द कर दिये गये। इस चुनाव में धाँधली अपनी पराकाष्ठा पर थी। प्लेबिसिट

फ्रंट ने इस चुनाव का भी पिछले चुनाव की तरह बहिष्कार किया। दिसंबर 1970 में लोक सभा भंग कर दी गयी, तो उसके चुनाव की घोषणा की गयी। शेख अब्दुल्ला ने कहा, उनका संगठन प्लेबिसिट फ्रंट कश्मीर घाटी की दो सीटों पर चुनाव लड़ेगा। इस पर राज्य सरकार ने शेख अब्दुल्ला के राज्य में प्रवेश पर और प्लेबिसिट फ्रंट पर प्रतिबंध लगा दिया। ऐसे में शेख अब्दुल्ला कुछ निर्दलीय उम्मीदवारों को समर्थन देने के सिवाय कुछ न कर सके। इसके बावजूद ये उम्मीदवार लोक सभा के लिए चुनाव में 42 विधान सभा निर्वाचन क्षेत्रों में से 28 में बहुमत प्राप्त कर पाये। एक उम्मीदवार शमीम अहमद तो निर्वाचित भी हुए।

मार्च 1972 के विधान सभा चुनाव में मीर कासिम के नेतृत्व में कांग्रेस फिर धाँधली कर विजयी हुई। इस वक्त शेख अब्दुल्ला ने अपने भाषणों में यह कहना शुरू किया कि वह 1947 में कश्मीर के भारत में शामिल होने को चुनौती नहीं देते। 'मैंने जनमत संग्रह की माँग करते हुए यह भी कहा है कि जनमत संग्रह का कोई उचित विकल्प सुझाया जायेगा तो मैं उसे स्वीकार करने को तैयार हूँ। मैं चाहता हूँ कि राज्य और भारतीय संघ के रिश्ते भारतीय संविधान के अनुच्छेद 370 में जिस तरह निर्धारित किये गये थे उसी तरह से फिर स्थापित किये जायें और 1953 में गिरफ्तारी के बाद राज्य के भारतीय संघ में एकीकरण के लिए जो सब कदम उठाये गये हैं, उन्हें वापस लिया जाये।' इस तरह के बयानों के बाद शेख अब्दुल्ला और भारत सरकार के बीच वार्ता शुरू हुई और नवंबर 1974 में एक समझौता हुआ। फरवरी 1975 में इस समझौते के तहत शेख अब्दुल्ला कांग्रेस के सदस्य न होने के बावजूद जम्मू-कश्मीर कांग्रेस विधायक दल के सर्वसम्मति से निर्वाचित हो कर एक बार फिर वजीरे आजम बने। इस समझौते की दोनों पक्षों की व्याख्या यही बताती है कि राजनीति में शब्दों का कोई अर्थ नहीं होता–वे तो केवल खेलने के लिए और लोगों को मूर्ख बनाने के लिए होते हैं। समझौते के बारे में इंदिरा गाँधी का कथन था कि इससे भारतीय संविधान की व्यवस्थाओं को जम्मू-कश्मीर में और ज्यादा लागू करने की गुंजाइश पैदा हुई है, तो शेख अब्दुल्ला का कथन था कि यह 1953 के पूर्व राज्य की जो सांविधानिक स्थिति थी, उसे फिर से ले आने की दिशा में पहला कदम है।

1977 में जनता पार्टी की सरकार बनी। इसके बाद जम्मू-कश्मीर में विधान सभा का जो चुनाव हुआ, वह अभूतपूर्व था। यह राज्य का पहला स्वतंत्र और निष्पक्ष चुनाव था। शेख अब्दुल्ला के नेतृत्व में नेशनल कांफ्रेंस ने इसे लड़ा और भारी बहुमत से विजयी हुई। लगभग 25 वर्ष बाद राज्य की स्थिति सामान्य होती नजर आयी। और तो और, भाजपा की मातृसंस्था भारतीय जनसंघ ने, जो उस समय जनता पार्टी की सरकार में थी, अनुच्छेद 370 का समर्थन करने का वचन दिया।

1982 में शेख अब्दुल्ला की मृत्यु हो गयी। दूसरी बार जब वह वजीरे आजम बने तो 'शेरे कश्मीर' नहीं रह गये थे। बुढ़ापे और लगभग 15 वर्ष के कारावास के चलते उनमें यह सामर्थ्य नहीं रह गयी थी कि वह 'नया कश्मीर' के सपने को पुनः जीवित करते, जम्मू-कश्मीर की स्वायत्तता के लिए इस तरह संघर्ष करते कि केंद्र और राज्यों के रिश्तों का नये सिरे से निर्धारण होता और कश्मीर के उदाहरण से देश में साम्प्रदायिकता के जहर को फैलने से रोकते।

उनकी मृत्यु के बाद भारतीय राजनीति के वंशवादी सिद्धांत के तहत उनके पुत्र फारूक अब्दुल्ला गद्दी पर बैठे। शेख अब्दुल्ला की मृत्यु से इंदिरा गाँधी प्रोत्साहित हुईं कि जम्मू-कश्मीर पर फिर वही पुरानी तानाशाही लादी जा सकेगी। 1983 का जम्मू-कश्मीर विधान सभा का चुनाव एक हिंदू पार्टी के रूप में लड़ कर कांग्रेस ने राज्य की राजनीति को पहली बार हिंदू और मुसलमान कठघरों में बाँट दिया। इसी हिंदू साम्प्रदायिकता का खेल इंदिरा गाँधी ने पंजाब में खेला, जिसकी परिणति नवंबर 1984 में उनकी हत्या में हुई। इमरजेंसी के दिनों के अपने अफसर जगमोहन से साजिश करवा कर 1984 में उन्होंने फारूक अब्दुल्ला की सरकार गिरा दी और उनके बहनोई गुलाम मुहम्मद शाह को कठपुतली मुख्यमंत्री बना दिया।

राजीव गाँधी के प्रत्यक्ष बोध में भले ही यह न हो कि प्रधानमंत्री की गद्दी उन्हें बिल्ली के भाग से छींका टूटने की तरह मिली थी, अवचेतन में यह बोध कहीं-न-कहीं जरूर काम कर रहा था। समझौतों की शृंखला द्वारा वह अपने को एक कुशल राजनीतिज्ञ और प्रशासक की छवि देने को कटिबद्ध थे। संत लोंगोवाल के साथ समझौते और असम समझौते की शृंखला में ही राजीव-फारूक का समझौता देखा जाना चाहिए। इस समझौते से जम्मू-कश्मीर में नेशनल कांफ्रेंस और कांग्रेस की साझा सरकार कायम हुई। इस सरकार के बनने से नेशनल कांफ्रेंस का तो अस्तित्व ही एक प्रकार से समाप्त हो गया। दिल्ली और श्रीनगर में एक ही सरकार होने के बाद राज्य में कोई विरोधी पार्टी नहीं रह गयी, जबकि सारी स्थिति विरोध की थी। इसमें वे सारी आतंकवादी और हिंसावादी ताकतें, जो लोकतंत्र के आवरण के कारण कहीं बिखर जाती थीं और प्रकट नहीं हो पाती थीं, प्रकट होने लगीं।

1987 से कश्मीर की स्थिति ज्यादा बिगड़ने लगी। फारूक-राजीव गठबंधन ने चुनाव में भयंकर धाँधली की। कई ऐसे उम्मीदवारों को, जिन्होंने सर्वाधिक वोट प्राप्त किये थे, पराजित घोषित कर दिया गया। लोकतंत्र के इस प्रहसन ने बहुत सारे युवकों को शस्त्र उठाने को बाध्य किया। अतीत में भी सीमा पार से तोड़-फोड़ करनेवाले आते थे, लेकिन 1988-89 में उनके लिए कश्मीरी युवकों को अपने गिराहों में शामिल करना आसान हो गया। जनता दल की केंद्र में सरकार बनी और उसने कश्मीर के बारे में वही नीति अपनायी जो कांग्रेस सरकार की थी। जगमोहन जैसे व्यक्ति को राज्यपाल बना डाला। 1991 से कश्मीर में जो अशांति पैदा हुई, उसमें

जनता दल का यही योगदान है कि उसने कश्मीर के लोगों को इस निष्कर्ष तक पहुँचने में मदद की है कि दिल्ली में कोई भी केंद्रीय सरकार हो, वह कश्मीर के साथ उपनिवेश जैसा ही व्यवहार करेगी। जनता दल की सरकार के सत्तारूढ़ होने के पहले से ही कश्मीर घाटी अशांत थी और दो महीने बीतते-बीतते वह अशांति की चरम अवस्था पर पहुँचने लगी। इसके बाद का किस्सा बहुत ताजा है और हमारी आँखों के सामने है।

•

चालीस-पैंतालीस वर्षों में कोई भी समस्या परिवर्तित हुए बिना नहीं रहती। कश्मीर की समस्या में इन वर्षों में कई उतार-चढ़ाव आये हैं, लेकिन उसका एक मुद्दा नहीं बदला है और वह यह है कि कश्मीर की जनता से भारतीय संघ का व्यवहार क्या हो, रिश्ता क्या हो। एक व्यापक परिप्रेक्ष्य में यह केंद्र और राज्यों के बीच सत्ता के बँटवारे का प्रश्न भी है। लेकिन कश्मीर की समस्या पर पाकिस्तान की छाया और फिर हिंदू-मुसलमान संदर्भ ने इस प्रश्न को ओझल कर दिया है।

इस विवरण में हमने अब तक दो बातों का बिलकुल ही जिक्र नहीं किया है–सं. रा. संघ में कश्मीर विवाद और भारत-पाक युद्ध। इसका मतलब यह नहीं है कि ये महत्वपूर्ण नहीं हैं। इनका असर कश्मीर समस्या पर हमेशा पड़ता रहा है। जब-जब सुरक्षा परिषद में कश्मीर प्रश्न उठा है, तब-तब कश्मीर की जनता अपने भविष्य को ले कर तरह-तरह की अनिश्चितताओं का शिकार हुई है कि क्या अब किसी नये देश का 'अविभाज्य अंग' बनना पड़ेगा, क्या भारत में ही रहना होगा, क्या जनमत संग्रह होगा। ये अनिश्चितताएँ एक स्थायी अनिश्चितता में उफान सरीखी रही हैं। अगर हम एक कश्मीरी के रूप में सोचने की कोशिश करें तो शायद थोड़ा-बहुत जान सकते हैं कि दीर्घ 43 वर्षों की अनिश्चतता और हर समय रोना रो घिरे रहने के क्या प्रचंड मानसिक और शारीरिक दबाव हो सकते हैं। चूँकि राजनीति में व्यक्ति को व्यक्ति के रूप में न देख कर एक अमूर्त और अदृश्य वस्तु के रूप में देखा जाता है सो इस तरह के दबाव हमारे बोध में ही नहीं आते। लेकिन वे हमेशा रहते हैं। आज कश्मीर में जो लोग 'इस पार या उस पार' या 'भला-बुरा जो हो, कुछ करो या मरो' की दशा में पहुँच गये हैं, उसके पीछे यह दबाव निश्चित रूप से काम कर रहा है।

जनवरी 1948 में सं. रा. के घोषणा पत्र की धारा 35 के तहत भारत ने सुरक्षा परिषद को शिकायत की थी कि पाकिस्तानी सीमा से कबायलियों द्वारा कश्मीर पर, जो भारत में शामिल हुआ है, आक्रमण किया जा रहा है और पाकिस्तान की सरकार उन्हें पूरी मदद दे रही है। आक्रमणकारियों को खदेड़ने में हो सकता है कि उसे पाकिस्तान की सीमा में प्रवेश करना पड़े।

कश्मीर के मामले को सं. रा. को सुपुर्द करने के लिए नेहरू की आलोचना की जाती है। इस संबंध में यह जानकारी दी जा सकती है कि पहले भारतीय मंत्रिमंडल ने ब्रिटिश प्रधानमंत्री एटली को मध्यस्थता करने को कहा था, पर उन्होंने इनकार करते हुए मामले को सं. रा. को सौंपने की सलाह दी। गाँधी जी की अंग्रेजों के जमाने से हमेशा यह राय थी कि हिंदू-मुस्लिम समस्या का समाधान दोनों मिल कर करें। इसी प्रकार कश्मीर के मामले में भी उनकी राय थी कि भारत और पाकिस्तान की सरकारें इसको खुद हल करें। तीसरे पक्ष की जरूरत नहीं।

हम यहाँ एक पैराग्राफ में ही 'सं. रा. में कश्मीर प्रश्न' को 'सलटा' देना चाहते हैं, क्योंकि उसकी सारी बहस निरर्थक शब्द जाल, अंतर्राष्ट्रीय राजनीति के दाँवपेचों तथा समय बिताने के उपक्रमों से ज्यादा कुछ नहीं रही। सं. रा. ने डिक्सन, ग्राहम, ए. जे. एल मैकनाटन, जारिंग और चेस्टर निमिट्ज के रूप में मध्यस्थ और जनमत संग्रह प्रशासक नियुक्त किये। ये सब लंबी-लंबी रिपोर्टें पेश करने के बाद एक के बाद एक हार मानते चले गये। सं. रा. के कमीशनों के प्रस्तावों की व्याख्या को ले कर, कुछ शब्दों के अर्थ को ले कर दोनों पक्षों में तुमुल चलता रहा। पाकिस्तान की ओर से जफरुल्ला खाँ पाँच घण्टे भाषण देते रहे तो भारत की ओर से कृष्ण मेनन सात घण्टे। सं. रा. की अगर कोई उपलब्धि मानी जा सकती है, तो वह यही कि वह कश्मीर को ले कर भारत-पाक युद्ध छिड़ने पर केवल युद्ध विराम करवाने में थोड़ा मददगार रहा। 53-54 से तो सुरक्षा परिषद में कश्मीर समस्या पर महाशक्तियों की पैंतरेबाजी बढ़ती ही गयी। रूस के वीटो के इस्तेमाल से भारत अपने को बचाता रहा और जनमत संग्रह के अपने वायदे से छुटकारा पाने की कोशिश करने लगा। पाकिस्तान के सीटो और सेंटो का सदस्य बनने तथा अमेरिकी शस्त्र सहायता लेने के बाद से परिवर्तन स्पष्ट दृष्टिगोचर हुए। सुरक्षा परिषद के पहले अधिवेशन को छोड़ कर बाकी के अधिवेशन पाकिस्तान की शिकायत पर होते रहे। जम्मू-कश्मीर में संविधान बना, तब पाकिस्तान ने शिकायत की। भारत ने जब गोआ मुक्ति अभियान छेड़ा, तो पश्चिमी देशों में उसकी आलोचना को देखते हुए पाकिस्तान ने भारत के खिलाफ 'हवा' का इस्तेमाल करने की गरज से अधिवेशन करने की माँग की। 43 वर्ष बाद भी सं. रा. में कश्मीर का मामला जस का तस है। भारत का कहना यह रहा है कि पाकिस्तान ने कश्मीर पर आक्रमण किया सो उसे पहले आक्रमणकारी घोषित किया जाये और फिर आजाद कश्मीर से सेनाओं को हटा कर जनमत संग्रह करवाया जाये, तो पाकिस्तान का कहना यह रहा है कि कबायली आक्रमण का बहाना बना कर भारत ने कश्मीर को हड़पा है और सं. रा. की देखरेख में वहाँ जनमत संग्रह करवाया जाये। जनमत संग्रह किस प्रकार करवाया जाये, इसके लिए सं.

रा. आयोगों ने कई सारे सुझाव दिये, जिनमें से ज्यादातर भारत को अमान्य रहे। एक सुझाव पर दोनों की सहमति हुई, तो सुझाव की व्याख्या पर असहमति हो गयी। अन्तर्राष्ट्रीय स्तर पर राष्ट्रमंडल की बैठकों, एटली और ट्रूमैन की अपील तथा द्विपक्षीय स्तर पर भारत और पाकिस्तान के प्रधानमंत्रियों के बीच वार्ता से भी कश्मीर समस्या के हल की कोशिशें होती रहीं, पर सब व्यर्थ।

सं. रा., अंतर्राष्ट्रीय स्तर और द्विपक्षीय स्तर तीनों में ही कश्मीर का प्रतिनिधित्व नहीं था। क्या यह सच नहीं है कि इनमें कश्मीर की समस्या को भारत और पाकिस्तान के बीच की समस्या के रूप में ही देखा गया ? कश्मीर की जनता की आकांक्षाओं और उसके दुख-कष्ट के लिए क्या इनमें तनिक भी संवेदना थी ?

कश्मीर को ले कर दो भारत-पाक युद्ध हुए और 1971 के युद्ध में भी वह कमोबेश शामिल था। पहले युद्ध से कश्मीर का विभाजन हो गया। कश्मीर के पूरे 86 हजार वर्ग मील क्षेत्र में से 32 हजार वर्गमील क्षेत्र पाकिस्तान या आजाद कश्मीर के पास चला गया। एक स्थायी युद्ध विराम रेखा तय हुई और उसके उल्लंघन की घटनाओं से दूसरा युद्ध 1965 में शुरू हुआ। इस युद्ध और 1971 के युद्ध में न पाकिस्तान को कोई इलाका मिला न भारत को। युद्ध का करतब समाप्त हो जाने पर युद्ध विराम के तहत दोनों अपने-अपने पुराने ठिकानों पर लौट आये। पाकिस्तान 43 वर्षों से कश्मीर समस्या के हल की माँग करता आ रहा है। यह उसकी राजनीति का अविभाज्य अंग बन गया है तो इसका एक कारण पाकिस्तान की राजनीति में सेना की भूमिका का प्रमुख होना भी है। सेना अपनी महत्ता बनाये रखने के लिए एक सैनिक प्रश्न को हमेशा जीवित रखना चाहेगी ही। इसके अलावा भारत की अपेक्षा पाकिस्तान में लोकतांत्रिक संस्थाएँ और भी दुर्बल रही हैं। यह एक विडंबना ही है कि राजनीतिज्ञों के लिए लोकतांत्रिक अधिकारों और देश की गरीबी के प्रश्न पर जनता को जगाने के बजाय राष्ट्रवाद और साम्प्रदायिक आधार पर उत्तेजित करना ज्यादा सहज होता है। हमने अपने देश में अभी ही देखा है कि राम जन्मभूमि के मामले में किस कदर लोगों को मतिभ्रष्ट कर उत्तेजित किया जा सकता है। पाकिस्तान कश्मीर प्रश्न को उठाने और जम्मू-कश्मीर में समर्थन प्राप्त करने की हमेशा कोशिश करता आया है और वह यह करता भी रहेगा। यह कोशिश तो तभी बंद होगी जब कश्मीर समस्या का कोई ऐसा हल निकले जो तीनों पक्षों को मान्य हो। कश्मीर प्रश्न पर भारत की प्रतिक्रिया भी पाकिस्तान जैसी ही होती है। विश्वनाथ प्रताप सिंह की सरकार के आरंभिक महीनों में ऐसा लगता था कि जल्द ही भारत-पाकिस्तान युद्ध छिड़ जायेगा। फिर भारत में एक ऐसा समूह भी है, जो देश को हिंदू राष्ट्र बनाने, अल्पसंख्यकों को दूसरे दरजे का नागरिक मानने, कश्मीर की जनता को ताकत

के इस्तेमाल से हर हालत में भारत में रखने के 'महान आदर्शों' से अनुप्रेरित है। इस समूह की हिंदी इलाकों को छोड़ कर कोई ताकत नहीं है और हिंदी इलाकों में भी यह ताकत निर्णायक नहीं। पर इस समूह में वातावरण को विषाक्त बनाने की अपार क्षमता है जो सारे देश को संकट में डाल सकती है। कश्मीर में आज जो भयंकर स्थिति है, उसका 'एकमात्र हल' इसी समूह के पास है–अनुच्छेद 370 को समाप्त कर कश्मीर को पूर्ण रूप से उपनिवेश बनाना। इस समूह के प्रति यदि देश में समर्थन बढ़ा तो यह निश्चित है कि कश्मीर समस्या का अभी जो चरम रूप है, वह भयंकर विस्फोट का रूप ले कर रहेगा।

इस समूह की आलोचना करते वक्त एक बात भुला दी जाती है कि हिंदुस्तान के कम्युनिस्ट कश्मीर में दमन नीति के परोक्ष समर्थक रहे हैं। जब से पाकिस्तान सीटो और सेंटो संधियों का सदस्य बना और उसने अमेरिका से शस्त्र सहायता लेना स्वीकार किया तथा रूस सं. रा. में भारत का रक्षक बना, तब से कम्युनिस्ट कश्मीर के मामले में केंद्रीय सरकार की नीतियों का अंध समर्थन करते रहे हैं। कश्मीर के भारत में शामिल होने के निर्णय का विरोध करनेवाले एकदम से 'अविभाज्यवादी' बन गये। प्रावदा ने 22 अगस्त 1953 को लिखा था, 'शुक्र है कि शेख अब्दुल्ला को पकड़ लिया गया जो बतौर अमेरिकी एजेंट के काम कर रहा था। अब कश्मीर समस्या का हल संभव होगा।' यह एक ट्रेजेडी है कि देश के कम्युनिस्ट आंदोलन ने देश की किसी भी समस्या के रचनात्मक हल की चेष्टा करना तो दूर रहा, समस्या के बारे में रचनात्मक दृष्टिकोण से सोचने की भी कोशिश नहीं की है।

सरसरी नजर से पूरे दृश्य पर दृष्टिपात करने के बाद हम जम्मू-कश्मीर लौटें। आज वहाँ जो अशांति है, उसका मूल कारण लोगों की आकांक्षाओं का पूरा न होना और ऊपर से उन पर किया जानेवाला अत्याचार और दमन है। भारत के मध्य वर्ग के उपभोक्ता मन में पिछले 43 वर्षों में कश्मीर एक हनीमून लैंड बन गया है, जहाँ रंग-बिरंगे बेसिर-पैर के कपड़े पहने लड़का-लड़की प्रेम के गला-फाड़ गाने गाते हैं। बंबइया फिल्म उद्योग ने कश्मीर की मध्यवर्गीय मानस में जो विकृत छवि बनायी है, वह एक विस्तृत अध्ययन का विषय है। इस विकृति के कारण भारतीय मध्यवर्गीय मानसिकता कश्मीर की जनता की आकांक्षा को समझना तो दूर रहा, उसके अस्तित्व को ही नकारती है। विकास के नाम पर पर्यटन उद्योग का भूत भी कश्मीर की जनता को भारत से दूर ले गया। कश्मीर के लोग क्या अपनी गरीबी को भारत के मध्य वर्ग और संपन्न वर्ग के पर्यटकों की फिजूलखर्ची और विलासिता से कभी तौलते नहीं होंगे ?

पर्यटन उद्योग के विकास, सरकारी योजनाओं की फिजूलखर्ची और बेवजह के निर्माण कार्यों से कश्मीर की तस्वीर 43 वर्षों में बदली है, पर उसकी जनता

की हालत नहीं। डोगरा शासन में सरकारी नौकरियों में मुसलमानों की संख्या नगण्य थी। आजादी के बाद भी कश्मीर के केंद्रीय दफ्तरों में मुसलमानों के अनुपात में कोई विशेष फर्क नहीं पड़ा है। कश्मीर के केंद्रीय दफ्तरों में मुसलमानों के अनुपात की यह तालिका इस बात का प्रमाण है :

राजपत्रित कर्मचारी–6.89 प्रतिशत

अराजपत्रित कर्मचारी–12. 98 प्रतिशत

चतुर्थ श्रेणी कर्मचारी–15. 70 प्रतिशत

जम्मू-कश्मीर से राष्ट्रीयकृत बैंकों में मुसलमानों को आम तौर पर नहीं लिया जाता और लिया जाता है तो चतुर्थ श्रेणी में।

हमारे अखबारों में 'आजाद कश्मीर' के लोगों की आर्थिक बदहाली पर अक्सर लेख छपते हैं, जिनकी ध्वनि यह होती है कि भारतीय कश्मीर में लोग बड़े खुशहाल हैं। हमारे सारे बोध या संज्ञान का असलियत से कोई संबंध नहीं रह गया है। देश का एक बड़ा हिंदू तबका यह मानता है कि सरकार मुसलमानों को बहुत रियायतें देती है। यह तबका कभी यह नहीं बताता कि तब सरकारी नौकरियों में, संसद में, समाज के हर क्षेत्र में मुसलमानों का प्रतिनिधित्व उनकी आबादी के अनुपात में इतना कम क्यों है।

भारत में शामिल हो कर कश्मीरी जनता की हालत में सुधार हुआ है या नहीं ? इस प्रश्न का यह कोई जवाब नहीं हो सकता कि अगर वह पाकिस्तान में शामिल हुई होती तो उसकी हालत इससे भी बदतर होती।

कश्मीर के भारत में 27 अगस्त 1947 को शामिल होने के बाद भारतीय शासक वर्ग की चार-पाँच वर्षों बाद यह धारणा बन गयी कि 'हर हालत में कश्मीर भारत में रहना चाहिए।' 'क्यों और कैसे' रहना चाहिए, यह प्रश्न गौण बनता चला गया। इससे कश्मीर की जनता जिस आकांक्षा से भारत में शामिल हुई थी, उसको पूरा करने के दायित्व बोध का ही भारतीय शासक वर्ग में लोप हो गया। लफ्फाजीवाली भाषा में 'कश्मीर जल रहा है', कहने की हमारी इच्छा नहीं। वह हताश है और उसकी हताशा को समझने की जरूरत है। यह समझना आत्मनिरीक्षण और शासक वर्ग के प्रचार तंत्र के माया जाल को काटने का प्रयत्न चाहता है। 45 वर्षों में जो हिंदू-मुस्लिम एकता और केंद्र-राज्य संबंधों का एक आदर्श राज्य हो सकता था, उसे आज कर्फ्यू, तलाशी, नकली-असली मुठभेड़ों का राज्य बना दिया गया है।

जनमत संग्रह से जनमत संग्रह तक

नीरेन्द्र नागर

कुछ बीमारियों का सबसे आसान इलाज ही कभी-कभी सबसे मुश्किल भी हो जाता है। कश्मीर भी भारत के लिए ऐसी ही बीमारी है, जिसका आसान-सा इलाज है जनमत संग्रह। लेकिन विभिन्न कारणों से–जिनके लिए किसी एक व्यक्ति या पक्ष को दोषी नहीं ठहराया जा सकता–यह व्याधि आज तक बनी हुई है। इसलिए बनी हुई है कि हम डॉक्टरी जाँच से लगातार बचते रहे हैं। आरंभ में पं. नेहरू ने इसके इलाज में दिलचस्पी दिखायी थी, लेकिन बाद में यह कहते हुए कि हमने अपना देसी इलाज कर लिया है और अब जाँच या चिकित्सा की जरूरत नहीं, वे एवं परवर्ती सरकारें अधकपारी के इस दर्द को दुनिया से छुपाये रहीं। कभी बाम लगाती रहीं, कभी दर्दनाशक दवाएँ लेती रहीं, परंतु कहती यही रहीं कि कोई बीमारी नहीं। यदि रोग छुपाने से उसका इलाज हो जाता, तो दुनिया में डॉक्टरों की जरूरत ही नहीं होती। रोग है तो उसका इलाज भी होना चाहिए। कम-से-कम ईमानदारी के साथ कोशिश तो हो।

किसी भी रोग की चिकित्सा से पहले रोगी एवं रोग के विषय में जानकारी जरूरी है। कश्मीर में क्या समस्या है ? वहाँ के निवासी क्या पाकिस्तान से मिलना चाहते हैं ? या, भारत में रहना चाहते हैं ? भारत में रहते हुए उन्हें क्या सुविधा या असुविधा है ? विभाजन के समय उनका क्या रुख था ? क्या तब उनसे राय पूछी गयी थी ? नहीं, तो क्यों और कैसे आज वे भारत में हैं ? आज वे क्या चाहते हैं ? यह सब जानने के लिए आइए जरा अतीत के पन्नों को पलटें।

14-15 अगस्त 1947 को जब ब्रिटिशाधीन भारत के दो टुकड़े किये गये, तो भारत स्वतंत्रता कानून, 1947 के तहत तत्कालीन रजवाड़ों को यह अधिकार दिया गया था कि वे चाहें तो भारत या पाकिस्तान में मिलें या फिर स्वतंत्र अस्तित्व बनाये रखें। इस कानून के तहत जम्मू-कश्मीर के महाराजा हरि सिंह ने स्वतंत्र रहने का फैसला किया। लेकिन 15 अगस्त के बाद से ही कश्मीरी रियासत में

दिक्कतें पैदा होने लगीं, क्योंकि पाकिस्तान से आवश्यक चीजों की आपूर्ति बाधित होने के साथ-साथ सीमा पर कबायलियों द्वारा हमलों और लूटपाट की घटनाएँ शुरू हो गयी थीं। पाकिस्तानी हुक्मरानों को कई-कई तार संदेश भेजने के बावजूद जब हालात बिगड़ते गये और अक्टूबर का अंतिम हफ्ता आते-आते महाराजा को लगा कि अब श्रीनगर हमलावरों के हत्थे चढ़नेवाला है, तो उन्होंने 26 अक्टूबर 1947 को भारतीय गवर्नर-जनरल लॉर्ड माउंटबेटन को एक पत्र दिया, जिसमें राज्य की गंभीर स्थिति का बयान करते हुए उन्होंने लिखा :

'... इन स्थितियों में मेरे पास भारत से मदद माँगने के अलावा कोई चारा नहीं बचा है। जाहिर है कि जब तक यह राज्य भारत में विलीन नहीं होता, तब तक भारत सहायता को आगे नहीं आ सकता। अतः मैंने तदनुरूप फैसला किया है और इस पत्र के साथ आपकी सरकार की स्वीकृति के लिए विलय पत्र भेज रहा हूँ।'

अगले ही दिन यानी 27 अक्टूबर 1947 को इस पत्र का जवाब दिया गया (हालाँकि पिछले ही दिनों यह खबर आयी है कि हरि सिंह का पत्र 27 अक्टूबर को ही लिखा गया था और इसमें एक दिन पुरानी तारीख इसलिए डाली गयी ताकि यह न लगे कि दोनों पत्र आमने-सामने बैठ कर लिखे या लिखवाये गये हैं)। माउंटबेटन ने विलय पत्र को स्वीकार करते हुए उस पहले पत्र में ही जनमत संग्रह की बात की। उन्होंने लिखा :

'... हमारी सरकार की यह नीति रही है कि जिस किसी भी राज्य में विलय का मुद्दा विवादित है, वहाँ विलय का मामला राज्य की जनता की इच्छा से निर्धारित किया जाये। अतः यह मेरी सरकार की इच्छा है कि जैसे ही कश्मीर में कानून और व्यवस्था की पुनर्स्थापना हो जाती है और उसकी भूमि हमलावरों से मुक्त हो जाती है, वैसे ही राज्य के विलय का मसला लोगों की राय जान कर तय कर लिया जाये।'

यह पहला मौका था जब भारत सरकार के किसी शीर्ष प्रतिनिधि ने जम्मू-कश्मीर की जनता के 'आत्मनिर्णय के अधिकार' की बात की थी, हालाँकि इस जुमले का इस्तेमाल नहीं किया गया था, बल्कि ऐसा आभास दिया गया था कि विवाद को सुलझाने के लिए भारत सरकार स्वयं यह उपाय सुझा रही है, यद्यपि कानूनी रूप से यह जरूरी नहीं है। नेहरू ने बाद में कई मौकों पर ऐसा कहा भी।

माउंटबेटन ने जनमत संग्रह कराने की भारत सरकार की इच्छा के साथ यह शर्त भी जोड़ दी कि उससे पहले वहाँ 'शांति और व्यवस्था का बहाल होना' जरूरी है। जैसा कि बाद के पत्राचार से पता चलता है, जनमत संग्रह पर दोनों देशों की सहमति न होने में इस शर्त की अहम भूमिका रही।

विलय पत्र स्वीकार करने के अगले ही दिन यानी 28 अक्टूबर को नेहरू

ने पाकिस्तान के प्रधानमंत्री लियाकत अली को तार भेजा, जिसमें लिखा था कि 'विलय का अंतिम फैसला जनता की राय जानने के बाद ही होगा।' लेकिन उन्होंने जनता की राय जानने से पूर्व राज्य में शांति और व्यवस्था की बहाली पर जोर दिया और इस मामले में पाकिस्तान सरकार का सहयोग चाहा। उसी दिन एक और तार भेजा गया, जिसमें नेहरू ने लियाकत अली से शीघ्रातिशीघ्र मिलने की इच्छा जाहिर की।

लियाकत अली ने 30 अक्टूबर को नेहरू को जवाब भेजते हुए कहा कि मुसलमानों पर सिखों के हमलों की जो खबरें पंजाब से आयी हैं, उनसे सारे पाकिस्तान में लोगों की भावनाएँ भड़क उठी हैं और जब ऐसा लगा कि कश्मीर में भी वैसा ही कुछ होने जा रहा है जैसा पूर्वी पंजाब में हुआ है, तो यह मुमकिन नहीं रहा कि कबायलियों को राज्य में प्रवेश करने से पूरी तरह रोका जा सके। पाक प्रधानमंत्री के अनुसार भारत द्वारा सेना भेजने से स्थिति और बिगड़ गयी थी। उन्होंने यह भी लिखा कि यदि जम्मू में मुसलमानों की हत्याएँ होती रहीं तो पाकिस्तान में भावनाओं को भड़कने से नहीं रोका जा सकता। इस पत्र में कश्मीरी जनमत संग्रह के प्रस्ताव पर कोई टिप्पणी नहीं है। लियाकत अली का सारा जोर यह साबित करने पर था कि कश्मीर में सेना भेजने की भारतीय कार्रवाई एक पूर्व-निर्धारित साजिश थी।

नेहरू ने अपने जवाबी तार (31 अक्टूबर 1947) में इस आरोप का विस्तृत खंडन भेजा। प्रतिशोधात्मक हत्याओं के दुश्चक्र पर अपनी चिंता व्यक्त करते हुए उन्होंने यह मानने से इनकार कर दिया कि कश्मीर पर हुए हमलों का इन हत्याओं से कोई लेना-देना है। उन्होंने यह आरोप भी ठुकरा दिया कि भारत ने विलय के बहाने कश्मीर में सेना भेज दी। उन्होंने लिखा, 'जम्मू-कश्मीर के महाराजा की सरकार और वहाँ के सर्वाधिक लोक-प्रतिनिधि मुस्लिम-बहुल संगठन, दोनों ने विलय की इच्छा जाहिर की थी। इसके बावजूद विलय को इसी शर्त पर स्वीकार किया गया कि कश्मीर से हमलावरों को खदेड़ने और वहाँ कानून और व्यवस्था बहाल होने के तुरंत बाद राज्य की जनता विलय के सवाल पर अपना निर्णय देगी। उसके सामने दोनों रास्ते खुले होंगे—चाहे तो भारत में मिले चाहे पाकिस्तान में।'

इसी तार के सातवें पैरा में नेहरू ने शांति-व्यवस्था कायम होते ही कश्मीर से भारतीय सेना हटाने का वचन भी दिया। उन्होंने लिखा, 'हम यह वचन न सिर्फ पाकिस्तान सरकार को, बल्कि कश्मीर की जनता और विश्व को भी दे रहे हैं।'

कश्मीर से सेना हटाने के मसले ने बाद में बहुत तूल पकड़ा और हालाँकि भारत सरकार अपने वचन से मुकरी नहीं, लेकिन उसने एक शर्त लगा दी और पाकिस्तान सरकार उस शर्त को मानने के लिए राजी नहीं थी। उसकी चर्चा आगे।

नेहरू ने लियाकत अली को सेना हटाने और जनमत संग्रह कराने का वचन देने के दो दिन बाद यानी 2 नवंबर को राष्ट्र के नाम एक प्रसारण में सरकार की कश्मीर नीति को सार्वजनिक किया। वे बोले, 'हमने कश्मीर को ही नहीं, दुनिया को भी जो वचन दिया है, उससे हम पीछे नहीं हटेंगे न ही पीछे हट सकते हैं। शांति और व्यवस्था बहाल हो जाने के पश्चात हम वहाँ राष्ट्र संघ जैसे अंतर्राष्ट्रीय संगठन के तत्वावधान में जनमत संग्रह कराने को तैयार हैं। हम चाहते हैं कि यह जनमत संग्रह निष्पक्ष एवं न्यायपूर्ण हो तथा जनता का चाहे जो फैसला हो, हम उसे कबूल करेंगे। मुझे नहीं लगता (इस समस्या का) कोई भी हल इससे अधिक निष्पक्ष और न्यायपूर्ण हो सकता है।'

यह पहला मौका था जब नेहरू ने जनमत संग्रह कराने के लिए संयुक्त राष्ट्र संघ की मदद लेने की इच्छा जतलायी थी। वैसे लॉर्ड माउंटबेटन उससे एक दिन पहले लाहौर में मुहम्मद अली जिन्ना से मिल कर राष्ट्र संघ को बीच में लाने का प्रस्ताव कर चुके थे। उधर जिन्ना ने उस बैठक में अपनी ओर से तीन प्रस्ताव रखे, जिनका लुब्बेलुबाब यह था कि (राष्ट्र संघ को बीच में लाये बिना) दोनों देश कश्मीर में संयुक्त नियंत्रण एवं निरीक्षण में जनमत संग्रह करायें। इन प्रस्तावों का लियाकत अली ने बाद के अपने पत्रों में जिक्र किया।

नेहरू ने 3 नवंबर को लियाकत अली को प्रेषित एक तार में पिछले दिन के अपने प्रसारण तथा उसमें कही गयी बातों का उल्लेख किया। 'राष्ट्र संघ जैसी निष्पक्ष अंतर्राष्ट्रीय संस्था के निरीक्षण में जनमत संग्रह कराने की इच्छा' को दोहराते हुए उन्होंने लिखा है, 'हम यह सिद्धांत ऐसे किसी भी राज्य के मामले में अपनाने को तैयार हैं जिसके विलय के बारे में विवाद है। यदि आपकी सरकार को भी यह सिद्धांत स्वीकार्य हो तो उस पर अमल करने में कोई दिक्कत नहीं होगी।'

'विवादित विलयवाले किसी भी राज्य में राष्ट्र संघ के तत्त्वावधान में जनमत संग्रह कराने की' इस नीति से यह संकेत निकलता था कि नेहरू जूनागढ़ और मानवाडर में भी जनमत संग्रह कराने को राजी थे। इन राज्यों के शासक पाकिस्तान में विलय के इच्छुक थे, लेकिन वहाँ की जनता हिंदू-बहुल थी। भारत ने सेना की मदद से उन्हें भारत में शामिल कर लिया। पाकिस्तान को इस पर आपत्ति थी। बाद के अपने पत्र में नेहरू ने अपनी 'नीति' को और भी स्पष्ट किया, जिससे जूनागढ़ आदि राज्य जनमत संग्रह की जरूरत से बाहर चले गये। दिसंबर 47 में राष्ट्र संघ में प्रेषित नेहरू के शिकायती पत्र पर प्रतिक्रिया व्यक्त करते हुए लियाकत अली ने यह सवाल उठाया था कि वे कश्मीर का ही जिक्र क्यों कर रहे हैं, जूनागढ़ और मानवाडर का क्यों नहीं।

बहरहाल, नेहरू की यह 'नीति' लियाकत अली को पहली नजर में जँची नहीं। उन्होंने 6 नवंबर के अपने तार में (जो 7 नवंबर को मिला) जिन्ना के उस तीन सूत्री फॉर्मूले का उल्लेख किया जो माउंटबेटन के समक्ष उन्होंने 1 नवंबर को रखा था। सुझाव यों थे :

1. लड़ाई को तुरंत रोकने के लिए दोनों देशों की सरकारें दोनों गवर्नर-जनरलों को इसका पूर्ण अधिकार एवं शक्तियाँ प्रदान करें कि वे दोनों प्रतिद्वंद्वी सेनाओं को 48 घंटे के भीतर लड़ाई रोकने के आदेश जारी कर सकें। कश्मीर की अंतःकालीन (प्रोविजनल) सरकार की सेनाओं या संघर्षरत कबायलियों पर हमारा कोई नियंत्रण नहीं है, लेकिन हम उन्हें खरे-खरे शब्दों में यह चेतावनी देंगे कि यदि वे अविलंब युद्ध विराम के लिए राजी न हुए तो दोनों देशों की सरकारें उनके खिलाफ जंग छेड़ देंगी।

2. भारतीय सैनिक एवं कबायली एक साथ एवं शीघ्रातिशीघ्र जम्मू-कश्मीर राज्य की सीमा से बाहर हो जायें।

3. दोनों सरकारों की अनुमति से दोनों गवर्नर-जनरलों को जम्मू-कश्मीर राज्य का प्रशासन अपने हाथ में लेने, वहाँ शांति बहाल करने तथा अपने संयुक्त नियंत्रण एवं निरीक्षण में अविलंब जनमत संग्रह कराने का पूर्ण अधिकार दिया जाये।

लियाकत अली के इस तार का जवाब नेहरू ने अगले ही दिन (8 नवंबर को) दिया। उन्होंने पाक प्रस्तावों को 'पूर्णरूपेण' मानने में असमर्थता जतायी और अपने प्रस्ताव दोहराये, जो इस प्रकार थे :

1. पाकिस्तान सार्वजनिक रूप से यह वचन दे कि वह कश्मीर से हमलावरों को हटाने के लिए हर संभव प्रयास करेगा।

2. भारत सरकार अपना यह वचन दोहराये कि हमलावरों के हटते ही और वहाँ कानून और व्यवस्था बहाल होते ही वह भी कश्मीर से अपनी सेना हटा देगी।

3. भारत और पाकिस्तान की सरकारें संयुक्त राष्ट्र संघ के समक्ष संयुक्त रूप से निवेदन करें कि वह कश्मीर में जल्द से जल्द जनमत संग्रह करवाये।

यही वह बिंदु है जहाँ जनमत संग्रह कराने और सेना हटाने के मामले में दोनों सरकारों के बीच प्रक्रियागत मतभेद उभर कर सामने आये। भारत सरकार जहाँ यह चाहती थी कि 'पहले' छापामार कश्मीर से हटें, राज्य में शांति कायम हो, 'तब' भारतीय सेना हटे और उसके बाद संयुक्त राष्ट्र संघ के निरीक्षण में वहाँ जनमत संग्रह कराया जाये। दूसरी तरफ पाकिस्तानी पक्ष यह था कि दोनों सेनाएँ (इसमें पाकिस्तानी सेना नहीं है, क्योंकि पाक सरकार यह मान ही नहीं रही थी कि कश्मीर के मामले में पाकिस्तानी सेना की कोई सक्रिय भूमिका है। उसके मुताबिक भारतीय सेना का मुकाबला कश्मीर की अंतःकालीन सरकार की

सेना कर रही थी) 'एक साथ' हटें, कश्मीरी प्रशासन पर दोनों देशों के गवर्नर-जनरलों का मिलाजुला नियंत्रण हो और उनके निरीक्षण में ही जनमत संग्रह कराया जाये।

पाक प्रधानमंत्री बाद में राष्ट्र संघ को मध्यस्थ बनाने पर सहमत हो गये। लेकिन तब वे उसकी भूमिका केवल जनमत संग्रह तक सीमित नहीं रखना चाहते थे, बल्कि लड़ाई रुकवाने और प्रशासन सँभालने में भी उसका सहयोग चाहते थे। नेहरू इस पर राजी नहीं हुए और उनका रुख पहले से ज्यादा कड़ा होता गया।

मिसाल के तौर पर 3 नवंबर के तार में नेहरू ने विवादित विलयवाले सभी राज्यों में जनमत संग्रह कराने की तत्परता दिखायी थी, लेकिन 8 नवंबर के अपने तार में उन्होंने अपनी नीति को और स्पष्ट किया तथा इसके तहत जूनागढ़ आदि राज्य इस नीति के दायरे से बाहर चले गये। नेहरू ने लिखा, 'दोनों देशों के बीच अच्छे संबंध स्थापित करने के लिए यह सिद्धांत अपनाना जरूरी है कि जिस राज्य में राजा और बहुसंख्यक प्रजा अलग-अलग समुदाय के हैं और जहाँ विलीन राज्य का बहुसंख्यक समुदाय और विलयकारक देश का बहुसंख्यक समुदाय एक नहीं हैं, वहाँ विलय का अंतिम फैसला संबंधित राज्य की जनता की राय से किया जाये।'

इस नीति पर जूनागढ़ का मामला आजमा कर देखें। वहाँ के नवाब ने भले ही पाकिस्तान में विलय चाहा था, लेकिन वहाँ की जनता (जिसमें हिंदुओं की संख्या ज्यादा थी) भारत में मिलना चाहती थी–ऐसा भारत सरकार का कहना था। अब चूँकि भारत भी हिंदू-बहुल था, अतः इस नीति के तहत जूनागढ़ का मामला 'विवादित विलय' का बनता ही नहीं। मामला 'विवादित विलय' का तब बनता, जब जूनागढ़ पाकिस्तान में मिलता।

नेहरू ने अपने पत्र में जूनागढ़ या ऐसे किसी राज्य का नाम तक नहीं लिया था, लेकिन लियाकत अली ने खत के अलिखित इशारे समझे। उन्होंने 16 नवंबर को एक वक्तव्य जारी किया, जिसमें कपूरथला सहित ऐसे सैकड़ों राज्यों का जिक्र था जो मुस्लिम बहुसंख्यक होते हुए भी भारत में मिले थे और पाकिस्तान ने उनके मामलों में हस्तक्षेप नहीं किया था। लेकिन जूनागढ़ के मामले में उन्होंने अपना आक्रोश प्रकट किया, जिस पर एक हफ्ता पहले ही भारतीय सेना ने कब्जा कर लिया था। उन्होंने कहा, 'जूनागढ़ पाकिस्तान से विलय चाहनेवाला पहला राज्य था, लेकिन भारत सरकार ने तुरंत ही मिथ्या आरोपों, धमकियों और आर्थिक प्रतिबंधों की झड़ी लगा दी।

'जब इन कोशिशों से जूनागढ़ राज्य को डराया नहीं जा सका, तो भारतीय जमीन पर जूनागढ़ के लिए एक अंतःकालीन सरकार का गठन कर लिया गया जिसका पहला काम था राजकोट स्थित जूनागढ़ राज्य की सम्पत्ति पर कब्जा करना।

' घुसपैठ तथा अन्य आक्रामक तौर-तरीके अपना कर अंतःकालीन सरकार ने सैनिकों के बल पर, जिनमें ज्यादातर भारतीय सैनिक थे, जूनागढ़ राज्य की सीमाओं का अतिक्रमण करना शुरू किया। ऐसी स्थितियाँ निर्मित की गयीं कि जूनागढ़ प्रशासन के लिए काम कर पाना असंभव हो गया। अंततः दीवान के कथित आमंत्रण पर प्रशासन अपने हाथों में ले लिया गया और जूनागढ़ पर भारतीय सशस्त्र बलों ने कब्जा कर लिया।

' कानून की बात करें तो इस मुद्दे पर कोई विवाद हो ही नहीं सकता कि राज्य के पाकिस्तान में विलय के बाद दीवान को राज्यार्पण करने का अधिकार नहीं था, न ही भारत सरकार को यह हक था कि वह राज्य का प्रशासन अपने हाथ में ले लेने का यह तथाकथित आमंत्रण स्वीकार करे।

' इस अति गंभीर उकसावे के बावजूद हमने ऐसा कोई कदम नहीं उठाया जिससे सशस्त्र संघर्ष की नौबत आये। हम चाहते तो जूनागढ़ में अपनी सेना भेज सकते थे, क्योंकि वैसा करने का हमें पूरा न्यायोचित एवं वैधानिक अधिकार था। लेकिन विलय के बाद हमने जूनागढ़ में एक भी सैनिक नहीं भेजा, बल्कि राज्य प्रशासन को हमेशा यही सलाह दी कि वह अत्यधिक संयम बरते।

'मानवाडर, जो पाकिस्तान में विलीन हो गया था, तथा मंगरोल व बाबरियावाड़ पर भी भारतीय सेना ने कब्जा जमा लिया।'

इस वक्तव्य में पाक प्रधानमंत्री ने जिन्ना के त्रिसूत्री फॉर्मूले को दोहराया और कश्मीर में जनमत संग्रह के लिए राष्ट्र संघ से दरख्वास्त करने पर सहमति जतलायी। लेकिन वे उसकी भूमिका का दायरा उस सीमा तक बढ़ाना चाहते थे कि जनमत संग्रह से पूर्व कश्मीर को एकाकी भारतीय नियंत्रण से मुक्त किया जा सके। उन्होंने कहा, 'हम राष्ट्र संघ से तुरंत ही यह दरख्वास्त करने को तैयार हैं कि वह जम्मू-कश्मीर में जारी लड़ाई और मुसलमानों का दमन रोकने, बाहरी सेनाओं की राज्य से वापसी का कार्यक्रम तय करने, जनमत संग्रह कराने तक वहाँ निष्पक्ष प्रशासन स्थापित करने तथा अपने निर्देशन और नियंत्रण में जनमत संग्रह कराने के लिए राज्य में अपने प्रतिनिधि नियुक्त करे।

'हम जूनागढ़ एवं मानवाडर से जुड़े विवादों का भी इसी तरह से हल निकालने को तैयार हैं।'

नेहरू ने इस वक्तव्य पर अपनी प्रतिक्रिया 21 नवंबर को भेजे अपने तार में व्यक्त की। उन्होंने लियाकत अली के राष्ट्र संघ संबंधी प्रस्तावों का तो क्रमवार जवाब दिया, लेकिन जूनागढ़ के मसले पर अपनी रहस्यमय चुप्पी बनाये रखी। पं. नेहरू ने लिखा, (1) चूँकि राष्ट्र संघ के पास अपनी कोई सेना नहीं है, अतः हम समझ नहीं पा रहे कि वह जम्मू-कश्मीर में जारी लड़ाई या मुसलमानों के कथित दमन को कैसे रोक सकता है।

(2) यह भी स्पष्ट नहीं है कि मौजूदा हालात में राष्ट्र संघ भला क्या कर सकता है, जब तक कि वहाँ शांति और व्यवस्था कायम नहीं हो जाती।

(3) जब तक राज्य में बाहरी हमलावर मौजूद हैं तथा उनके खिलाफ सैनिक कार्रवाई चल रही है, तब तक राष्ट्र संघ के तत्वावधान में ही सही, जनमत संग्रह कैसे हो सकता है ?

नेहरू ने अपना यह स्टैंड 12 दिसंबर के अपने तार में फिर दोहराया और स्पष्ट कर दिया कि अब तक मैंने जो प्रस्ताव रखे हैं, उनसे ज्यादा कहने के लिए अब मेरे पास और कुछ नहीं है। नेहरू इस पर अड़े रहे कि राष्ट्र संघ को केवल जनमत संग्रह के मामले में शामिल करेंगे, कश्मीर के सैनिक और प्रशासनिक मामलों में नहीं।

लियाकत अली ने नेहरू के रुख में आये इस बदलाव को भाँपा और स्थिति को हाथ से निकलने से बचाने के लिए अपने रवैये को अपेक्षाकृत नरम किया। उनका अगला पत्र (17 दिसंबर) आरोपों-प्रत्यारोपों से मुक्त था। अपने इस छोटे-से तार में उन्होंने लिखा, 'हालात की जमीनी वास्तविकताओं को मद्देनजर रखते हुए और राजनेतृत्व का परिचय दे कर ही इस समस्या का हल निकाला जा सकता है।'

इसके बाद दोनों प्रधानमंत्रियों की 22 दिसंबर को नयी दिल्ली में मुलाकात हुई। इसमें नेहरू ने अपना रुख और भी कड़ा करते हुए पाक सरकार को एक प्रकार से अल्टिमेटम दे दिया। उन्होंने लियाकत अली को एक खत थमाया, जिसमें औपचारिक तौर पर कहा गया था कि वह (1) छापामारों को कश्मीर के खिलाफ लड़ाई में अपनी जमीन का इस्तेमाल न करने दे, (2) उन्हें सारी सैनिक और अन्य आपूर्तियाँ रोके तथा (3) उन्हें ऐसी कोई मदद न दे, जिससे लड़ाई को खींचा जा सके।

पं. नेहरू ने इस पत्र में यह चेतावनी भी दी थी कि यदि पाकिस्तान सरकार ने इन तीन मामलों में अनुकूल कार्रवाई नहीं की, तो भारत राष्ट्र संघ के चार्टर के अनुरूप कदम उठाने के लिए स्वतंत्र होगा।

यह पत्र नेहरू ने खुद ही लियाकत अली को सौंपा था, अतः इसका जवाब जल्दी ही आना चाहिए था। लेकिन जब तीन दिन तक कोई प्रत्युत्तर नहीं आया, तो 26 दिसंबर को नेहरू ने एक वाक्य का तार भेजा कि वे पत्र का शीघ्रातिशीघ्र जवाब दें।

इसके बाद चार दिन और प्रतीक्षा की। अंततः 31 दिसंबर 1947 को साल का अंत होने के साथ-साथ विवाद सुलझाने के द्विपक्षी प्रयासों का भी एक तरह

से अंत हो गया। नेहरू ने राष्ट्र संघ में शिकायत दर्ज करने का फैसला किया और लियाकत अली को इसकी सूचना व शिकायतनामे की प्रति भेजी। उन्होंने लिखा, 'आपको याद होगा कि 22 दिसंबर को मैंने आपको अपने हाथों से एक पत्र दिया था, जो कश्मीर से संबंधित था। 26 दिसंबर को भेजे एक तार में इस पत्र का स्मरण भी कराया था तथा आपका त्वरित जवाब भी चाहा था।

' मुझे अफसोस है कि अब तक इस बारे में आपकी ओर से किसी किस्म का कोई जवाब नहीं है और चूँकि हम और अधिक प्रतीक्षा नहीं कर सकते, अतः सुरक्षा परिषद के समक्ष यह मामला रख रहे हैं, जिसका जिक्र परवर्ती तार में है।'

नेहरू ने 31 दिसंबर को ही अपना शिकायती पत्र वाशिंगटन स्थित भारतीय दूतावास को भेजा, ताकि उसे राष्ट्र संघ की सुरक्षा परिषद के समक्ष पेश किया जा सके। भारतीय प्रतिनिधि ने 15 जनवरी 1948 को इसे परिषद के सामने रखा। इस तरह कश्मीर का मसला राष्ट्र संघ में पहुँचा।

राष्ट्र संघ में भारतीय दरख्वास्त आने के छह दिनों के भीतर ही राष्ट्र संघ भारत एवं पाकिस्तान आयोग का गठन किया गया। 6 फरवरी 1948 को संघ ने कश्मीर राज्य से सेनाओं की वापसी और वहाँ अंतरिम प्रशासन स्थापित करने का प्रस्ताव पारित किया। यह प्रस्ताव भारत के लिए एक झटका था, क्योंकि इसमें दोनों देशों को एक ही लाठी से हाँका गया था। भारत ने इसके बाद अथक राजनयिक प्रयास किये और 21 अप्रैल 1948 को पारित प्रस्ताव में उसे कश्मीर में कुछ सेना रखने की अनुमति मिल गयी।

इसके बाद भी कश्मीर मुद्दे पर कार्रवाई चलती रही और 13 अगस्त 1948 तथा 5 जनवरी 1949 को पारित प्रस्तावों में भारत-पाक युद्ध विराम संधि के बाद कश्मीर में जनमत संग्रह कराने की बात कही गयी है। युद्ध विराम संधि पर तो दस्तखत हो गये, परंतु आगे की कार्रवाई में बहुत मुश्किलें आने लगीं। समस्याएँ तीन थीं–(1) आजाद कश्मीर सेनाओं की हैसियत, (2) बाकी बची सेना की मात्रा व आधिकारिकता तथा (3) आजाद कश्मीर सरकार की वैधानिकता। अतः और भी प्रस्ताव पारित हुए, लेकिन ये 5 जनवरी 1949 के प्रस्ताव से बहुत ज्यादा भिन्न नहीं थे।

उधर मार्च 1948 से कश्मीर में सत्ता एक तरह से शेख अब्दुल्ला के हाथों में आ गयी। जून '48 में हरि सिंह राज्य छोड़ कर बंबई चले गये। कर्ण सिंह सदरे रियासत बने। राज्य संविधान सभा के गठन के लिए चुनाव कार्यक्रम घोषित हुआ, लेकिन अधिकतर नेशनल कांफ्रेंस के प्रत्याशी 'निर्विरोध' चुन कर आ गये। जम्मू क्षेत्र में खड़े प्रजा परिषद के 17 उम्मीदवारों के नामांकन रद्द कर दिये गये। अतः

वहाँ से भी नेशनल कांफ्रेंस के प्रत्याशी ही जीते। ऐसे विवादास्पद चुनाव के फैसले को शायद इसलिए आँख मूँद कर स्वीकार कर लिया कि संविधान सभा के अध्यक्ष ने इसे 'नेशनल कांफ्रेंस के कश्मीर को भारत में मिलाने के फैसले पर जनस्वीकृति की मुहर' बताया था। उधर 5 नवंबर 1951 को उक्त संविधान सभा के सामने अपने पहले भाषण में शेख ने सदस्यों के सामने जो चार उद्देश्य रखे थे, उनमें से एक था भारत में विलय के बारे में निर्णय करना। यानी भारत (या पाकिस्तान) में विलय का फैसला अब कश्मीर की जनता को नहीं, नवगठित संविधान सभा को करना था।

इसी बीच भारतीय संविधान सभा कश्मीर के लिए संविधान में अनुच्छेद 370 जोड़ चुकी थी। इसके तहत कश्मीर के मामले में कुछ विशेष प्रावधान किये गये थे। इन्हें 'अस्थायी एवं संक्रमणकालीन' बताया गया था। ऐसा क्यों किया गया, इसकी दो धुर विपरीत व्याख्याएँ की जा सकती हैं। एक तो यह कि कश्मीर के धीरे-धीरे बाकी राज्यों की मनःस्थिति में आने की उम्मीद थी जब विशेष प्रावधानों की जरूरत नहीं रहेगी। दूसरी यह कि चूँकि विलय का मामला अभी सुलझा नहीं था, अतः स्थायी उपबंध क्यों किये जाते।

कश्मीर के दरजे को ले कर यह अस्पष्टता शेख के विभिन्न बयानों में भी देखी जा सकती है। 10 नवंबर 1947 को उन्होंने श्रीनगर में संवाददाताओं से कहा कि अब जनमत संग्रह की जरूरत ही नहीं रही, तो 14 अप्रैल 1949 को एक ब्रिटिश अखबार से भेंट में उन्होंने टिप्पणी की कि न सिर्फ भारत और पाकिस्तान, बल्कि ब्रिटेन, अमेरिका तथा राष्ट्र संघ के बाकी देश भी कश्मीर की स्वतंत्रता की गारंटी दें।

इस बीच जुलाई 1952 में शेख का नेहरू के साथ एक समझौता हुआ, जिसमें अनुच्छेद 370 से संबंधित बातों को और स्पष्ट करते हुए उन्हें स्थायी स्वरूप दिया गया। इसे दिल्ली समझौते के नाम से जाना जाता है। मगर इस समझौते के बावजूद शेख अपनी स्थिति से संतुष्ट नहीं हुए। शायद वे जिन आशाओं के साथ भारत में कश्मीर के विलय पर राजी हुए थे, वे पूरी नहीं हो रही थीं। उधर नेहरू को भी लग रहा था कि शेख काबू से निकले जा रहे हैं। दोनों पुराने मित्रों के बीच दूरी बढ़ती गयी। शेख ने अपनी आत्मकथा में उस काल का जिक्र करते हुए नेहरू पर आरोप लगाये हैं कि उन्होंने उनके सहकर्मी बख्शी गुलाम मुहम्मद को छुपा प्रश्रय दिया।

यह 'छुपा' प्रश्रय 1953 में तब खुल कर सामने आया जब श्यामाप्रसाद मुखर्जी के श्रीनगर जेल में निधन के बाद शेख सरकार पर दबाव बढ़ने लगा और 3 अगस्त 1953 को शेख अब्दुल्ला को गिरफ्तार कर लिया गया। बख्शी गुलाम मुहम्मद को कश्मीर का प्रधानमंत्री बनाया गया और फरवरी 1954 में कश्मीरी

संविधान सभा ने राज्य के विलय का अनुमोदन कर दिया। स्पष्ट है कि जो शेख 1947 में विलय समर्थक के रूप में नेहरू एवं भारत सरकार को प्रिय थे, वही शेख 1953 तक आते-आते आँख का काँटा बन गये, क्योंकि वे विलय का अनुमोदन नहीं कर रहे थे। शेख की गिरफ्तारी के छह महीने बाद ही 'विलय के अनुमोदन' से यह संदेह पुष्ट होता है कि भारत सरकार जनमत संग्रह के बजाय 'शॉर्ट कट' मार्ग अपनाना चाहती थी।

इस तरह कश्मीर में जनमत संग्रह का सवाल भारत की ओर से फरवरी 1954 में ही खत्म हो गया, क्योंकि वहाँ की संविधान सभा विलय को अनुमोदित कर चुकी थी। लेकिन यह अनुमोदन कानूनी रूप से चाहे जितना वैध हो, व्यावहारिक तौर पर आम स्वीकार्यता हासिल नहीं कर पाया। एक कारण तो यही था कि विलय के खास मसले को ले कर कोई जनमत संग्रह नहीं हुआ। दूसरे, संविधान सभा के चुनाव में 75 में से 73 नेशनल कांफ्रेंस प्रत्याशी 'निर्विरोध' चुने गये थे। चूँकि जनता को मत देने का मौका ही नहीं दिया गया, अतः यह नहीं माना जा सकता कि संविधान सभा को जनता का 'संपूर्ण समर्थन' प्राप्त था। तीसरे, जब विलय का अनुमोदन हुआ, तब राज्य का सबसे लोकप्रिय प्रतिनिधि जेल में था।

इन तीन कारणों से कश्मीर में जनमत संग्रह का सवाल आगे भी मौके-बेमौके सिर उठाता रहा। शेख ने 1958 में जेल से छूटने के बाद विलय का मसला फिर उठाया, पुनः गिरफ्तार हुए, 1964 में फिर छूटे, विदेशों में विलय विरोधी टिप्पणियाँ कीं, 1968 में फिर कारा में। इस बीच कश्मीर में विवादास्पद चुनाव होते रहे। अंततः 1975 में इंदिरा गाँधी से हुए समझौते के तहत शेख जम्मू-कश्मीर के मुख्यमंत्री बने।

शेख ज्यादा दिन जीवित नहीं रहे। 1982 में उनका निधन हुआ, परंतु विवाद का भूत उनके बाद भी जीवित रहा, बल्कि और प्रखर हो गया–खासकर 1984 के बाद, जब फारूक अब्दुल्ला की सरकार को केंद्र की मिलीभगत से गिराया गया। 1986 में फारूक दोबारा आये–उसी कांग्रेस की मदद से, जिसने उन्हें धोखा दिया था और यहीं उनसे राजनीति की भयानकतम भूल हो गयी। यह भूल राज्य के लिए भी महँगी पड़ी, क्योंकि कांग्रेस अपनी करतूतों से घाटी में प्रतिष्ठा खो चुकी थी और उसका साथ ले एवं दे कर फारूक ने अपनी रही-सही साख मिट्टी में मिला दी।

अब कश्मीर का राजनीतिक मैदान खुला पड़ा था और वहाँ के नाराज लड़ाकू युवाओं ने उस पर अपना कब्जा जमा लिया। कश्मीर आज सिर्फ नक्शे में और सेना के कारण भारत के साथ है। हजरतबल में छुपे उग्रवादियों को घेरने के सैनिक अभियान की राज्य में जैसी तीव्र प्रतिक्रिया हुई, वह कश्मीर की अवस्था पर एक माकूल टिप्पणी है। ऐसे में जनमत संग्रह, विलय पत्र की वैधता आदि के मसले

फिर उठे हैं। **अमेरिकी प्रशासन** अस्पष्ट तौर पर ही सही यह घोषित कर चुका है कि कश्मीर का विलय विवादित है तथा विलय पत्र को इस सवाल पर अंतिम मुहर नहीं माना जा सकता। इस्लामी सम्मेलन संगठन का रुख तो इससे भी कड़ा है। वह विलय पत्र की वैधता को नहीं मानता। पश्चिमी देश भी कश्मीर में मानवाधिकार उल्लंघन के आरोपों को गंभीरता से ले रहे हैं। ऐसे में भारत पुराना रेकार्ड नहीं बजा सकता कि कश्मीर पर कोई बातचीत नहीं होगी।

संयुक्त राष्ट्र संघ के प्रस्तावों का सम्मान करते हुए दोनों पक्ष फिर वार्ता की मेज पर बैठें, इसी में दोनों देशों एवं भारतीय उपमहाद्वीप का हित है। लेकिन वार्ता से पहले यह तय हो जाना चाहिए कि कोई भी समझौता दोनों कश्मीर की जनता की आकांक्षाओं को दरकिनार कर नहीं किया जायगा। यदि जनमत संग्रह कराने का फैसला होता है, तो कश्मीरी जनता को स्वतंत्र अस्तित्व चुनने का भी अधिकार होना चाहिए।

कश्मीर मसले को हल करने के दो-तीन और तरीके कुछ लोग सुझा रहे हैं। मसलन फारूक अब्दुल्ला का मानना है कि भारत-पाक के बीच की वास्तविक नियंत्रण रेखा को अंतर्राष्ट्रीय सीमा मान लिया जाये। यह प्रस्ताव व्यावहारिक तो है, परंतु यह एक तरफ जहाँ सैन्य बल पर खींची गयी सीमा को वैधता प्रदान करता है, वहीं कश्मीरी जनता के आत्मनिर्णय के अधिकार को फिर रद्दी की टोकरी में फेंक देता है। यह द्वितीय विश्व युद्ध के बाद जर्मनी को दो विजेता खेमों में बाँटने जैसा होगा।

एक प्रस्ताव भारत-पाक महासंघ बनाने का है। वह बहुत ही हवाई प्रस्ताव है। वैसे भी पाकिस्तान को यह मान्य नहीं होगा, क्योंकि कश्मीर मुद्दे पर उसका पक्ष प्रकटतः भारत से तगड़ा है। यह विकल्प भी कश्मीरियों की भावनाओं की अनदेखी करता है, क्योंकि उनकी राय लेने का प्रावधान इसमें भी नहीं है। यह प्रस्ताव ऐसा है, जैसे किसी रूपवती स्त्री के लिए लड़ रहे दो पुरुष समझौता कर खुद को उसका साझा पति घोषित कर दें।

जनमत संग्रह का विरोध करनेवाले जवाबी प्रस्ताव यह भी उछालते हैं कि यदि जनमत संग्रह करवाना हो, तो पूरे देश में करवाया जाये। यह ऐसा ही है कि किसी संयुक्त परिवार में कोई लड़का आगे पढ़ेगा या नौकरी करेगा या शादी करेगा, इसका फैसला सारा परिवार मिल कर करे और यह निर्णय उस पर थोप दे। फिर लोकतंत्र का अर्थ बहुमत की तानाशाही नहीं है–खासकर अल्पसंख्यकों के हित का निर्णय बहुसंख्यकों के मतानुसार तो नहीं ही हो सकता।

कश्मीर का फैसला कश्मीरी करें–यह प्रस्ताव जिनके गले नहीं उतर रहा,

वे वाकई फासीवादी मनोवृति का परिचय दे रहे हैं। यदि राष्ट्रीय अखंडता इतनी ही पवित्र धारणा है तो पाकिस्तान के बँटवारे पर इन्हीं लोगों ने क्यों जश्न मनाया था ? तिब्बत के मसले को ये क्यों उछालते हैं ?

वैसे भी जब भारतीय संविधान किसी बाह्य प्रदेश के भारत में सम्मिलन की अनुमति देता है तो अपने किसी प्रदेश को अलग होने की अनुमति क्यों नहीं देता ? यह माफिया प्रवृति भारत जैसे लोकतांत्रिक देश के संविधान में क्यों मौजूद हो, जबकि सोवियत संघ का कम्युनिस्टकालीन संविधान भी अलगाव के अधिकार को, औपचारिक ही सही, मान्यता देता था ?

सच तो यह है कि जब किसी व्यक्ति या प्रदेश को अलग होने की स्वतंत्रता हो–फिर भी वह साथ रहे, तभी यह विश्वास के साथ कहा जा सकता है कि वह मन से साथ है। पक्षी पिंजरे में हो या कुत्ता जंजीर से बँधा और आप दुनिया से कहें कि यह तो स्वेच्छा से मेरे साथ है, तो कोई अंधा ही इस पर विश्वास कर सकता है।

370 : सुरंग, दीवार या सेतु ?

अरुण कुमार त्रिपाठी

हालाँकि कश्मीर का संकट अब संवैधानिक दायरे से काफी बाहर निकल चुका है, पर जब-जब भारतीय संविधान के भीतर उसका हल ढूँढ़ने की कोशिश होगी, संवाद का सेतु अनुच्छेद 370 ही बनेगा। उग्रवादियों के लिए अनुच्छेद 370 अब विवाद का विषय रहा ही नहीं। उनके लिए तो कश्मीर की आजादी या पाकिस्तान में विलय ही मकसद रह गया है। लेकिन कांग्रेस पार्टी, नेशनल कांफ्रेंस, जनता दल और वामपंथी दलों का मानना है कि कश्मीर को भारत के साथ रखने का रास्ता अनुच्छेद 370 के पुल से ही गुजरता है। अगर यह पुल टूट गया, तो कश्मीर से भारत का बचा-खुचा रिश्ता भी टूट जायेगा।

दूसरी तरफ भारतीय जनता पार्टी और अन्य हिन्दूवादी राष्ट्रवादियों की नजर में सारी बुराई और झगड़े की जड़ अनुच्छेद 370 ही है। उनका कहना है कि इसी के चलते कश्मीरियों में विशेष सुविधा लेने की प्रवृत्ति और अलगाववाद की भावना विकसित हुई है। इसे खत्म करने से कश्मीर को भारत का अंग बनाने में आसानी होगी। धीरे-धीरे जनसंख्या अनुपात में फेरबदल कर कश्मीर के उग्रवाद को काबू कर लिया जायेगा।

इसी संदर्भ में कुछ लोग अनुच्छेद 370 को भारत और कश्मीर के संबंधों के बीच दीवार मानते हैं, तो कुछ लोग सेतु। ऐसे भी लोग हैं, जो उसे ऐसी सुरंग मानते हैं, जिसके रास्ते भारत सरकार ने कश्मीर की स्वायत्तता में घुसपैठ कर उसे नष्ट कर दिया है।

आइए जरा उस पीढ़ी के नेताओं के नजरिये पर गौर करें, जिसने आजादी की लड़ाई लड़ने के बाद भारतीय राष्ट्र के निर्माण का नेतृत्व किया था। देखते हैं कि अनुच्छेद 370 का प्रावधान किये जाने के पीछे उनका क्या सोच था और उन्हें भविष्य में इसकी कितनी उपयोगिता दिखाई पड़ रही थी। कश्मीर का भारत में जिन विशेष परिस्थितियों में विलय हुआ, उसकी चर्चा यहाँ कर पाना संभव

नहीं है। लेकिन इतना बना देना जरूरी है कि कश्मीर का जो हिंदू आज अनुच्छेद 370 खत्म करने और कश्मीर के भारत में पूर्ण विलय की रट लगा रहा है, वह उस वक्त कश्मीर के भारत में विलय के पक्ष में नहीं था। वहाँ के महाराजा हरि सिंह और हिंदू जनता के मुकाबले नेशनल कांफ्रेंस के नेता शेख अब्दुल्ला और मुसलमान जनता का भारत की तरफ ज्यादा झुकाव था। पाकिस्तान की तरफ से कबायली हमले के बाद जब कश्मीर का भारत में विलय हुआ, तो उसी के साथ भारत के प्रधानमंत्री जवाहरलाल नेहरू ने वहाँ जनमत संग्रह का भी वादा किया। नेहरू को जनमत संग्रह जीतने की उम्मीद थी। यह उम्मीद भी थी कि जम्मू-कश्मीर की संविधान सभा अनुच्छेद 370 को खत्म करने का सुझाव दे देगी। इसीलिए इस अनुच्छेद में ऐसी व्यवस्था थी और इस अनुच्छेद को संविधान के 21वें भाग में रखा गया। इस भाग का शीर्षक है 'अस्थायी, संक्रमणकालीन और विशेष प्रावधान'। ध्यान देने की बात है कि 'अस्थायी' और 'संक्रमणकालीन' शब्द शुरू में दिये गये हैं।

नेहरू इस अनुच्छेद के बारे में कहा भी करते थे, 'घिसते-घिसते घिस जायेगा।' वे कहते थे, हम जबरदस्ती शादी नहीं करना चाहते, इसलिए यह प्रावधान रखा जा रहा है। भारत की संविधान सभा में भी इसका विरोध था, लेकिन भारत और कश्मीर के संबंधों का हित इसी में देखते हुए इसे स्वीकार कर लिया गया। केंद्रीय मंत्री एन. गोपालस्वामी अय्यंगार ने 17 अक्टूबर 1947 को संविधान सभा में अनुच्छेद 306-ए के रूप में कश्मीर को विशेष दरजा देनेवाले इस प्रावधान को पेश किया। बाद में यह भारत के संविधान में अनुच्छेद 370 के रूप में दर्ज हुआ। महावीर त्यागी और मौलाना हसरत मोहानी ने इसका विरोध किया। मौलाना हसरत मोहानी ने कहा कि अगर कश्मीर के महाराजा को यह सुविधा दी जा रही है, तो बड़ौदा रियासत को क्यों नहीं ? लेकिन गोपालस्वामी अय्यंगार ने कश्मीर की विशेष परिस्थितियों का हवाला देते हुए कहा कि जम्मू और कश्मीर के प्रधानमंत्री और अन्य मंत्रियों से चर्चा करने के बाद यह अनुच्छेद पेश किया जा रहा है। वहाँ के नेताओं का कहना है कि भारत का संविधान उन पर जस का तस न लागू किया जाये। उसमें यहाँ की परिस्थितियों के लिहाज से संशोधन करने के बाद लागू किया जाये। पर जो प्रावधान सहजता से लागू हो जायें, उन्हें लागू करने में वहाँ के नेताओं को कोई आपत्ति नहीं है। इसके अलावा श्री अय्यंगार ने यह भी बताया कि अगर राज्य की संविधान सभा सुझाव देती है तो इस प्रावधान के निरस्त होने की भी संभावना है।

इससे पहले जब मौलाना हसरत मोहानी ने पूछा, 'यह भेदभाव क्यों ?' तो अय्यंगार का कहना था, 'यह भेदभाव कश्मीर की विशेष परिस्थितियों के कारण है। वह राज्य भारत में उस प्रकार के विलय के लिए परिपक्व नहीं है। यहाँ

वैठे हम सभी लोग आशा करते हैं कि निकट भविष्य में जम्मू और कश्मीर का भी अन्य राज्यों की भाँति भारत में विलय हो जायेगा, पर अभी इस प्रकार का विलय कर पाना संभव नहीं है।'

यानी संविधान सभा में 370 को एक अस्थायी प्रावधान के रूप में रखे जाने की भावना थी। हालाँकि बड़े नेता भी कमोबेश उसी लक्ष्य के तहत चल रहे थे, लेकिन वे फिलहाल कश्मीर को दी जानेवाली इस स्वायत्तता के महत्व को समझ रहे थे। इसीलिए भारतीय राष्ट्र को एकीकृत करने की अदम्य इच्छा शक्ति के धनी भारत के तत्कालीन गृह मंत्री सरदार वल्लभ भाई पटेल ने भी इस अनुच्छेद का समर्थन किया था। वे ही नहीं, मंत्रिमंडल के सदस्य के तौर पर डॉ. श्यामा-प्रसाद मुखर्जी भी इस अनुच्छेद के खिलाफ नहीं थे। इसलिए यह प्रचार मिथ्या ही है कि सरदार पटेल की चली होती, तो अनुच्छेद 370 न रखा गया होता।

सरदार पटेल के निजी सचिव वी. शंकर पटेल 'सरदार पटेल से जुड़े मेरे संस्मरण' में लिखते हैं कि जब कांग्रेस पार्टी की कार्यकारी परिषद में इस अनुच्छेद पर चर्चा हुई, तो इसका जोरदार विरोध हुआ। कार्यकारी परिषद को समझाने का जिम्मा सरदार पटेल को सौंपा गया। सरदार पटेल ने समझाया कि अंतर्राष्ट्रीय जटिल परिस्थितियों को देखते हुए सिर्फ अस्थायी व्यवस्था ही की जा सकती है और पार्टी उनकी बात मान गयी, हालाँकि इस प्रसंग को ले कर यह कहनेवालों की कमी नहीं है कि सरदार पटेल नेहरू के प्रति वफादारी के चलते अपने नजरिये से हट गये। लेकिन इस तरह का कोई सबूत नहीं मिलता कि अनुच्छेद 370 को संविधान में शामिल किये जाने के पहले या बाद में उनका नजरिया कोई अलग था। बल्कि उन्होंने साफ शब्दों में आश्वासन दिया था, 'हम तीन विषयों में विलय से ज्यादा कुछ नहीं चाहते। इसी में पूरे देश की भलाई है। हम बाकी मामलों में उनकी आजादी की कद्र करते हैं।' उन्होंने आगे कहा, 'कश्मीर की समस्या को देखते हुए हमने केंद्र और राज्य के संबंधों को संचालित करने के लिए एक विशेष प्रावधान की व्यवस्था की है।'

अनुच्छेद 370 और जनमत संग्रह के मुद्दे पर मंत्रिमंडल के सदस्य के तौर पर डॉ. श्यामाप्रसाद मुखर्जी का नजरिया भी नेहरू और पटेल से अलग नहीं था। डॉ. मुखर्जी ने मंत्रिमंडल से इस्तीफा देने और भारतीय जनसंघ का अध्यक्ष बनने के बाद भी अनुच्छेद 370 को कश्मीर पर लागू करने का विरोध नहीं किया। भारतीय जनसंघ के दिसंबर 1951 में कानपुर में हुए पहले सम्मेलन में श्री मुखर्जी ने कहा, 'हम घाटी को खुशी से विशेष दरजा दिये जाने के लिए तैयार हैं। और, यह दर्जा तब तक जारी रह सकता है जब तक वे (शेख अब्दुल्ला) चाहें।' उन्होंने यह विचार 9 जनवरी 1953 को पंडित जवाहरलाल नेहरू को लिखे पत्र में भी व्यक्त किया।

डॉ. श्यामाप्रसाद मुखर्जी को आपत्ति थी इस अनुच्छेद को जम्मू और लद्दाख पर लागू किये जाने को ले कर, क्योंकि इन दोनों क्षेत्रों की जनता अपने को कश्मीर के साथ नहीं जोड़ पाती थी। डॉ. मुखर्जी ने माँग की कि जम्मू और लद्दाख को भारत में पूरी तरह मिला लिया जाये। पर शेख अब्दुल्ला इसके सख्त खिलाफ थे। इस मुद्दे पर नेहरू-मुखर्जी और अब्दुल्ला के बीच पत्र व्यवहार हुआ। नेहरू ने डॉ. मुखर्जी को राज्य के विभाजन के खतरे के प्रति आगाह किया। उन्होंने लिखा कि अगर लद्दाख और जम्मू का भारत में विलय कर राज्य की एकता को तोड़ा गया तो इसका फायदा पाकिस्तान और दूसरी ताकतें उठा सकती हैं। डॉ. मुखर्जी को नेहरू जी की यह बात जँच गयी और उन्होंने 17 फरवरी 1953 को नेहरू जी को लिखे पत्र में राज्य की एकता का समर्थन किया। उन्होंने अनुच्छेद 370 और केंद्र-राज्य संबंध के बारे में दिल्ली समझौते का भी समर्थन किया। इस समझौते में एक उपबंध था कि 'स्वायत्तता का सिद्धांत पूरे जम्मू प्रांत पर लागू होगा और लद्दाख व कश्मीर पर भी।'

डॉ. मुखर्जी ने इस विवादास्पद अनुच्छेद को कश्मीर घाटी पर लागू किये जाने का कभी विरोध नहीं किया। बाद में वे इसे जम्मू और लद्दाख पर लागू करने के लिए भी सहमत हो रहे थे। लेकिन जम्मू प्रजा परिषद के आंदोलन में डॉ. मुखर्जी का शामिल होना, गिरफ्तारी और जेल में उनका निधन ये सब ऐसी घटनाएँ थीं, जिनसे बात बहुत बिगड़ गयी। फिर तो जनसंघ ने अनुच्छेद 370 के विरोध को अपने एजेंडा में शामिल कर लिया।

उधर मुख्य विपक्षी दल कम्युनिस्ट और समाजवादी पार्टियों ने बिना किसी दिक्कत के अनुच्छेद 370 को स्वीकार कर लिया था। तब से आज तक अनुच्छेद 370 विवाद के घेरे में है। केंद्र सरकार और राज्य के बर्खास्त मुख्यमंत्री फारूक अब्दुल्ला अभी भी अनुच्छेद 370 में ही भारत-कश्मीर संबंधों का भविष्य देखते हैं। 1977 के चुनावों में शेख अब्दुल्ला ने अनुच्छेद 370 को बनाये रखना प्रमुख मुद्दा बनाया था। दूसरी तरफ जनसंघ और उसके ताजा संस्करण भारतीय जनता पार्टी लगातार इसे खत्म करने की माँग पर डटे हुए हैं। 1992 में तत्कालीन भाजपा अध्यक्ष डॉ. मुरली मनोहर जोशी ने इसे खत्म करने की माँग को ले कर कन्याकुमारी से कश्मीर तक रथ यात्रा भी की।

इस जटिल और विवादास्पद मुद्दे पर किसी नतीजे पर पहुँचने से पहले अनुच्छेद 370 की असलियत, उसके प्रभाव और उसको खत्म करने की जरूरत और उसके उपायों पर विचार कर लिया जाना चाहिए। भारतीय संविधान के सिर्फ दो अनुच्छेद 1 और 370 जम्मू और कश्मीर पर सीधे लागू होते हैं। बाकी में या तो कुछ

का लोप कर दिया गया है या वे कुछ संशोधनों के साथ लागू होते हैं। अनुच्छेद 1 में उन राज्यों की सूची दी गयी है, जिन्हें मिला कर भारतीय संघ का गठन किया गया है। अनुच्छेद 370 भारतीय संविधान को कश्मीर में लागू होने को वर्जित करता है। यह वह नाका है, जहाँ से हो कर भारतीय संविधान के कुछ ही अनुच्छेद उस पार जा सकते हैं। बाकी का वीसा नहीं बनता।

अनुच्छेद 370 में चार उपखंड, तीन उपबंध और एक स्पष्टीकरण है। अनुच्छेद 370 की शुरुआत इस वाक्य से होती है कि 'इस संविधान में किसी बात के होते हुए भी...' फिर खंड (1) का उपखंड (क) कहता है कि अनुच्छेद 238 के प्रावधान जम्मू और कश्मीर राज्य पर लागू नहीं होंगे। अनुच्छेद 238 में राज्यों के 'ब' समूह के बारे में प्रावधान थे, जिन्हें 1956 में सातवें संविधान संशोधन के तहत खत्म कर दिया गया। इसके बाद उपखंड (ख) है, जिसके अनुसार राज्य के अधिनियमों के निर्माण के लिए संसद की शक्ति जिन विषयों तक सीमित होगी, वे वर्णित हैं :

1. संघ सूची और समवर्ती सूची के वे विषय, जिनको राष्ट्रपति उस राज्य की सरकार की सलाह से घोषित कर दें कि वे विषय उस अधिमिलन पत्र में दिये गये हैं। अधिमिलन पत्र के आधार पर ही राज्य का भारत डोमिनियन में विलय हुआ था। उसमें बताये गये विषयों के संबंध में डोमिनियन विधान सभा को उस राज्य के लिए अधिनियम बनाने का अधिकार है।

2. उन सूचियों के ऐसे विषय, जो राष्ट्रपति उस राज्य सरकार की सहमति से आदेश द्वारा निर्दिष्ट करें। स्पष्टीकरण के मुताबिक 'इस अनुच्छेद के प्रयोजन के लिए राज्य की सरकार से तात्पर्य उस व्यक्ति से है, जिसे राष्ट्रपति से उस राज्य की विधान सभा की सिफारिश के आधार पर उस समय मंत्रिपरिषद की सिफारिश पर काम करनेवाले जम्मू और कश्मीर के 'सदर-ए-रियासत (अब राज्यपाल) के रूप में उस समय मान्यता मिली थी।'

(ग) अनुच्छेद 1 और इस अनुच्छेद के प्रावधान उस राज्य के संबंध में लागू होंगे।

(घ) उस संविधान के वे अन्य प्रावधान भी उस राज्य पर ऐसे अपवादों और परिवर्तनों के साथ लागू होंगे, जिन्हें राष्ट्रपति आदेश द्वारा निर्दिष्ट करें।

परंतु ऐसा कोई भी आदेश, जो उपखंड (ख) के पैरा (1) में बताये गये उन विषयों से संबंधित होगा जिसका अधिमिलन पत्र में साफ उल्लेख किया गया है, राज्य की सरकार के परामर्श से जारी किया जायेगा, अन्यथा नहीं।

परंतु इन और पूर्ववर्ती प्रावधानों में जिन अन्य विषयों का जिक्र नहीं किया गया है, उन विषयों के संबंध में कोई आदेश उस सरकार की सहमति से जारी किया जायेगा, अन्यथा नहीं।

(2) यदि खंड 1 के उपखंड (ख) के पैरा (2) में या उपखंड (घ) के दूसरे प्रावधान में निर्दिष्ट सरकार की सहमति राज्य के संविधान के निर्माण के प्रयोजन के लिए संविधान सभा के गठन से पहले ली जायेगी, तो इसे ऐसी सभा के सामने ऐसे निर्णय के लिए पेश किया जायेगा जो वह लेना चाहे।

(3) इस अनुच्छेद के पूर्वगामी प्रावधानों में किसी बात के होने के बावजूद राष्ट्रपति लोक अधिसूचना जारी कर उस तिथि से इस अनुच्छेद के प्रावधान को निष्क्रिय कर सकते हैं या ऐसा कर सकते हैं कि वह ऐसे अपवादों और परिवर्तनों के साथ लागू रहेंगे जो वह निर्दिष्ट करें।

परंतु ऐसी अधिसूचना जारी करने से पहले राष्ट्रपति के लिए खंड (2) में निर्दिष्ट राज्य की संविधान सभा की सिफारिश जरूरी होगी।

ये तो रहे अनुच्छेद 370 के प्रावधान। अब जरा इनकी व्याख्या और प्रभावों पर गौर करें।

देश के अन्य राज्यों में भारत का संविधान अनुच्छेद 394 के तहत 26 जनवरी 1950 को लागू हो गया। लेकिन जम्मू और कश्मीर में भारत का संविधान विभिन्न अपवादों, उपांतरणों, सुधारों और संशोधनों के साथ 14 मई 1954 को लागू हुआ। हालाँकि भारत की संविधान सभा ने अनुच्छेद 370 का प्रावधान 17 अक्टूबर 1949 को मंजूर कर लिया था, लेकिन राष्ट्रपति ने अनुच्छेद 370 में प्रदत्त शक्तियों का प्रयोग कर संविधान सभा की सिफारिश पर राज्य सरकार की सहमति से 14 मई 1954 को अधिसूचना जारी की।

इस अधिसूचना में यह स्पष्ट किया गया कि भारतीय संविधान के कौन-कौन-से प्रावधान जम्मू-कश्मीर में लागू होते हैं। इसके बाद का विवाद अनुच्छेद 370 की समय सीमा को ले कर है। क्या यह प्रावधान अस्थायी है या संक्रमणकालीन है या यह विशेष प्रावधान है ? संविधान सभा में जिस तरह की बहस हुई और जिस भावना से उसे पास किया गया, उससे इसके अस्थायी और संक्रमणकालीन होने की ही छवि उभरती है। लेकिन यह अनुच्छेद संविधान के भाग 21 में है और इसका शीर्षक है, 'अस्थायी, संक्रमणकालीन और विशेष प्रावधान'। इस भाग में अनुच्छेद 371 के आठ उपभाग हैं, जिनमें पंजाब और महाराष्ट्र से ले कर असम, नगालैंड, मणिपुर, मिजोरम वगैरह कई राज्यों के बारे में विशेष प्रावधान दिये गये हैं। इसलिए माना जा सकता है कि अनुच्छेद 370 अस्थायी श्रेणी से खिसक कर विशेष श्रेणी में चला गया है। आज जो माहौल बन गया है, उसमें अनुच्छेद 370 को खत्म करने की कोई भी कोशिश कश्मीर के अलगाववाद की आग में घी डालने की कोशिश होगी।

संवैधानिक स्थिति भी कुछ इस तरह से बन गयी है कि अनुच्छेद 370 को खत्म करना असंभव है। अनुच्छेद 370 के खंड (3) के अनुसार राष्ट्रपति इस प्रावधान को खत्म कर सकते हैं। लेकिन इसके लिए जम्मू-कश्मीर की संविधान सभा की सिफारिश जरूरी है। वहाँ की संविधान सभा तो नवंबर 1956 में भंग हो चुकी है। उससे पहले संविधान सभा ने इस तरह की कोई सिफारिश नहीं की। इसलिए मौजूदा स्थिति में अनुच्छेद 370 स्थायी स्थिति ग्रहण कर चुका है।

अनुच्छेद 370 के खंड एक का उपखंड (क) कहता है कि अनुच्छेद 238 के प्रावधान जम्मू और कश्मीर राज्य में लागू नहीं होंगे। इस अनुच्छेद में संविधान में 'बी' श्रेणी में दिये गये राज्यों के बारे में प्रावधान थे। जम्मू-कश्मीर भी शुरू में 'बी' श्रेणी के राज्यों के साथ रखा गया था। लेकिन साथ में व्यवस्था कर दी गयी थी कि 'बी' श्रेणी के राज्यों का प्रावधान जम्मू और कश्मीर पर नहीं लागू होगा। बाद में राज्यों के पुनर्गठन के साथ ही संविधान के सातवें संशोधन के माध्यम से अनुच्छेद 238 खत्म कर दिया और सभी राज्य एक ही श्रेणी में आ गये। इस तरह अब अनुच्छेद 370 का यह प्रावधान सिर्फ ऐतिहासिक महत्व का रह गया है।

अनुच्छेद 370 के खंड एक के उपखंड (ख) के तहत जम्मू-कश्मीर के मामले में संसद की ताकत सीमित कर दी गयी है। भारत के दूसरे हिस्सों के बारे में तो अनुच्छेद 245, 246, 248, 249, 250 और 253 के तहत संसद को कानून बनाने के सार्वभौमिक अधिकार मिले हुए हैं, लेकिन जम्मू-कश्मीर के मामले में यह सार्वभौमिकता लागू नहीं होती–

संसद राज्य सरकार की सलाह से संघ सूची और समवर्ती सूची के उन्हीं विषयों पर कानून बना सकेगी, जिनका अधिमिलन पत्र में है।

इसके अलावा जिन विषयों का जिक्र अधिमिलन पत्र में नहीं है, संघ सूची और समवर्ती सूची के उन विषयों के बारे में कानून बनाने के लिए पहले या बाद में राज्य की संविधान सभा से अनुमति लेना जरूरी है। लेकिन अब संविधान सभा भंग हो जाने के बाद संसद के इस विधायी अधिकार पर अंकुश लग गया है।

हालाँकि भारत सरकार किसी देश से अंतर्राष्ट्रीय संधि या करार या कन्वेंशन की स्थिति में उसे पूरे देश पर अनुच्छेद 253 के तहत लागू कर सकती है, लेकिन उस संधि का अगर जम्मू और कश्मीर पर असर पड़ता है, तो उसके लिए राज्य सरकार से अनुमति लेना जरूरी है।

राज्य की सरकार के संबंध में अनुच्छेद 370 के उपखंड (ख) के स्पष्टीकरण में जो बताया गया है, उसके अनुसार राज्य सरकार का मतलब उस व्यक्ति से है जिसे जम्मू और कश्मीर के महाराजा की 5 मार्च 1948 को की गयी उद्घोषणा

के तहत राष्ट्रपति द्वारा मान्यता मिली थी। धीरे-धीरे इसका अर्थ बदलता गया। 12 जून 1952 को राज्य के संविधान में संशोधन कर महाराजा के शासन की जगह विधान सभा से चुने गये 'सदर-ए-रियासत' को नियुक्त करने का प्रावधान किया गया। 19 नवंबर 1952 को युवराज कर्ण सिंह रिजेंट की जगह पर सदर-ए-रियासत बने। 1964 में राज्य में राष्ट्रपति द्वारा राज्यपाल की नियुक्ति का प्रावधान किया गया। इस संशोधन को जम्मू और कश्मीर में 10 अप्रैल 1965 को हुए छठे संविधान संशोधन के तहत अपनाया गया। इस तरह राज्य के प्रमुख राज्यपाल होने लगे और 'प्रधानमंत्री' के पद का नाम बदल कर 'मुख्यमंत्री' कर दिया गया।

जम्मू-कश्मीर की संविधान सभा का गठन 31 अक्टूबर 1951 को किया गया। इसमें 75 सदस्य थे। उसने 17 नवंबर 1956 को अपना कार्यकाल पूरा किया और उसके बाद भंग कर दी गयी। गुलाम मुहम्मद सादिक की अध्यक्षता में बनी इस संविधान सभा ने 6 फरवरी 1954 को सर्वसम्मति से जम्मू और कश्मीर के भारत में अधिमिलन को अनुमोदित कर दिया। कश्मीर के संविधान के अनुच्छेद 3 और 4 में इसे साफ तरीके से दर्ज किया गया है, जबकि राज्य के संविधान की धारा 2 में भारत के संविधान की परिभाषा करते हुए कहा गया है कि 'भारत के संविधान का अर्थ भारत के उस संविधान से है जो इस राज्य पर लागू है।'

कुल 158 धाराओं (अनुच्छेदों) वाला जम्मू-कश्मीर का संविधान राज्य में पूर्ण रूप से 26 जनवरी 1957 को लागू हुआ। इसकी धारा 5 के तहत राज्य की कार्यपालिका और विधायी शक्तियाँ राज्य के सभी मामलों में होंगी–सिर्फ उन मामलों को छोड़ कर जिनके बारे में राज्य के लिए नियम बनाने का अधिकार भारत के संविधान के मुताबिक संसद को है।

राज्य के संविधान की धाराएँ 6, 7, 8, 9 और 10 राज्य के स्थायी निवासियों से संबंधित हैं। हर वह व्यक्ति, जो भारत का नागरिक है, राज्य का स्थायी निवासी माना जायेगा, अगर वह 14 मई 1954 को–

(क) वर्ग एक या दो किस्म के राज्य का निवासी हो या

(ख) उसने उस तारीख से पहले राज्य में दस वर्ष तक रहते हुए यहाँ कानूनी तरीके से अचल संपत्ति खरीदी हो।

धारा 10 के तहत राज्य के स्थायी निवासियों को वे सभी मूल अधिकार प्राप्त हैं, जो भारत के संविधान में नागरिकों को मिले हुए हैं।

राज्य के स्थायी निवासी की यह अवधारणा जहाँ कश्मीरियत की हिफाजत करती है, वहीं इसकी वजह से देश के दूसरे हिस्से के लोगों को कश्मीर में भेदभाव का सामना करना पड़ता है। राज्य के बाहर का व्यक्ति न वहाँ संपत्ति खरीद सकता है न स्थायी निवासी बन सकता है और न ही स्वतः वहाँ का नागरिक

हो सकता है, जबकि कश्मीर के स्थायी नागरिक दोहरी नागरिकता का लाभ उठाते हैं। अगर जम्मू-कश्मीर की कोई महिला किसी ऐसे भारतवासी से विवाह कर ले जो राज्य का नागरिक नहीं है, तो वह राज्य में संपत्ति के अधिकार और राज्य के स्थायी निवासियों को मिली सुविधाओं से वंचित हो जायेगी।

भारत का संविधान जम्मू और कश्मीर में राष्ट्रपति के संविधान आदेश, 1954 के माध्यम से लागू होता है। उसमें स्थायी निवासी के बारे में अनुच्छेद 35 (क) में बताया गया है। इस प्रावधान के अनुसार भारत का नागरिक जम्मू-कश्मीर में कई अधिकारों से वंचित हो जाता है। लेकिन वह इन मूलभूत अधिकारों के उल्लंघन को ले कर भारत के किसी न्यायालय में चुनौती नहीं दे सकता। यह संवैधानिक प्रावधान अनुच्छेद 370 से संबंधित विवाद की जड़ है। कश्मीर के लोग इसे अपनी स्वायत्तता और कश्मीरियत की रक्षा का कवच मानते हैं, तो राष्ट्रीय एकीकरण के हिमायती इसे बहुत बड़ी रुकावट। जम्मू-कश्मीर के भूतपूर्व राज्यपाल जगमोहन ने सुझाव दिया था कि अगर अनुच्छेद 35 (क) को रद्द कर दिया जाये तो अनुच्छेद 370 के प्रभाव को काफी हद तक खत्म किया जा सकता है।

कश्मीर में देश के अन्य हिस्सों के लोगों द्वारा संपत्ति खरीदने के दो मकसद हो सकते हैं–एक, व्यावसायिक; दूसरा, राजनैतिक। जहाँ तक व्यावसायिक मकसद का सवाल है, तो उसे पूरा करने में मौजूदा कानून अड़चन जरूर डालते हैं, पर व्यवसायी वर्ग अपने काम के लिए कोई रास्ता निकाल ही लेता है। कश्मीर में होटल, दुकान व अन्य व्यवसायों के लिए बेनामी सौदे कम नहीं होते। फारूक अब्दुल्ला के शासन काल में तो नौकरशाहों ने भी अपने लिए जमीन खरीदने का कानूनी रास्ता निकाल लिया था। चूँकि उस समय विधान सभा थी, इसलिए अफसरों की फितरत नाकाम कर दी गयी।

लेकिन राजनीतिक मकसद ज्यादा गंभीर है। स्थायी और अस्थायी निवासी की अवधारणा कश्मीरियत की पहचान से जुड़ी हुई है। अगर दूसरी भाषा और संस्कृति के लोग वहाँ भारी संख्या में बस जायें तो कश्मीरियत की पहचान जाती रहेगी। जो लोग कश्मीर में स्थायी निवासी या प्रावधान खत्म करने की बात करते हैं, उनका इरादा कुछ ऐसा ही है। डॉ. भीमराव आम्बेडकर ने कश्मीर की समस्या का स्थायी हल निकालने के लिए वहाँ महारों को बसाने का सुझाव रखा था। कश्मीर के पूर्व राज्यपाल जगमोहन भी वहाँ के जनसंख्या अनुपात को बदलने के लिए ऐसा सुझाव देते रहे हैं। जनसंघ और भाजपा का इरादा भी वहाँ रिटायर फौजियों को बसा कर जनसंख्या अनुपात बदल देने का है। लेकिन अनुभव बताते हैं कि किसी जातीय समुदाय की पहचान खत्म करने के इरादे से किये जानेवाले ऐसे उपायों का उलटा असर ही पड़ता है। जनसंख्या विनिमय का स्तालिन का समाधान भी समय की कसौटी पर खरा नहीं उतरा। चीन तिब्बत में ऐसा ही

कर रहा है, पर उससे वहाँ का असंतोष खत्म नहीं हुआ। सच तो यह है कि अनायास होनेवाले जनसंख्या विनिमय से भी असंतोष फैलता है। इसका उदाहरण असम है।

संविधान के अनुच्छेद 368 के संबंध में भी यहाँ चर्चा किया जाना प्रासंगिक होगा। संविधान संशोधन का यह अनुच्छेद पहले जम्मू और कश्मीर में लागू नहीं होता था। लेकिन इसमें एक परन्तुक जोड़ कर इसे जम्मू-कश्मीर पर राष्ट्रपति के आदेश के माध्यम से लागू किये जाने की व्यवस्था कर दी गयी। फिर तो राष्ट्रपति के आदेशों के माध्मम से राज्य के संविधान और स्वायत्तता में परिवर्तन होते रहे। 1959 और 1964 में राष्ट्रपति के आदेशों के माध्यम से कई संशोधन किये गये। वहाँ के 'सदरे-रियासत' को राज्यपाल और प्रधानमंत्री को 'मुख्यमंत्री' बना दिया गया। राज्यपाल की नियुक्ति, वेतन, कर्तव्य और उन्मुक्तियों का अधिकार राष्ट्रपति ने अपने हाथ में ले लिया। भारत के चुनाव आयोग का अधिकार क्षेत्र भी जम्मू-कश्मीर तक बढ़ा दिया गया। भारत के महालेखापरीक्षक और नियंत्रक का अधिकार क्षेत्र भी वहाँ तक पहुँच गया। अनुच्छेद 368 को जम्मू-कश्मीर पर लागू किये जाने को संपत प्रकाश बनाम जम्मू-कश्मीर राज्य व अन्य के मुकदमे में सुप्रीम कोर्ट में चुनौती दी गयी थी। पाँच सदस्यों के संविधान पीठ ने 10 अक्टूबर 1968 के अपने फैसले में इसे जायज ठहराया। इसी तरह निवारक नजरबंदी कानूनों को प्राप्त संरक्षण की अवधि बढ़ाने के राष्ट्रपति के आदेश को भी वैध ठहराया गया।

अनुच्छेद 370 भारत कश्मीर के संबंधों का सेतु ही नहीं, कश्मीरी स्वायत्तता की एक सुरक्षा चौकी भी मानी गयी थी। इस सेतु से भारत और कश्मीर में भाईचारा तो आता-जाता था, पर इससे भारत का हर कानून अपना डंडा फटकारते हुए कश्मीर में नहीं घुस सकता था। इतने बड़े संघ से किसी छोटे राज्य के विशेष परिस्थितियों में जुड़ने के बाद इस तरह की आशंका और उसके लिए सुरक्षा उपाय की व्यवस्था करना स्वाभाविक है।

लेकिन भारत सरकार ने इस विशेष सेतु के नीचे सुरंगें खोद डालीं। उनसे हो कर भारतीय संविधान के ज्यादातर प्रावधान जम्मू-कश्मीर में धौंस जमा कर चले आते हैं और 370 की सुरक्षा चौकी देखती रह जाती है। अनुच्छेद 370 का खंड (1) जहाँ राष्ट्रपति और संसद की शक्तियों को सीमित करता है, वहीं वह राष्ट्रपति को व्यापक अधिकारों की गुंजाइश देता है। अक्सर भंग रहनेवाली राज्य सरकारों के मद्देनजर वहाँ राज्य सरकार के परामर्श और सहमति का कोई अर्थ नहीं रह जाता। यानी एक तरह से वहाँ राज्यपाल के माध्यम से केंद्र सरकार की मनमानी चल रही है। फिर 'परामर्श' और 'सहमति' जैसे शब्दों की लचीली

व्याख्या कर केंद्र सरकार ने भारतीय संविधान को अनुचित तरीके से राज्य में घुसा दिया। उदाहरण के लिए पहले जम्मू-कश्मीर के न्यायाधीशों की नियुक्तियाँ राज्य सरकार ही करती थी, लेकिन 1957 के बाद ये नियुक्तियाँ भारत के मुख्य न्यायाधीश की सलाह से राष्ट्रपति करने लगे। इसी तरह भारतीय संविधान का अनुच्छेद 356 जम्मू और कश्मीर में लागू नहीं होता था। वहाँ कई बार राज्यपाल शासन लागू हुआ। पर राज्यपाल थोड़े समय के बाद किसी-न-किसी सरकार का गठन कर लेते थे। 18 जुलाई 1990 को भारत सरकार ने संविधान के अनुच्छेद 356 के तहत एक अधिघोषणा जारी कर राज्य में राज्यपाल शासन समाप्त कर राष्ट्रपति शासन लगा दिया। तब से वहाँ राष्ट्रपति शासन जारी है। गौरतलब है कि कश्मीर के अलग झंडे और वहाँ अनुच्छेद 356 और 360 न लागू करने का आश्वासन 1952 के दिल्ली समझौते में भी दिया गया था। दरअसल, शेख अब्दुल्ला और नेहरू के बीच हुए इस समझौते में कश्मीर की व्यापक स्वायत्तता का वायदा था। लेकिन परिस्थितियाँ चाहे जो भी रही हों, भारत सरकार ने लगातार उस स्वायत्तता को कमजोर किया है। कहा जा सकता है कि अलगाववाद और उग्रवाद बढ़ने के कारण ऐसा किया गया। दूसरी तरफ उग्रवादियों और कश्मीरी नेताओं का कहना है कि स्वायत्तता पर लगातार हो रहे हमले के कारण ही उग्रवाद का रास्ता अपनाना पड़ा।

अंत में कहा जा सकता है कि अनुच्छेद 370 का जिन विशेष परिस्थितियों में जन्म हुआ, आज भी वैसी स्थितियाँ बरकरार हैं। इसलिए इसे खत्म करने की माँग लाजिमी नहीं है। फिर संवैधानिक रूप से ऐसा करना संभव भी नहीं है। अनुच्छेद 370 के बारे में यह मिथक भी टूटना चाहिए कि यह कश्मीरी स्वायत्तता का अभेद्य कवच है। दरअसल, केंद्र सरकार भारी घुसपैठ और लगातार हुए प्रहारों के बाद यह बेहद जर्जर हो चुका है। कश्मीर के मौजूदा संकट की जड़ में कहीं-न-कहीं केंद्र सरकार के इस रवैये के प्रति आक्रोश भी है। सवाल सिर्फ अनुच्छेद 370 का नहीं, स्वायत्तता और कश्मीरियत की भावना का है। अगर हमने अनुच्छेद 370 की पवित्रता को बनाये रखते हुए इसे ठीक से लागू किया होता, तो शायद समस्या इतने गंभीर मोड़ पर न आती।

मानवाधिकारों की रक्षा क्यों जरूरी है

सत्येन्द्र रंजन

पहले पंजाब और फिर कश्मीर समस्याओं के गंभीर रूप लेने के साथ मानवाधिकार संगठन भारत सरकार और देश के शासक वर्ग के हमलों का निशाना बनने लगे। चूँकि देश के पढ़े-लिखे आम मध्य वर्ग का सोच शासक वर्ग की धारणाओं तथा प्रतिक्रियाओं से ही निर्धारित होता है, इसलिए देश में इन संगठनों के प्रति नाराजगी और यहाँ तक कि उनके उद्देश्यों के प्रति संदेह का एक माहौल भी तैयार हो गया। समाचार माध्यमों में और बुद्धिजीवी कहे जानेवाले तबके के बीच न सिर्फ मानवाधिकार संगठनों के प्रति कड़ी प्रतिक्रिया व्यक्त होने लगी, बल्कि मानवाधिकारों की अवधारणा पर ही सवाल खड़े किये जाने लगे। इस विशुद्ध अतार्किक प्रतिक्रिया में राष्ट्र बनाम मानवाधिकार की बहस खड़ी कर दी गयी और एक सामान्य माहौल ऐसा बना दिया गया कि मानवाधिकारों की बात करना राष्ट्र तोड़ने जैसा काम है। मानवाधिकार संगठनों को 'राष्ट्र-विरोधी' तथा 'अलगाववादियों एवं आतंकवादियों के समर्थक' के रूप में चित्रित किया गया। आज हम उसी माहौल से गुजर रहे हैं। कश्मीर समस्या जैसे-जैसे और गंभीर रूप लेती जा रही है, सरकार और शासक वर्ग तथा उसी के अनुरूप मध्य वर्ग की मानवाधिकारों से नाराजगी बढ़ती जा रही है। लेकिन अब उन वर्गों में एक निराशा भी घर करने लगी है, जिसकी अभिव्यक्ति मानवाधिकारों के मुद्दे पर उनके बचाव की मुद्रा में आने के रूप में हो रही है।

कश्मीर में मानवाधिकारों की स्थिति पर चर्चा करने से पहले देश में बने उपर्युक्त माहौल के कारणों पर विचार करना जरूरी है। आखिर मानवाधिकार संगठनों की दृष्टि क्या है और सरकार एवं शासक वर्ग से उनके अंतर्विरोध की ठोस वजहें क्या हैं ? क्या यह अंतर्विरोध सिर्फ राजनीतिक स्तर पर है या इसके पीछे कुछ आर्थिक और सांस्कृतिक आधार भी हैं ? क्या यह अंतर्विरोध इन दोनों पक्षों की बुनियादी मान्यताओं और उद्देश्यों में फर्क की अभिव्यक्ति है या जैसा कि आरोप लगाया जाता है, मानवाधिकार संगठन देश तोड़ने की किसी बड़ी साजिश

का हिस्सा बने हुए हैं ? इन प्रश्नों का उत्तर पाने के लिए हमें भारत में मानवाधिकार आंदोलन के हाल के इतिहास पर एक नजर डालनी होगी।

भारत में नागरिक अधिकार आंदोलन की शुरुआत भले 1936 में हो गयी थी, लेकिन उसके मौजूदा स्वरूप का जन्म इमरजेंसी (1975-77) की पृष्ठभूमि में हुआ। इमरजेंसी संविधान से मिले मूल अधिकारों और अन्य मूलभूत नागरिक एवं लोकतांत्रिक अधिकारों पर राज्य सत्ता का निरंकुश हमला थी। उस समय समता, स्वतंत्रता एवं लोकतंत्र पर आधारित मानवीय व्यवस्था बनाने के लिए प्रतिबद्ध तथा अपने बुनियादी मानवाधिकारों के प्रति सचेत लोगों को इस बात का तीव्र एहसास हुआ कि भारतीय राज सत्ता उन मर्यादाओं से बँधी हुई नहीं है, जिनसे बँधी हुई यह दिखती है। वह किसी भी समय संवैधानिक व्यवस्था को नष्ट कर सकती है। इसलिए नागरिक अधिकार आंदोलन की जरूरत महसूस की गयी। लोकनायक जयप्रकाश नारायण द्वारा पीपुल्स यूनियन फॉर सिविल लिबर्टीज (पी. यू. सी. एल.) की स्थापना से इसकी शुरुआत हुई। इमरजेंसी के बाद, खासकर 1980 के दशक में, देश के विभिन्न हिस्सों में नागरिक एवं लोकतांत्रिक अधिकार संगठनों की स्थापना के साथ उस आंदोलन का प्रसार हुआ।

1980 के दशक में राज सत्ता का निरंकुश चेहरा एक के बाद दूसरी घटनाओं के क्रम में स्पष्ट होता गया। राज सत्ता के लोकतांत्रिक उत्तरदायित्व का कोई मतलब नहीं बचा। एक के बाद दूसरी लोकतांत्रिक संस्थाओं का क्षय होने लगा। सरकार और मुख्य धारा के राजनीतिक दल समाज के प्रभुत्वशाली हिस्से के हितों की रक्षा के औजार के रूप में अपना चरित्र और स्पष्ट करते गये। इस कुल स्थिति का निष्कर्ष यह रहा कि मौजूदा तंत्र से किसी लोकतांत्रिक बदलाव की न सिर्फ उम्मीद खत्म हो गयी, बल्कि यह तंत्र अपने आपमें लोकतंत्र एवं परिवर्तन के संघर्षों के लिए बड़ा खतरा बन गया। यह उनके दमन का उपकरण बन गया। जन संघर्षों के दमन के लिए सुरक्षा बलों का दुरुपयोग की सीमा तक उपयोग तो एक आम बात बन ही गयी थी, आतंकवाद को प्रश्रय भी दिया गया तथा सांप्रदायिक एवं जातीय आधार पर जोड़-तोड़ भी होने लगी। असम और पंजाब में इसकी साफ मिसालें दिखीं। राजनीतिक दलों के बीच सत्ता पाने के लिए सस्ती लोकप्रियता की राजनीति की होड़ लग गयी। इसी का एक रूप था बहुसंख्यक समुदाय की सांप्रदायिकता उभार कर उसके चुनावी इस्तेमाल की रणनीति।

बहरहाल, इन सबसे नागरिक आजादियों के लिए पैदा हो रहे खतरों की ओर ध्यान खींचने का काम जब मानवाधिकार संगठनों ने किया, तो सरकार, सत्ताधारी पार्टी, तथाकथित मुख्यधारा के अन्य राजनीतिक दलों और शासक समूहों से उनके स्वाभाविक अंतर्विरोध उभरे। वह सबसे पहले पंजाब समस्या के संदर्भ में हुआ। खासकर तब जब इंदिरा गाँधी की हत्या के बाद हुई सिख-विरोधी हिंसा

की जाँच रिपोर्ट उन संगठनों ने प्रकाशित की। पंजाब में उग्रवाद से लड़ने के नाम पर आम लोगों पर कार्रवाइयों और पंजाब में उग्रवाद को दबाने के नाम पर देश भर के लिए बनाये जा रहे काले कानूनों का उन संगठनों ने विरोध किया, तो उन्हें ही उग्रवादियों के समर्थक के रूप में पेश कर दिया गया।

इस संदर्भ में मानवाधिकार संगठनों की दृष्टि यह थी कि पंजाब समस्या मूलतः एक राजनीतिक समस्या है, जिसके पीछे आर्थिक और कुछ धार्मिक पृष्ठभूमि है। इस समस्या का हल उसी रूप में होना चाहिए। लेकिन सरकार ने समस्या हल करने के बजाय उसे लटकाया और नियोजित तरीके से उग्रवाद एवं आतंकवाद को बढ़ावा दिया। इसका इस्तेमाल केंद्र की सत्ताधारी पार्टी ने पहले पंजाब में अपने मुख्य राजनीतिक विरोधी दल को हाशिये पर धकेलने और बाद में उस आधार पर राष्ट्रीय स्तर पर बहुसंख्यक समुदाय की भावना उभार कर उसका चुनावी इस्तेमाल करने में किया। दूसरी ओर सुरक्षा बलों को उग्रवादियों से लड़ने के नाम पर आम लोगों पर निरंकुश कार्रवाइयाँ करने का अधिकार दे दिया गया। इससे आम लोगों पर जुल्म हुए। इससे नागरिक अधिकारों का बड़े पैमाने पर उल्लंघन तो हुआ ही, उग्रवादियों के प्रति लोगों में सहानुभूति भी पैदा हुई और उन्हें जनाधार मिला।

कश्मीर में विद्रोह भड़कने के बीज भी लगभग उन्हीं दिनों डाले गये। 1984 में फारूक अब्दुल्ला की चुनी हुई सरकार बरखास्त कर दी गयी। गुलाम मुहम्मद शाह की कठपुतली सरकार वहाँ थोपी गयी। बाद में फारूक अब्दुल्ला राजीव गाँधी समझौते के साथ कश्मीर में कश्मीरी आकांक्षाओं की पार्टी नेशनल कांफ्रेंस ने अपनी विश्वसनीयता खो दी। इससे पैदा हुए राजनीतिक शून्य के बीच विद्रोह की पृष्ठभूमि तैयार हुई।

इस विद्रोह से निपटने के लिए एक बार फिर भारतीय राज सत्ता ने निरंकुशता एवं दमन का रास्ता चुना। विद्रोह के वास्तविक कारणों पर ध्यान देने के बजाय विद्रोह को दबा देने की रणनीति चुनी गयी। दमन की इस रणनीति को कांग्रेस से भी अधिक सख्ती से लागू किया राष्ट्रीय मोर्चा की सरकार ने। राष्ट्रीय मोर्चा सरकार ने जगमोहन को राज्यपाल बना कर कश्मीर भेजा। उन्हीं जगमोहन को, जिन्होंने इंदिरा गाँधी की सरकार के इशारे पर फारूक अब्दुल्ला की सरकार को 1984 में बरखास्त किया था। तब से कश्मीर में उनकी खलनायक छवि थी। उन्हें फिर राज्यपाल बना कर भेजने का मतलब ही यह साफ कर देता था कि भारतीय राज सत्ता कश्मीर के प्रति कोई लोकतांत्रिक दृष्टिकोण नहीं अपनाना चाहती है। वह अपने सैनिकों और अन्य सुरक्षा बलों की ताकत से विद्रोह को कुचलने पर अड़ी है।

जगमोहन ने कश्मीर में भारत के प्रति बचे-खुचे लगाव को भी खत्म कर

दिया। कुख्यात कर्फ्यू राज, बेलगाम तलाशियों, गिरफ्तारी, यातना, बलात्कार और गोलीबारी कश्मीर में आम बात बना दी गयी। इससे भी बुरी बात हुई कश्मीर समस्या के सांप्रदायिकीकरण की कोशिश। घाटी के पंडितों को बेहतर आर्थिक जीवन स्तर का लालच दे कर उनका घाटी से पलायन कराने की कोशिशें हुईं। इससे घाटी में धर्मनिरपेक्ष शक्तियों को जबरदस्त झटका लगा। दूसरी ओर मुस्लिम कट्टरपंथी एवं पाकिस्तान समर्थक गुटों को बढ़ावा मिला। मई 1990 में मीर वाइज मौलवी फारूक की हत्या के बाद उनकी शवयात्रा पर अंधाधुंध फायरिंग में बड़ी संख्या में लोगों के मारे जाने के बाद जगमोहन को राज्यपाल पद से हटा दिया गया। लेकिन तब तक कश्मीर में अलगाववाद की भावना बहुत गहराई तक पैठ चुकी थी।

मानवाधिकार संगठनों ने कश्मीर की स्थिति के संबंध में अपनी रिपोर्टें प्रकाशित की हैं। उनमें वहाँ की वास्तविक हालत का ब्यौरा रहा है। इससे भारतीय राज सत्ता के लिए गंभीर संकट पैदा हुआ है। इस संकट के कारण नयी अंतर्राष्ट्रीय परिस्थितियों में छिपे हैं। इस संकट से कैसे निकलें–इस प्रश्न का भारतीय राज सत्ता के पास जवाब नहीं है। उसी कारण उसने मानवाधिकार संगठनों को अपनी उक्त प्रतिक्रिया का निशाना बनाया है। उसने भारतीय मध्यवर्गीय मानस में यह बात बैठाने में एक हद तक सफलता पा ली है कि कश्मीर में राष्ट्रीय अखंडता की रक्षा की जो लड़ाई वह लड़ रही है, उसमें मानवाधिकार संगठन उसका पक्ष कमजोर कर रहे हैं। पर सवाल है कि आखिर राष्ट्र है क्या ? क्या राष्ट्र का मतलब सिर्फ शासक और उससे जुड़ा मध्य वर्ग है या बाकी जनता भी उसका हिस्सा है ? कश्मीर भारत का है, लेकिन कश्मीरी ? आखिर उनकी राजनीतिक और आर्थिक आकांक्षाएँ विस्तृत भारतीय सीमा के भीतर क्यों नहीं पूरी की जा सकीं ? इसका एक वाक्य में जवाब है कि भारतीय राज्य व्यवस्था उत्तरोत्तर लोकतांत्रिक होने के बजाय निरंकुश होती गयी है। वह सीमित शासक एवं मध्यमवर्गीय तबकों के हितों की रक्षा का उपकरण बनती गयी है और इसका विरोध करनेवाले तबकों के दमन में किसी भी सीमा तक जाने में उसे हिचक नहीं रही है। कश्मीर, पंजाब, असम तथा अन्य इलाकों में अलगाव या स्वायत्तता के जो आंदोलन हुए हैं, वे दरअसल राज्य व्यवस्था की इसी निरंकुशता का परिणाम हैं।

मानवाधिकार संगठनों की चिंता राज्य तंत्र की इस निरंकुशता पर रोक लगाना है। उनकी दृष्टि है कि अगर व्यवस्था उत्तरोत्तर लोकतांत्रिक होने की दिशा में बढ़े, जनता की वास्तविक समस्याओं का हल उसकी कार्यसूची में हो, विभिन्न समूहों की राजनीतिक एवं सांस्कृतिक आकांक्षाओं की पूर्ति उसका लक्ष्य हो, तो सभी समस्याएँ शांति एवं सद्भावना के साथ हल की जा सकती हैं। इस क्रम में ऐसी लोकतांत्रिक व्यवस्था बनायी जा सकती है, जिसमें सबके मानवाधिकार

सुरक्षित रहें। कश्मीर मसले पर मानवाधिकार संगठनों की राय एवं उनकी गतिविधियों को इसी संदर्भ में देखा जाना चाहिए।

जैसा कि ऊपर कहा गया है, नयी अंतर्राष्ट्रीय परिस्थितियों में कश्मीर के बारे में मानवाधिकार संगठनों की रिपोर्टों से भारतीय राज सत्ता के लिए गंभीर संकट खड़ा हुआ है। अब हम इन परिस्थितियों पर विचार करेंगे। लेकिन पहले कश्मीर की विशेष स्थिति पर एक नजर डाल लेना उचित होगा। पंजाब, उत्तर-पूर्वी राज्यों या देश के किसी अन्य हिस्से में मानवाधिकार संगठनों की रिपोर्टों से भारतीय राज सत्ता के लिए इतना संकट अगर पैदा नहीं हुआ, तो उसका कारण कश्मीर की यही विशेष स्थिति है। पंजाब, असम या भारत के किसी अन्य राज्य पर भारत के अधिकार को ले कर कोई चुनौती नहीं रही है। लेकिन कश्मीर स्वतंत्रता तथा भारत में उसके विलय के बाद से ही एक विवादग्रस्त राज्य रहा है। पाकिस्तान ने कश्मीर पर भारत के अधिकार को कभी मंजूर नहीं किया। संयुक्त राष्ट्र संघ में खुद भारत इस विवाद को ले गया। संयुक्त राष्ट्र ने कश्मीर में जनमत संग्रह कराने का प्रस्ताव पास किया। इस विवाद को ले कर भारत और पाकिस्तान में दो युद्ध हुए। खुद कश्मीर में स्वायत्तता की माँग हमेशा बलवती रही। उसका भारत में विलय भी सशर्त था और इसी कारण संविधान के अनुच्छेद 370 के तहत उसे विशेष दरजा दिया गया था।

इस पृष्ठभूमि में जब कश्मीर में विद्रोह भड़का, तो उसका एक विशेष आयाम लेना स्वाभाविक था। पंजाब के उग्रवाद में पाकिस्तान की छिपे तौर पर चाहे जो भूमिका रही हो, खुले रूप से उसने कभी समर्थन नहीं किया। अंतर्राष्ट्रीय मंचों पर पंजाब, नगालैंड या मिजोरम के संघर्षों को समर्थन देनेवाली कोई शक्ति नहीं थी। लेकिन कश्मीर के व्रिदोह को पाकिस्तान का समर्थन स्पष्ट और पुरजोर रूप में मिला है।

कश्मीर में विद्रोह शीत युद्ध की समाप्ति के साथ-साथ भड़का। शीत युद्ध के बाद नयी अंतर्राष्ट्रीय व्यवस्था एक ध्रुवीय हो गयी। अमेरिका और अन्य पश्चिमी देशों के सामने इन नयी परिस्थितियों में कोई प्रतिस्पर्धी नहीं बचा। पूरी दुनिया पर अपना प्रभुत्व जमा लेने का सहज अवसर उनके सामने आ गया। इसके लिए उन्होंने मानवाधिकारों को हथियार बनाया है। वैसे मानवाधिकारों की राजनीति उनके लिए कोई नयी बात नहीं है। शीत युद्ध के दिनों में भी मानवाधिकार उनके राजनीतिक एवं रणनीतिक अस्त्रागार का प्रमुख हथियार थे। लेकिन तब निशाना सोवियत खेमा था। तब मानवाधिकार का सवाल उठा कर सोवियत खेमे के देशों को कठघरे में खड़ा किया जाता था। जब सोवियत खेमा नहीं रहा, तो इस हथियार

का गरीब देशों पर अपनी दादागीरी थोपने के लिए इस्तेमाल किया जा रहा है।

लेकिन अमेरिका और अन्य पश्चिमी देशों का मानवाधिकारों से कोई वास्ता नहीं है, यह बात बहुत ही प्रकट रूप में स्पष्ट है। उनका अपना रिकार्ड इस कसौटी पर कोई बहुत अच्छा नहीं रहा है। लेकिन इससे भी बड़ी बात यह है कि शीत युद्ध के बाद नयी विश्व परिस्थितियों में वे विश्व बैंक, अंतर्राष्ट्रीय मुद्रा कोष तथा व्यापार एवं तटकर सामान्य समझौते (गैट) के जरिये जो आर्थिक नीतियाँ गरीब देशों पर थोप रहे हैं, उनका एक ही तार्किक परिणाम निकलता है और वह है–मानवाधिकारों का और अधिक उल्लंघन। दरअसल, ये नीतियाँ बुनियादी मानवाधिकारों में कटौती का तथा इनका उल्लंघन करते हुए ही आगे बढ़ायी जा सकती हैं।

लेकिन विडम्बना यह है कि अपने को राष्ट्रीय एकता एवं अखंडता की रक्षक बतानेवाली भारतीय राज सत्ता, शासक वर्गों एवं मध्य वर्ग को इन आर्थिक नीतियों से कोई एतराज नहीं है। बल्कि वे इनके खुले प्रवक्ता हैं और वाहक भी। इन नीतियों से राष्ट्रीय संप्रभुता के संकुचित होने पर उन्हें कोई चिंता नहीं है। यह पहलू जैसे पश्चिमी देशों के मानवाधिकारों के समर्थन की पोल खोल देता है, वैसे ही इन भारतीय तबकों के देशभक्त होने तथा राष्ट्रवाद की भी।

अमेरिका और पश्चिमी देश कश्मीर और भारत में अन्य स्थलों पर मानवाधिकारों के उल्लंघन को मुद्दा सिर्फ भारतीय बाजार तक अधिक से अधिक बेरोक-टोक पहुँच बनाने के उद्देश्य से बना रहे हैं। चूँकि भारतीय राज सत्ता इन मुद्दों पर अपराध भावना से ग्रस्त है तथा राष्ट्रीय संप्रभुता की रक्षा करने की कोई निष्ठा भी उसमें नहीं बची है, इसलिए वह उस संकट में फँस गयी है, जिसका ऊपर जिक्र किया गया है। लेकिन भारतीय जन मानस के सामने अपने दोष को ढकने के लिए वह अंध राष्ट्रवाद का माहौल बना रही है और इस क्रम में अपना निशाना मानवाधिकार संगठनों को बना रही है। इस प्रयास में उसे सामयिक सफलता भी मिली है, पर वह अपने कृत्यों से भारतीय राष्ट्र को अपूरणीय क्षति पहुँचा रही है।

स्थिति जो भी हो, दो सत्ता प्रतिष्ठानों के अपने हितों के संघर्ष में किसी एक प्रतिष्ठान का पक्ष मजबूत करने के लिए मानवाधिकार संगठन अपनी निष्ठा का सौदा नहीं कर सकते। वे अपना काम नहीं छोड़ सकते। मानवाधिकार संगठनों का लक्ष्य एक लोकतांत्रिक समाज का निर्माण है, जिसमें हर व्यक्ति की स्वतंत्रता एवं अधिकार सुरक्षित हों। अंध राष्ट्रवाद की जरूरतों को पूरा करने के लिए इस लक्ष्य पर समझौता नहीं हो सकता। इसीलिए कश्मीर की स्थिति पर भी मानवाधिकार संगठनों ने वस्तुपरक रिपोर्ट पेश की है।

भारत सरकार की पूरी कोशिश यह रही है कि देश के एक क्षेत्र की जनता

से यह छिपाये रखा जाये कि देश के दूसरे क्षेत्र में क्या हो रहा है। समाचार माध्यमों पर या तो उसका या शासक वर्गों के अलग-अलग हिस्सों का नियंत्रण है। इस कारण देश की अधिकांश जनता अशांत क्षेत्रों के बारे में महत्वपूर्ण तथ्यों से नावाकिफ रही है। कश्मीर की वास्तविक स्थिति क्या है, वहाँ अलगाववादी आंदोलन क्या मोड़ ले रहा है और भारतीय सुरक्षा बल वहाँ क्या कर रहे हैं, इन सबकी अंतर्राष्ट्रीय प्रतिक्रिया क्या हो रही है और इसमें भारत की क्या स्थिति बन रही है, इन सबके बारे में देश के आम लोगों के बीच जानकारी का बेहद अभाव है। नियंत्रित समाचार माध्यम या तो तथ्यों को दबा देते हैं या उन्हें तोड़-मरोड़ कर पेश करते हैं। इस स्थिति के बीच मानवाधिकार संगठनों की रिपोर्टों ने एक बड़ी कमी को पूरा करने का काम किया है।

आखिर कश्मीर में मानवाधिकारों की असली हालत क्या है ? कश्मीर में विद्रोह भड़के पाँच साल होने को आ गये हैं। इतने ही वक्त से वहाँ सुरक्षा बलों की कार्रवाइयाँ भी जारी हैं। एक लेख में इस दौरान मानवाधिकार उल्लंघन की हुई घटनाओं का जिक्र कर पाना संभव नहीं है। पर कुछ प्रतिनिधि घटनाओं के जरिये वहाँ लगातार चल रही स्थिति को समझा जरूर जा सकता है। इनमें ही एक प्रतिनिधि घटना है अत्यंत चर्चित घटनाओं की जाँच के प्रति सरकारी रुख। सुरक्षा बलों द्वारा अनियंत्रित कार्रवाइयों की घटनाओं के बाद आलोचनाओं को शांत करने के लिए घटना की जाँच के आदेश दिये गये। पर इस जाँच का क्या हुआ या जाँच के निष्कर्ष क्या रहे, आज तक नहीं बताया गया। इन घटनाओं में सोपोर, लाल चौक, बिजवेहड़ा और कुपवाड़ा की घटनाएँ शामिल हैं। जनवरी 1993 में सोपोर की घटना होने के बाद उसकी न्यायिक जाँच कराने का आदेश दिया गया था। पर 'द इकोनॉमिक टाइम्स' ने अक्तूबर 1993 में रिपोर्ट छापी कि जिस जज को यह जाँच करने को कहा गया था, वह तब तक एक बार भी सोपोर नहीं गया था। न ही उसने न्यायिक जाँच की कोई प्रक्रिया शुरू की थी। जबकि सोपोर की घटना कोई साधारण घटना नहीं थी। इस घटना की खबरें देशी और विदेशी अखबारों में प्रमुखता से छपी थीं। 6 जनवरी 1993 को वहाँ 200 से अधिक दुकानें जला डाली गयी थीं और करीब 50 लोग मारे गये थे। अनेक इमारतों को आंशिक रूप से नुकसान पहुँचाया गया था।

यह अपने आपमें कोई अलग-थलग घटना नहीं थी। इस संबंध में पीपुल्स यूनियन फॉर सिविल लिबर्टीज की बुलेटिन के फरवरी 1993 अंक में छपे वक्तव्य का यह हिस्सा गौरतलब है, 'सोपोर में सुरक्षा बलों ने जो किया, वह उनका आम तौर-तरीका (पैटर्न) है। हम लगभग हर महीने पी. यू. सी. एल. बुलेटिन में ऐसी

घटनाओं की खबर देते रहे हैं।

'... यह तौर-तरीका है उन इलाकों के निवासियों को 'सामूहिक दंड' देना, जहाँ उग्रवादियों ने किसी प्रकार का हमला किया हो। पूरे इलाके को घेर लिया जाता है, सभी पुरुषों-महिलाओं को कतारों में खड़ा कर दिया जाता है, उनमें से एक या अधिक को चुन कर यातना दी जाती है। इन लोगों को अपंग कर दिया जाता है या मार डाला जाता है। इसकी कोई जाँच नहीं होती, कोई रिपोर्ट नहीं होती और इसके परिणामस्वरूप किसी को सजा नहीं दी जाती।

' इस प्रक्रिया में हमारे सुरक्षा बल घाटी की पूरी जनता को विमुख कर रहे हैं। कश्मीरी केवल भौगोलिक क्षेत्र ही नहीं हैं, वह एक जन समुदाय है। आतंकवादियों से इलाके को बचाने के लिए हमारी सरकार नागरिकों का संहार कर रही है।'

लाल चौक की घटना 10 अप्रैल 1993 को हुई। स्थानीय लोगों द्वारा दिये गये ब्यौरों के मुताबिक वहाँ उग्रवादियों द्वारा विस्फोट और एक इमारत को आग लगाने की घटना के जवाब में सीमा सुरक्षा बल के जवानों ने कई इमारतों में आग लगा दी। बिजवेहड़ा की घटना हजरतबल संकट के दिनों में 22 अक्टूबर 1993 को हुई। श्रीनगर पी. यू. सी. एल. की रिपोर्ट के अनुसार, '22 अक्टूबर 1993 को हजरतबल पर (सुरक्षा बलों के) घेरे के विरोध में बिजबेहड़ा में एक जुलूस निकाला गया।... जुलूस पर सुरक्षा बलों ने अकारण गोलियाँ चलायीं, जिससे 41 लोग मारे गये।... प्रदर्शनकारियों को भागने का कोई मौका नहीं दिया गया, क्योंकि गलियों पर सुरक्षा बलों ने कब्जा कर रखा था। अधिकांश लोग मौके पर मारे गये। कुछ ने अस्पताल ले जाते वक्त और कुछ ने अस्पताल में भी दम तोड़ा। अगर सुरक्षा बलों ने अस्पताल ले जाने में बाधा नहीं डाली होती, तो कई लोगों को बचाया जा सकता था। सुरक्षा बलों ने अस्पताल पहुँचने देने में देर करने का तरीका अपनाया। इससे अत्यधिक खून गिर जाना मौतों का एक बड़ा कारण बना। 41 लोगों के मारे जाने के अलावा 76 लोग घायल हुए, जिनमें कई बुरी तरह घायल हुए। गोलीबारी 15 से 20 मिनट तक चलती रही और अधिकांश लोग अपने साथियों को उठाते हुए या उठाने के प्रयास में मारे गये। इलाके के लोगों का आम तौर पर मानना है कि इस नरसंहार का कारण 9 अक्तूबर 1993 को उग्रवादियों द्वारा सीमा सुरक्षा बल के एक जवान से लाइट मशीन गन छीनना है। उसी दिन से सुरक्षा बल निवासियों को बुरे नतीजे भुगतने के लिए तैयार रहने की धमकियाँ दे रहे थे। उग्रवादियों से कश्मीरियों की सहानुभूति के कारण अधिकांश सुरक्षा बलों को बहुत खतरनाक स्थितियों में काम करना पड़ रहा है और वे पूरी आबादी को अपना दुश्मन मानते हैं।'

घाटी की आम हालत का एक सटीक ब्यौरा 'इंडिया टुडे' ने अपने 15 जनवरी

1993 के अंक में छापा। उसकी संवाददाता हरिंदर बवेजा ने लिखा, 'टैक्सी ड्राइवर शाम पाँच बजे के बाद अपने वाहन चलाने से इनकार कर देते हैं। दुकानदार अपनी दुकानें बंद कर देते हैं और सूर्यास्त से पहले घर पहुँच जाने में ही अपनी सुरक्षा समझते हैं। गोधूलि जैसे-जैसे घाटी पर छाने लगती है, एक भयानक खामोशी उसे घेर लेती है। तेजी से घर की ओर बढ़ रहा गुलाम मुहम्मद अपनी कमीज की जेब से एक कागज का टुकड़ा निकलता है।

'इस टुकड़े पर उसका नाम-पता लिखा है। टुकड़े की ओर इशारा करते हुए वह कहता है, हो सकता है कि आज मैं घर नहीं पहुँच पाऊँ, पर कम से कम मेरी लाश पहुँच जायेगी। कश्मीर में लगभग हर व्यक्ति अपना पता अपनी जेब में ले कर चलता है, उस बुरी स्थिति के बारे में सोच कर जो दिन या रात कभी भी घट सकती है। बाजार में विस्फोट हो सकता है, सुरक्षा बलों की कार्रवाई हो सकती है। घर की ओर बढ़ता हुआ गुलाम मुहम्मद फुसफुसाता है–'अल्ला मालिक।'

' उसका घर तीन किलोमीटर दूर है। रास्ते में उसे सुरक्षा बलों के कई नाकों से गुजरना होगा। उसे पता नहीं है कि किस नाके पर उसे जाने दिया जायेगा, कहाँ हिरासत में ले लिया जायेगा या मार डाला जायेगा। वह केवल कनिपोरा के दुकानदार फारूक अहमद के बारे में सोचता है, जिसे सुरक्षा बलों ने पकड़ लिया था। तीन पीड़ादायक दिनों के बाद स्थानीय पुलिस ने बुरी तरह यातनाग्रस्त उसका शरीर उसके परिवार को सौंप दिया था। उसके शरीर पर गर्म लोहे की छड़ों से मारे जाने के निशान थे, जख्म थे, जिसके कारण नाभि से गरदन तक उसे टाँके लगाने पड़े थे।··· गुलाम मुहम्मद का भय घाटी की यथार्थ स्थिति का संकेत देता है। '

इसी रिपोर्ट में आगे कहा गया, 'यह अब रोजाना की बात हो गयी है। तड़के सुरक्षा बल किसी गाँव या इलाके में उतर आते हैं और घेरा डाल देते हैं। पूछताछ के बाद संदिग्ध लोगों को पकड़ लिया जाता है। महिलाओं को बिलखता छोड़ कर उन्हें ले जाया जाता है।

' संदिग्धों के परिवारों के लिए तो अभी यह दुःस्वप्न की शुरुआत भर होती है। युवकों को कहाँ ले जाया गया, यह पता लगाना कठिन कार्य होता है। अब्दुल कयूम (जम्मू-कश्मीर बार एसोसिएशन के सदस्य) बताते हैं, 'कानून के मुताबिक 24 घंटों के भीतर निकटतम पुलिस थाने को उनका अता-पता बताना तथा रिमांड के लिए पेश करना आवश्यक है। लेकिन सुरक्षा बल तीन-चार महीनों तक बस पूछताछ ही करते रहते हैं। सी. आर. पी. एफ. की पूछताछ पूरी होती है तो उन्हें बी. एस. एफ. वाले ले जाते हैं, फिर सेना की बारी आती है। अंततः युवकों की लाश ही घर लौट पाती है।'

पी. यू. सी. एल. की 1993 की रिपोर्ट में बताया गया, 'सुरक्षा बलों के नियंत्रण में कई पूछताछ केंद्र बनाये गये हैं। लोगों को पकड़ा जाता है, पूछताछ की जाती है और यातनाएँ दी जाती हैं। इसके परिणामस्वरूप पकड़े गये लोग कभी-कभी जख्मी हो जाते हैं, कभी उनके गुर्दे खराब हो जाते हैं, एक या अन्य प्रकार की अपंगता हो जाती है और कुछ मामलों में मृत्यु भी हो जाती है। ऐसी कई मिसालें बतायी गयीं। पर हमारे लिए उनकी जाँच कर पाना संभव नहीं हो सका।··· श्रीनगर के दो पूछताछ केंद्रों–पापा-I और पापा-II का बार-बार जिक्र आया। दूसरे शहरों में भी ऐसे केंद्र हैं। स्वयं जाँच न कर पाने के कारण उनके संबंध में हमारे लिए कुछ कहना संभव नहीं है। लेकिन यह बात कही जा सकती है कि हिरासत में मौतों की घटनाओं में कमी नहीं आयी है। बल्कि ये घटनाएँ बढ़ी हैं।'

पी. यू. सी. एल. रिपोर्ट का यह हिस्सा भी गौरतलब है, 'छेड़छाड़ और बलात्कार के आरोप भी बड़ी संख्या में लगाये गये। बेहतर जानकारी रखनेवाले संवाददाताओं में से एक के मुताबिक जहाँ तक सेना का संबंध है, बलात्कार की घटनाओं में स्पष्ट कमी आयी है। लेकिन यह बात बी. एस. एफ. के बारे में नहीं कही जा सकती।··· लेकिन कुछ कार्यकर्ताओं ने इससे असहमति जतायी कि बलात्कार की घटनाएँ कम हुई हैं। उनके मुताबिक यह कमी सिर्फ शहरों में आयी है, ग्रामीण इलाकों में यह अभी भी जारी है।'

कश्मीर की ये घटनाएँ महज एक संकेत भर देती हैं। पिछले पाँच सालों में वहाँ जो कुछ हुआ है, उसका विस्तृत विवरण अधिक खौफनाक तस्वीर पेश कर सकता है।

अब प्रश्न है कि क्या शेष भारत के लोगों को कश्मीरी लोगों की इस हालत पर कोई चिंता है ? क्या उन्होंने इन स्थितियों की जानकारी लेने और इस संबंध में भारतीय राज सत्ता पर दबाव बनाने की कोई पहल की है ? राष्ट्रीय अखंडता की किसी वास्तविक चिंता की अभिव्यक्ति इसी रूप में हो सकती थी। पर दुर्भाग्य से ऐसा नहीं हुआ है। उधर सत्ता प्रतिष्ठान ने राष्ट्रवाद की एक निहायत गलत और लोकतंत्र विरोधी धारणा फैला दी है। इसमें लोकतंत्र और मानवाधिकारों की बात कहने को राष्ट्र विरोधी माना जाने लगा है। लेकिन इस मानसिकता के साथ कश्मीर को भारत के साथ नहीं रखा जा सकता। आत्मनिर्णय उनका बुनियादी और लोकतांत्रिक अधिकार है और इससे उन्हें वंचित नहीं किया जा सकता। अगर अपनी मरजी से वे भारत के साथ रहते हैं, तभी कश्मीर भारत का हिस्सा रह सकता है।

लोकतांत्रिक एवं संघीय व्यवस्था में ही सांस्कृतिक इकाई एवं राष्ट्रीयता की अपनी इच्छा से जुड़ती है। इस व्यवस्था को तभी कायम रखा जा सकता है, जब सबका समान विकास हो और सबकी विभिन्न प्रकार की आकांक्षाएँ पूरी हों। अगर ऐसा नहीं होता है, तो विद्रोह अपरिहार्य है। विद्रोह को कुछ समय तक दबाया जा सकता है, पर अंततः स्वतंत्रता की भावना की विजय होती है। आज यह भारतीय राज्य व्यवस्था, शासक वर्गों और उनके सहयोगी मध्य वर्ग को तय करना है कि उन्हें कौन-सा विकल्प चुनना है।

कश्मीर को भारत में रखने की पहली शर्त कश्मीरियों के मानवाधिकारों का सम्मान है। इसके बाद उनकी राजनीतिक आकांक्षाओं की पूर्ति करनी होगी। उनकी स्वायत्तता को मानना होगा। उनके आत्मनिर्णय के अधिकार को स्वीकार करना होगा। इसके लिए संविधान में बड़े परिवर्तन की जरूरत हो, तो इसके लिए हमें तैयार होना चाहिए। हमें दिखाना चाहिए कि हम एक परिपक्व राष्ट्र हैं। संविधान देश चलाने के लिए और लोगों की भलाई के लिए है। अपने आपमें वह कोई साध्य नहीं है। सवाल है कि क्या भारतीय राज्य व्यवस्था के संचालकों में इतनी परिपक्वता और लोकतांत्रिक निष्ठा है ? अभी की हालत में तो यह नहीं लगता। और, इसीलिए कश्मीर की पीड़ा का निकट भविष्य में अंत भी नजर नहीं आ रहा है। यह मानवाधिकार आंदोलन के लिए एक बड़ी चुनौती है। क्या वह भारत के लोगों को राज सत्ता के कुप्रचारों के प्रभावों से निकाल सकेगा ? कश्मीर तथा भारत में लोकतंत्र का भविष्य काफी कुछ इस प्रश्न से जुड़ा है।

अमेरिकी हस्तक्षेप के पीछे

सुभाष धूलिया

अमेरिकी विदेश विभाग में सहायक सचिव और दक्षिण एशियाई मामलों की प्रधान रॉबिन राफेल ने फरमाया कि अमेरिकी प्रशासन कश्मीर के भारत में विलय को अंतिम नहीं मानता। उनके इस बयान से दोनों देशों के राजनयिक संबंधों में एक तूफान-सा उठा और उसके बाद अमेरिकी हलकों ने उनकी राय को निजी राय के रूप में प्रस्तुत करने का प्रयास किया। दक्षिण एशिया और प्रशांत मामलों की सदन की कमेटी के अध्यक्ष ने तो उनके बयान को दुर्भाग्यपूर्ण भी बताया। इसके बाद लगा था कि यह मसला यहीं ठंडा पड़ जायेगा। लेकिन अब तो राफेल ही नहीं, स्वयं राष्ट्रपति क्लिंटन भी कश्मीर को ले कर गंभीर भारत-विरोधी टिप्पणियाँ और कार्रवाइयाँ कर रहे हैं। अब राफेल यहाँ तक बढ़ गयी हैं कि उनका कहना है कि कश्मीर की स्थिति उतनी ही खराब है जितनी अफगानिस्तान की। कश्मीर की तुलना अफगानिस्तान से करने के पीछे कैसा सोच काम कर रहा है, इसका अनुमान सहज ही लगाया जा सकता है। और, राफेल डंके की चोट पर कह रही हैं कि वे जो भी बोल रही हैं, उसे राष्ट्रपति क्लिंटन का पूरा समर्थन प्राप्त है और यह उनकी निजी राय नहीं, अमेरिकी प्रशासन की नीति को प्रतिबिंबित करता है। उनका यह कथन सच ही तो है। आखिर स्वयं राष्ट्रपति क्लिंटन ने सं. रा. महासभा में अपने भाषण में कश्मीर में गृह युद्ध जैसी स्थिति पैदा होने की बात कह डाली और कहा कि भारतीय उपमहाद्वीप विश्व के सबसे अधिक तनावग्रस्त क्षेत्रों में से है। फिर हाल ही के दिनों में क्लिंटन ने अमेरिकी कांग्रेस के एक सदस्य को पत्र भेज कर पंजाब में 'सिखों के अधिकारों' को ले कर चिंता व्यक्त की। इसी तरह पाकिस्तान के पैसे से चलनेवाले वाशिंगटन स्थित कश्मीरी उग्रवादियों के एक गुट को पत्र भेज कर उन्होंने इसे एक तरह की मान्यता प्रदान की। फिर मॉस्को में येल्त्सिन के साथ शिखर सम्मेलन के समापन पर जारी घोषणापत्र में नाभिकीय अप्रसार संधि को ले कर भारत को नाम ले कर कोसा गया।

वाशिंगटन में नये पाकिस्तानी राजदूत ने राष्ट्रपति क्लिटन को अपना परिचय पत्र पेश करते हुए खासी भारत-विरोधी तकरीर तो की ही, राष्ट्रपति क्लिंटन ने भी इस मौके पर कह डाला कि कश्मीर में मानव अधिकारों के सवाल पर अमेरिका पाकिस्तान की चिंता में शामिल है।

भारत विरोधी शीत युद्धकालीन इन टिप्पणियों की शृंखला में ताजा कड़ी हैं अमेरिकी सैनिक प्रतिष्ठान के जनरल। अमेरिकी मध्य कमान के कमांडर-इन-चीफ जनरल जोसेफ पी. होअर ने पेंटागन की एक आधिकारिक पत्रिका में छपे एक लेख में कहा है कि 1947 में जब भारत ने कश्मीर के बड़े हिस्से पर 'कब्जा' कर लिया था, तब से यह विवाद का विषय बना है और भारत और पाकिस्तान के बीच दो युद्धों का कारण बना। जनरल होअर की कमान के तहत अफ्रीका, खाड़ी के इलाके और पाकिस्तान आते हैं। उन्होंने पाकिस्तान के साथ सैनिक संबंध पुख्ता करने पर जोर दिया और प्रेसलर संशोधन की जम कर खिंचाई की, जो पाकिस्तान को सैनिक मदद के रास्ते में रोड़ा बना हुआ है। इसी पत्रिका में एशिया-प्रशांत और हिंद महासागर के इलाकों की अमेरिकी प्रशांत कमान के प्रधान एडमिरल चार्ल्स आर. लारसन का कहना है कि अमेरिका को एहसास है कि पाकिस्तान की कीमत पर भारत से संबंध नहीं सुधारे जा सकते। वे भारत के साथ संबंध सुधारने की बात तो करते हैं, लेकिन इसका मकसद इस क्षेत्र में अमेरिका की साख और धाक वापस करना बताते हैं।

इस बीच अमेरिकी प्रशासन और मीडिया में भारत के नाभिकीय कार्यक्रम को ले कर बहुत कुछ कहा जा रहा है, छापा जा रहा है। अमेरिका में इस बात का भी खूब प्रचार किया गया कि 1990 में भारत और पाकिस्तान के बीच नाभिकीय युद्ध छिड़ने ही वाला था और अमेरिकी प्रयासों से ही रोका जा सका। अब वाशिंगटन के एक सेमिनार में इस प्रचार को झूठा करार दिया गया है। इस सेमिनार में भाग लेनेवालों में भारत, पाकिस्तान और अमेरिका के राजनयिक और उच्च सैनिक अधिकारी शामिल थे। लेकिन यह प्रचार थमा नहीं है कि भारत और पाकिस्तान में कभी भी नाभिकीय युद्ध छिड़ सकता है।

अमेरिकी प्रशासन के शब्दकोश से अचानक आतंकवाद और नशीले पदार्थों के मसले नदारद हो गये हैं। एक स्थिति वह थी जब आतंकवाद को बढ़ावा देने के लिए पाकिस्तान अमेरिका की निगरानी सूची में था और एक बार तो पाकिस्तान को आतंकवादी देश घोषित करने की चेतावनी तक दे डाली गयी थी। वैसे यह तो पहले से ही जाहिर था कि अमेरिका में रिपब्लिकन के बजाय डेमोक्रेटिक पार्टी के प्रशासन के साथ भारत को कुछ कठिनाइयों का सामना करना पड़ेगा। लेकिन यह मुख्य रूप से मानव अधिकार और नाभिकीय अप्रसार संधि तक सीमित रहेगा। फिर चूँकि भारत द्वारा विकास के नेहरू मॉडल को तिलांजलि दे कर विश्व बैंक-मुद्रा

कोष का आर्थिक मॉडल स्वीकार कर लिया है, इसलिए दोनों देशों के बीच संबंध बढ़ाने के लिए भी खासी गुंजाइश होगी। लेकिन क्लिंटन प्रशासन इन तमाम सीमाओं का उल्लंघन कर भारत में कश्मीर के विलय पर प्रश्नचिह्न लगा कर इसकी तुलना अफगानिस्तान के साथ कर और कश्मीर में गृह युद्ध की स्थिति पैदा होने की बातें कर रहा है, जिससे कश्मीर में पाकिस्तान प्रायोजित आतंकवादी युद्ध को नयी ताकत मिली है और पाकिस्तान के हौसले भी बुलंदी पर हैं। आतंकवाद को ले कर पाकिस्तान जहाँ प्रतिरक्षात्मक रुख अपना रहा था, अब वहीं उसने मानव अधिकारों का मुखौटा चढ़ा कर आक्रामक रुख अख्तियार कर लिया है। अमेरिकी प्रशासन के बयान तो पाकिस्तान में गौहर अयूब जैसे उग्र भारत-विरोधियों के समान होते जा रहे हैं। राफेल से बहुत पहले गौहर अयूब ने कश्मीर की तुलना अफगानिस्तान से कर डाली थी। पाकिस्तान की प्रधानमंत्री बेनजीर भुट्टो ने भी अपने राजनीतिक अस्तित्व को बनाये रखने के लिए आक्रामक तेवर अख्तियार कर लिये हैं, जो अमेरिका की शह के बिना संभव नहीं था, क्योंकि, जैसा आम तौर पर माना जा रहा है, बेनजीर को सत्ता में लाने के लिए अमेरिका ने सभी प्रयास किये और उन्हें पाकिस्तान की आज की राजनीति में अमेरिका का सबसे चहेता माना जाता है।

फिर पश्चिम में एक ओर जहाँ इस्लामी कट्टरवाद के खतरे का ढोल पीटा जा रहा है, वहीं कश्मीर में जमाते इस्लामी जैसे कट्टरपंथी-आतंकवादी संगठन की कार्रवाइयों को अप्रत्यक्ष रूप से अमेरिका शह ही दे रहा है।

सवाल यह उठता है कि अमेरिका के रुख में आये इस भारी परिवर्तन के पीछे क्या मकसद है, क्या योजना है ? अब कश्मीर पर अमेरिका की ओर से इतना कुछ कहा जा चुका है कि इसे हलके-फुलके ढंग से की गयी टिप्पणियाँ कह कर रफा-दफा नहीं किया जा सकता, जैसा कि भारत में और खास तौर से साउथ ब्लॉक की एक लॉबी का सोच है, जो इस पृष्ठभूमि में भी आगामी गर्मियों में प्रधानमंत्री नरसिंह राव की अमेरिका यात्रा की योजना बना रही है। नयी आर्थिक नीतियों के उपरांत जो परिदृश्य पैदा हुआ था, उसमें इस बात को ले कर काफी उत्साह था कि अमेरिका के साथ संबंध बेहतर किये जा सकेंगे। लेकिन आशा की इन किरणों पर तुषारापात होने में बहुत समय नहीं लगा और इस क्षेत्र के प्रति अमेरिकी नीति ने अर्थशास्त्र की उपेक्षा कर सैनिक तत्व को ही ऊपर रखा, जिसमें शीतयुद्ध कालीन सोच साफ तौर पर प्रतिबिंबित होता है। अमेरिकी प्रशासन एक बार फिर पाकिस्तान को एक सैनिक और सामरिक सहयोगी के रूप में देख रहा है और पाकिस्तान की राजनीति के अस्थिर चरित्र को देखते हुए इस क्षेत्र को स्थापित्व के बजाय टकराव की तरफ ढकेल रहा है। पंजाब में आतंकवाद को लगभग समाप्त कर देने और वहाँ एक चुनी हुई सरकार के सत्तासीन होने

जैसे तथ्यों की उपेक्षा कर क्लिंटन क्यों 'सिख अधिकारों' की दुहाई दे रहे हैं ? कश्मीरी आतंकवाद को पाकिस्तान का हर तरह का समर्थन और पाकिस्तान को एक सैनिक सहयोगी का दरजा देने से अमेरिका इस क्षेत्र को टकराव की तरफ ढकेल रहा है, जिसे रोकने का वह दम भर रहा है।

अमेरिकी प्रशासन और इससे बढ़ कर वहाँ का औद्योगिक-सैनिक प्रतिष्ठान भारत को भी उन्हीं देशों की श्रेणी में रखता है जो शीत युद्ध के दौरान सोवियत संघ के निकट थे और इसी सोच के आधार पर उन मकसदों को हासिल करना चाहता है जो सोवियत संघ की उपस्थिति के कारण हासिल नहीं किये जा सके थे। एक ओर तो आर्थिक स्तर पर विश्व बैंक-मुद्रा कोष की नीतियाँ थोप कर भारतीय अर्थतंत्र की पश्चिम पर निर्भरता बढ़ा दी गयी है और अब राजनीतिक और सैनिक स्तर पर दबाव डाला जा रहा है, ताकि भारत दक्षिण एशिया में सुरक्षा की अमेरिकी अवधारणा को स्वीकार कर ले, जो भारतीय अवधारणा से मेल नहीं खाती और नाभिकीय ऊर्जा, प्रक्षेपास्त्र जैसी उच्च टेक्नोलॉजी के क्षेत्रों में भारत की प्रगति को बाधित करती है। आर्थिक क्षेत्र में भी भारत को नये-नये शिकंजों में कसने की कोशिश की जा रही है। एक बार फिर वही परिदृश्य पैदा हो रहा है जब स्वतंत्रता के बाद अमेरिका ने भारत के उद्योगीकरण में मदद देने से इनकार कर दिया था और तब भारत सोवियत संघ की ओर उन्मुख हुआ। आज भी दुनिया में इस तरह का विकल्प अस्तित्व में नहीं है और अगर कुछ अलग तरह के विकल्प और संभावनाएँ मौजूद भी हैं, तो देश की मौजूद सरकार इनका लाभ उठाने में असमर्थ रही है। इसकी सबसे बड़ी मिसाल तो यही है कि ऐसे समय में, जब दुनिया में युगांतरकारी परिवर्तन हो रहे हैं और सोवियत संघ का अवसान हुआ, भारत के पास एक संपूर्ण विदेश मंत्री तक नहीं रहा। विदेश मंत्रालय की यह उपेक्षा आज तक जारी है और सही राजनीतिक दिशा न होने के कारण भारत ने काफी हद तक अपनी नीतियों को अमेरिका-केंद्रित कर डाला है। इसी स्थिति के कारण आज अमेरिकी प्रशासन धौंस दे रहा है तथा सॉउथ ब्लॉक समुचित रूप से अपनी प्रतिक्रिया तक व्यक्त नहीं कर पा रहा है।

शीत युद्ध के बाद दुनिया में अस्थिरता बढ़ी ही है। अनेक राष्ट्र बिखर गये, अनेक नयी तरह के टकराव पैदा हुए हैं। अमेरिका का औद्योगिक-सैनिक प्रतिष्ठान दुनिया को अपनी मुट्ठी में बाँध लेना चाहता है और खाड़ी युद्ध की 'सफलता' के बाद उसके हौसले काफी बुलंद भी हैं। लेकिन आज यह कहना मुश्किल है कि अमेरिका, रूस, जापान, जर्मनी और अन्य उन्नत देशों के बीच कैसे समीकरण उभरते हैं। विश्व राजनीति के इस परिवर्तनशील दौर में शीत युद्ध का 'विजेता' अमेरिका कहीं

न कहीं असुरक्षा के भाव से ग्रसित है। इसीलिए वह उन तमाम देशों को 'समय रहते' बाँध लेना चाहता है, जो किसी स्थिति में अमेरिकी फॉर्मूलों को ना करने की सामर्थ्य रखते हैं। भारत भी ऐसे ही देशों की श्रेणी में आता है। इस पृष्ठभूमि में कश्मीर में मानव अधिकारों के प्रति अमेरिकी चिंता एक ढकोसला मात्र है। आखिर अमेरिकी प्रशासन कैसे इस बात से अनभिज्ञ हो सकता है कि कश्मीर भारत और पाकिस्तान दोनों के लिए ही अत्यंत संवेदनशील मसला है और शांति और स्थापित्व के हित में यही है कि मौजूदा नियंत्रण रेखा का कड़ाई से पालन किया जाये तथा एक-दूसरे के आंतरिक मामलों में दखल बंद किया जाये। लेकिन अमेरिका तो अधिकाधिक भारत के आंतरिक मामलों में दखलअंदाजी कर रहा है और सब पर अपना एकाधिकार जता रहा है। इससे भी यह साफ हो जाता है कि अमेरिका भारत को उठने नहीं देना चाहता और उसे कश्मीर जैसे मसलों में फँसाये रख कर ऐसे नुस्खे उस पर थोपना चाहता है जो उसे कभी मंजूर नहीं रहे हैं।

पाकिस्तान के प्रति अमेरिकी प्रशासन के उमड़ते प्रेम के पीछे एक मकसद यह भी है कि एक ओर तो भारत पर दबाव बनाये रखने के लिए पाकिस्तान का इस्तेमाल किया जाये और दूसरी ओर इस्लाम बनाम पश्चिम के टकराव में भी पाकिस्तान का एक सैनिक मोहरे के रूप में इस्तेमाल किया जाये। पश्चिम एशिया में भले ही अभी अमेरिकी नीतियाँ कामयाब हो रही हैं, लेकिन तेल संसाधनों से समृद्ध इस क्षेत्र में ईरान, इराक, लीबिया जैसे देश भी हैं जिनको ले कर महाशक्ति अमेरिका बहुत आश्वस्त नहीं। फिर मध्य एशियाई पूर्व-सोवियत गणतंत्रों में अगर कोई समस्या पैदा होती है, तो पाकिस्तान का इस्तेमाल किया जा सकता है। अफगानिस्तान की स्थिति भी अनिश्चयपूर्ण बनी हुई है और इस कारण भी सैनिक रूप से शक्तिशाली पाकिस्तान की अमेरिका को जरूरत है।

इन व्यापक संदर्भों में अमेरिका का शीत युद्धकालीन ढाँचा एक बार फिर पाकिस्तान की ओर झुक रहा है। यह झुकाव निक्सन के जमाने को भी मात दे रहा है। सैनिक रूप से मजबूत पाकिस्तान की प्रतिक्रियास्वरूप भारत भी नये कदम उठायेगा और इन्हीं को रोकने के लिए अमेरिका भारत को आंतरिक झगड़ों में फँसाने की नीति अपना रहा है, ताकि नयी स्थिति का सामना करने की भारत की क्षमता को सीमित किया जा सके। अब अगर अमेरिका अन्य कारणों से स्वयं ही अपने आंतरिक मामलों में नहीं फँसता और भारत की आर्थिक और विदेश नीतियों की मौजूदा दिशा में कोई उचित और कारगर परिवर्तन नहीं होता, तो अमेरिका दक्षिण एशिया में अपनी मौजूदा राजनीति को और भी तेजी से थोपने की कोशिश करेगा।

भारत के अनेक राजनीतिक रुझान उस विश्व व्यवस्था से मेल नहीं खाते

जिसे अमेरिका दुनिया पर थोपना चाहता है। अमेरिका इस बात से भी अवगत है कि भारत की मौजूदा सरकार चाहे जितनी ही ढुलमुल क्यों न हो, लेकिन अनेक नाजुक क्षेत्रों में भारत के दृष्टिकोण में इतनी मजबूती है कि इन्हें ध्वस्त करना आसान भी नहीं। अमेरिका विश्व की एकमात्र महाशक्ति होने के नाते एक ऐसी व्यवस्था कायम करना चाहता है, जिसमें राजनीतिक स्तर पर विश्व मामलों में निर्णय लेने की व्यवस्था अत्यंत केंद्रीकृत हो, आर्थिक स्तर पर अर्थतंत्रों के समीकरण के माध्यम से अमेरिकी पूँजीवादी मॉडल ही सबको स्वीकार्य हो (अर्थात अगर कमजोर अर्थतंत्र मजबूत अर्थतंत्रों से संबद्ध होते हैं, तो यह एक नयी किस्म के उपनिवेशवाद की शुरुआत होगी) और सांस्कृतिक स्तर पर समरूपीकरण का अभियान चलाया जा रहा है, जिसके अंतर्गत मजबूत पश्चिमी संस्कृति को विश्व की कमजोर संस्कृतियों पर थोपा जा सके और विश्व की रंगबिरंगी सांस्कृतिक तस्वीर पर पश्चिम का एक ही रंग थोप दिया जाये। इस तरह की व्यवस्था का प्रतिरोध भारत भले ही विभिन्न कारणों से अभी न कर रहा हो, लेकिन उसका इतिहास और अंतर्राष्ट्रीय राजनीति में स्वतंत्रता के बाद की उसकी भूमिका उसे वह बौद्धिक क्षमता प्रदान करते हैं जो देर-सबेर इस व्यवस्था के प्रति प्रतिरोध के स्वर उठा सकती है। इस कारण भी तीसरी दुनिया के इस महत्वपूर्ण देश को 'काबू में रखने' के लिए क्लिंटन प्रशासन ने नयी मुहिम छेड़ी है।

इतिहास के इस नाजुक और परिवर्तनशील दौर में अमेरिकी प्रशासन के शीत युद्धकालीन सोच से उपज रही राजनीति का चरित्र काफी सतही है और वह सैनिक ताकत को सर्वोच्च मान कर तय की जा रही है। सैनिक ताकत की बड़ी भूमिका हमेशा रही है, लेकिन जितना महत्व शीत युद्ध के स्वयंभू विजेता इसे दे रहे हैं, वह दरजा यह कभी हासिल नहीं कर सकती। आज अमेरिका सैनिक रूप से ताकतवर होने के बूते पर जो व्यवस्था अलोकतांत्रिक तरीकों से विश्व पर थोपना चाहता है, उसमें ही उसकी नैतिक कमजोरी भी निहित है। अमेरिकी प्रशासन की इन नीतियों का मुख्य आधार यही है कि वे इसे ही अंतिम सत्य मान कर चल रहे हैं कि सोवियत मॉडल की विफलता का मतलब अमेरिकी मॉडल की सफलता है। सच तो यह है कि इन दोनों के बीच इस तरह का कोई सीधा संबंध कायम किया ही नहीं जा सकता और जो भी नीतियाँ इस आधार पर तय होंगी, वे विश्व की जमीनी वास्तविकताओं को नकार रही होंगी और उनकी कामयाबी की संभावनाएँ संदेहों और आशंकाओं के घने कोहरे के बीच छिपी होंगी, जिसका एहसास शीत युद्ध के ताजा-ताजा 'विजेता' को नहीं है। कम से कम अभी तो यही लगता है।

क्या यह मुस्लिम समस्या है

सुरेन्द्र मोहन

भारत के अन्य रजवाड़ों की ही तरह जम्मू-कश्मीर में भी जनता ने लोकतांत्रिक शासन की माँग की थी, किंतु उस राज्य में भी उसका दमन किया गया। जब भारत को स्वाधीनता मिली, तब नेशनल कांफ्रेंस के नेता और अखिल भारतीय स्टेट्स पीपुल्स कांफ्रेंस के उपाध्यक्ष शेख मुहम्मद अब्दुल्ला कारावास में बंदी थे। राजा हरि सिंह के प्रशासन ने वाइसराय की कार्यकारी परिषद के उपाध्यक्ष जवाहरलाल नेहरू तक को बंदी बना लिया था। महाराजा हरि सिंह यह सब इसलिए कर रहे थे कि मुस्लिम लीग के नेता मुहम्मद अली जिन्ना पर यह प्रभाव डाल सकें कि वे कांग्रेस के साथ नहीं हैं, भारत के साथ विलय उन्हें नहीं करना है, बल्कि वे चाहते हैं कि जिन्ना साहब भी यह आग्रह न करें कि वह राज्य पाकिस्तान में विलीन हो या कि जनता को लोकतांत्रिक शासन दिया जाये। अतः 15 अगस्त 1947 के दस सप्ताह बाद तक वे भारत व पाकिस्तान से टाल-मटोलवाली बातचीत करते रहे, लोकतांत्रिक आंदोलन को दबाते रहे और सांप्रदायिक शक्तियों को भी प्रोत्साहित करते रहे, ताकि जनता में फूट पड़े और उसका संघर्ष सफल न हो।

इस पृष्ठभूमि में तब से अब तक चली आ रही कश्मीर समस्या के लोकतांत्रिक आयाम को दुबारा देखना जरूरी है। अक्तूबर में कबायली हमलावरों ने कश्मीर में घुसपैठ की। उन्हें पाकिस्तान सरकार ने समर्थन और प्रशिक्षण दिया था और हथियार भी। जब वे हमलावर श्रीनगर के बहुत समीप आ गये तब हरि सिंह के होश उड़े और 25 अक्तूबर 1947 को भारत सरकार से सैनिक सहायता माँगी। भारत ने अपनी सेना भेजने के साथ-साथ इस बात का अनुरोध किया कि नेशनल कांफ्रेंस के नेताओं की रिहाई हो और उन्हें सत्ता सौंपी जाये, ताकि जनता को संगठित कर हमलावरों का मुकाबला किया जा सके। जब हरि सिंह ने विलय का प्रस्ताव किया, तब भी भारत ने उसे इस शर्त के साथ मंजूर किया कि जनता की राय से ही उसे अंतिम रूप दिया जायेगा।

यह एक दूरदर्शितापूर्ण निर्णय था। इससे भारत ने कश्मीरी जनता को भरोसा दिलाया कि वह राजा हरि सिंह को उसका स्वामी नहीं मानती है, न ही उन्हें उनकी तरफ से बोलने का अधिकारी स्वीकार करती है। इससे उसने राजा की दमनकारी नीतियों को पूरी तरह नकार दिया और उनके द्वारा सांप्रदायिक तत्वों के प्रोत्साहन को भी।

भारत इस बुनियादी भूमिका पर टिका नहीं। यही इस समस्या की जड़ है, जो विगत दसियों वर्षों से उसे परेशान कर रही है। ज्यों ही जम्मू-कश्मीर विधान सभा ने आम निर्वाचन के बाद अंतिम विलय के प्रस्ताव को मान्यता दी, केंद्र सरकार ने क्रमशः उन समझौतों की उपेक्षा करना आरंभ कर दिया जो 1947 व 1951 के दौरान उसने राज्य सरकार से किये थे। प्रजा परिषद मूलतः सांप्रदायिक पार्टी थी और उसका आंदोलन राजशाही की पुनर्स्थापना के लिए या जम्मू के अलगाव के लिए था। मई-जून 1953 में वह उग्र बनी। शेख अब्दुल्ला ने उसे रोकना चाहा। उन्हें दंड मिला कि कुछ ही मास बाद उनकी गिरफ्तारी हो गयी। भारत सरकार का चरित्र 1947 तक के महाराजा हरि सिंह जैसा ही हो गया। उसकी लोकतांत्रिक भूमिका लगभग खत्म हो गयी।

निःसंदेह कुछ तत्वों ने पूरी स्थिति को हिंदू-मुस्लिम रंग भी दिया और शेख अब्दुल्ला की देशभक्ति को भी एक छलावा माना। बख्शी गुलाम मुहम्मद उनके उप-प्रधानमंत्री थे, परंतु वे केंद्र सरकार और उसके सुरक्षा बलों आदि के साथ साँठ-गाँठ कर शेख अब्दुल्ला की छवि संदिग्ध बनाते रहे। एक विश्वस्त गृह मंत्री के तौर पर शेख साहब के उन पत्रों को भी रोकते रहे, जो उन्होंने केंद्र को लिखे थे। वे कश्मीर के प्रधानमंत्री पद पर आसीन हो गये। उस घटना के बाद 1977 तक राज्य में जितने आम चुनाव हुए–1962, 1967, 1972 में, सभी में इतनी खुली धाँधलियाँ हुईं कि एक बार जो लोकतंत्र विरोधी रास्ता पकड़ लिया गया था, वही भारत का लक्ष्य बन गया।

शेख अब्दुल्ला और उनके साथियों ने तब भी न तो भारत विरोधी अभियान चलाया न ही पाक-समर्थक। कहीं भी इस घटनाचक्र के चलते हिंदू-मुस्लिम दंगे नहीं हुए। 1964 में सत्ताधारियों ने ही खतरनाक खेल खेला। 1963 में बख्शी गुलाम मुहम्मद को दस वर्ष तक मुख्यमंत्री पद के भोग के बाद कामराज योजना के अंतर्गत हटा दिया गया। उन्होंने परोक्ष और उनके सगे भाई अब्दुल रशीद ने प्रत्यक्ष तौर पर जनता को भड़काने का षडयंत्र किया और हजरतबल दरगाह से मू-ए-मुकद्दस (पैगम्बर मुहम्मद के बाल) को चुपके से चोरी से हटवा दिया। इस पर भारी तोड़फोड़ हुई, किंतु तब भी हिंदू-मुस्लिम दंगे नहीं भड़के।

केंद्र ने निष्पक्ष और स्वतंत्र चुनाव भी नहीं होने दिये और किसी विपक्षी दल को कश्मीर की वादी में सक्रिय भी न होने दिया। अवामी महाज, जनमत

संग्रह मोर्चा (प्लेसिट फ्रंट), लोकतांत्रिक नेशनल कांफ्रेंस, पीपुल्स पार्टी जैसे संगठन बने भी, किंतु वे खुल कर काम नहीं कर सकते थे। केंद्र में सत्तारूढ़ कांग्रेस ने देश भर में प्रचार किया कि यदि कश्मीर को भारत का अविभाज्य अंग रखना है तो लोकतंत्र की हत्या जरूरी है। कभी कश्मीरी जनता पर विश्वास करने की भूमिका अपनायी ही नहीं गयी। उधर जम्मू के इलाके में राजनीतिक गतिविधियों की छूट थी। अर्थात यदि सांप्रदायिकता कहीं झलकी तो केंद्र द्वारा कश्मीर वादी व जम्मू क्षेत्र के प्रति दोमुँहे व्यवहार में।

जम्मू में प्रजा परिषद ने भारतीय जनसंघ में अपने अस्तित्व को विलीन कर लिया था। अतः जनसंघ को कांग्रेस से टकराने के लिए अल्पसंख्यक हिंदू समुदाय की असुरक्षा और सरकारी 'अवहेलनाओं' के विरुद्ध अभियान चलाना ही था। लेकिन इसकी भी प्रतिक्रिया वादी के बहुसंख्यक मुसलमान समुदाय में, बल्कि स्वयं जम्मू के एक मुस्लिम-बहुल भाग पुंछ में भी नहीं हुई। इक्का-दुक्का घटनाओं को छोड़ दें, तो सामान्यतः सांप्रदायिक तनावों को भड़काने के षडयंत्र सफल नहीं हुए।

1965 में भारत-पाक जंग हुई और 1971 में भी। लेकिन घुसपैठियों की शिनाख्त भी दोनों बार वादी के उन राजनीतिक लोगों ने की, जो नेशनल कांफ्रेंस से संबंधित थे। शेख अब्दुल्ला को रिहा भी किया गया और दुबारा बंदी भी बनाया गया। राष्ट्रीय स्तर पर यह प्रचार तो निरंतर चलता रहा कि वे पाकिस्तानी एजेंट हैं और सांप्रदायिक हैं। उनके पक्षधरों ने उनकी सहमति से विदेशी धरती पर कभी कोई सरकार स्थापित नहीं की। न उनमें कोई गंगा सिंह चौहान बना और न ही फिजो।

कश्मीरी जनता के इस व्यवहार में शेख अब्दुल्ला की दी गयी शिक्षा भी है और भारत के शेष भागों में कश्मीर की घटनाओं पर गहरी चिंता, लोकतंत्र की बहाली की माँग और नागरिक अधिकारों की वापसी करनेवाले अनगिनत लोगों की प्रतिबद्धता और निगरानी भी। जयप्रकाश नारायण और उनके मित्रों ने बराबर ये सवाल उठाये तथा स्वतंत्र और निष्पक्ष चुनावों की माँग की। जब उनके नेतृत्व में 1977 में जनता पार्टी केंद्र में कांग्रेस को हरा कर सत्ता में आयी, तो उसकी निगरानी में पहली बार स्वतंत्र चुनाव हुए। तब नेशनल कांफ्रेंस श्रीनगर में सत्तासीन थी। उस चुनाव में उसे छह लाख मत प्राप्त हुए। पहली बार कश्मीरी मतदाताओं ने पच्चीस वर्षों के बाद मतपत्र देखे।

क्या वह मतदान कश्मीर वादी में हिंदू-मुस्लिम आधार पर हुआ ? जी नहीं। विपक्ष के नेता थे मौलाना मुहम्मद मसूवी, जो नेशनल कांफ्रेंस के महासचिव भी रह चुके थे और सांसद भी। अन्य नेताओं में जी. एम. कर्रा थे, अब्दुल गनी लोन थे और प्रेमनाथ बजाज थे। क्या जनता द्वारा स्वतंत्र चुनाव में निर्वाचित विधानसभा

ने एक भी भारत विरोधी प्रस्ताव मान्य किया, जिसका डर दिखा कर चुनावों की धाँधलियाँ जरूरी बतायी जा रही थीं ? 1983 में फिर स्वतंत्र व निष्पक्ष चुनाव हुए। नेशनल कांफ्रेंस सत्ता पर विराजमान थी श्रीनगर में और इंदिरा कांग्रेस दिल्ली में। दोनों में चुनाव संधि नहीं हुई। तब भी नेशनल कांफ्रेंस बहुमत में आयी। क्या उसके प्रचार का आधार हिंदू विरोध या राष्ट्र विरोध था ? वह भी नहीं।

लेकिन सत्ताधारी कांग्रेस ने 1953 वाली अलोकतांत्रिक परम्परा को जारी रखा और 1984 में इस लोकतांत्रिक तौर पर निर्वाचित सरकार को बरखास्त कर दिया। कांग्रेस के कार्यकारी अध्यक्ष स्व. कमलापति त्रिपाठी ने कहा कि वह सरकार केंद्र की आकांक्षाओं के अनुरूप नहीं चली। यहाँ तक आरोप लगाये गये कि तत्कालीन मुख्यमंत्री डॉ. फारूक अब्दुल्ला पाकिस्तानी, खालिस्तानी तत्वों के प्रशिक्षण शिविरों को रोकने में असमर्थ या अक्षम थे। दल बदल के आधार पर गुल शाह की सरकार गद्दी पर बिठायी गयी। किंतु यही फारूक अब्दुल्ला दो वर्ष बाद केंद्र की शासक कांग्रेस पार्टी के प्रिय बन गये। गुल शाह की सरकार बरखास्त कर दी गयी और 1987 के आम चुनाव में फिर वही धाँधली। 1989 के लोकसभा चुनाव में उसे दुहराया गया। 1990 में राष्ट्रीय मोर्चे की सरकार ने कांग्रेसी खेल दुहराया और फारूक मुख्यमंत्री न रहे।

लोकतंत्र के साथ इस मजाक को ध्यान से देखें। तीस वर्षों में केवल दो बार स्वतंत्र चुनाव, उनमें से भी एक बार चुनिंदा सरकार की बरखास्तगी। 1953 को जोड़ दें तो दो बार। जिन शेख साहब को बरखास्त किया गया, उन्हें ही 23 वर्ष बाद वापस ला कर मुख्यमंत्री बनाया गया। उनके बेटे फारूक की सरकार बरखास्त की गयी, वापस लायी गयी, फिर हटायी गयी। गुल शाह को मुख्यमंत्री नियुक्त किया गया और दो वर्ष बाद हटाया भी गया। इस प्रकार जो अन्य मुख्यमंत्री बरखास्त किये गये, उनमें हैं बख्शी गुलाम मुहम्मद, शम्सुद्दीन और गुलाम मुहम्मद सादिक। उनमें से किसी पर भी साम्प्रदायिकता का आरोप नहीं था। अलबत्ता कश्मीर को ऐसे समझा गया कि न तो लोकतांत्रिक प्रक्रिया चलानी है, न राज्यों को सामान्यतः दिये गये अधिकारों को लागू करना है, न प्रशासनिक स्थायित्व बनने देना है और उसे केंद्रस्थ सत्ताधारी दल की निजी जागीर मानना है। अन्य सभी राज्यों से विशिष्ट।

फारूक अब्दुल्ला की बदतरफी 30 जून 1984 को हुई और एन. टी. रामराव आंध्र प्रदेश के मुख्यमंत्री पद से उसके छह हफ्ते बाद हटाये गये। जन आंदोलन उन्हें वापस ले आया। तीन मास बाद लोक सभा चुनावों में उनकी पार्टी तेलुगु देशम को तीन चौथाई स्थान मिले, तो पाँच मास बाद विधान सभा चुनाव में दो तिहाई। कश्मीर में विधान सभा के चुनाव कराये जाते तो यही फल सामने

आता। दोनों राज्यों को भिन्न-भिन्न प्रकार से देख कर क्या सिद्ध किया गया ? यही तो कि शेष भारत के प्रत्येक राज्य के लिए लोकतंत्र है, कश्मीर के लिए नहीं है।

जो मित्र कश्मीर समस्या को हिंदू-मुस्लिम समस्या मानते हैं, उन्हें इस लम्बी, दुखदायी, दोमुँही और विडम्बना भरी कहानी पर गम्भीरता से सोचना चाहिए। तब सम्भवतः वे उस जड़ को पकड़ेंगे जिसने कश्मीरी जनता के पूरे अभिक्रम को सोख लिया है। लोकतंत्र नहीं है तो नागरिक अधिकार नहीं हैं, जवाबदारी नहीं है, नौकरशाही निरंकुश व भ्रष्ट बन जाती है। चाटुकार मसखरों की बन आती है, स्वतंत्र विचारवाले और उत्साही जन जेलों की हवा खाते हैं। क्या आपने कल्पना की है कि 1975 में घोषित आपातकाल अभी तक, उन्नीस वर्ष बाद तक भी, चलता रहता तो जनता की दुर्दशा क्या होती ? कश्मीर में लगभग यही स्थिति है–सेना की निगरानी है, सुरक्षा बल हैं, स्थानीय पुलिस भी है।

अब 1987 के चुनाव की धाँधली के बाद स्थिति में जो गुणात्मक अंतर आया, उसे समझें। फारूक कश्मीरी लोकतांत्रिक आकांक्षा के प्रतीक बन गये थे। उनके द्वारा घुटने टेकने और बख्शी गुलाम मुहम्मद की राह पर जाने से उस आकांक्षा को भारी धक्का लगा और पहली बार बड़े पैमाने पर आवाज उठी कि बैलट नहीं तो बुलेट है। पंजाब को गरमाये तीन वर्ष होने को आये थे। सोवियत संघ, युगोस्लाविया व पूर्वी यूरोप में बदलाव की तेज आँधी बह रही थी। दो वर्ष के अंदर इन सबका विघटन हुआ। नये स्वतंत्र, सम्प्रभु राष्ट्र स्थापित हुए। तब 1989 में ये नारे गूँजे–'आजादी' और 'आजादी इललिल्लाह।' इसे तात्कालिक और विश्व संदर्भो–ऐतिहासिक घटनाचक्र–को ध्यान में रख कर समझना सरल है। जम्मू-कश्मीर लिबरेशन फ्रंट (जे. के. एल. एफ.) बना। उसने पाकिस्तान-परस्त हिजबुल मुजाहिदीन से टक्कर ली। परंतु ज्यों ही राष्ट्रीय मोर्चा सरकार के रेल मंत्री ने कश्मीर विभाग के विशेष प्रभारी मंत्री के तौर पर जे. के. एल. एफ. व अन्य कश्मीरी संगठनों से बातचीत की, उनका यह विशेष भार समाप्त कर दिया गया। इससे केंद्र ने जे. के. एल. एफ. आदि को केवल एक संदेश दिया–'बातचीत की कोई संभावना नहीं है।' संभावना स्वतंत्र चुनाव की भी नहीं है, क्योंकि अब से दो वर्ष पहले विधान सभा भंग कर दी गयी थी, परंतु अभी तक चुनाव घोषित नहीं हुए। इससे अच्छा तो पंजाब ही रहा कि वहाँ जैसे-तैसे चुनाव तो हुए।

आजादी के दीवाने जवानों ने 1989 के अंत और 1990 के आरम्भ में आजादी की तारीखों की घोषणा करना शुरू किया। दुनिया भर के उदाहरण सामने थे। हिज्ब से अधिक प्रभाव भी जमाना था। राज्यपाल जगमोहन ने सख्त दमनकारी

नीति अपनायी। उनमें और मुख्यमंत्री में टकराव था ही। 1984 में भी वे राज्यपाल थे और तत्कालीन प्रदेश कांग्रेस अध्यक्ष मुफ्ती मुहम्मद सईद केंद्र में गृह मंत्री थे, तो तत्कालीन आंतरिक सुरक्षा राज्य मंत्री अरुण नेहरू प्रभावकारी मंत्री। सरकार बदल गयी थी, पर वही तिकड़ी सत्ता पर हावी थी। तब की चोट भूले न थे। तब का एकमात्र प्रतीक फारूक भी खंडित हो चुका था। इस तनाव और विश्व संदर्भों के चलते उत्साहपूर्ण वातावरण में हिज्ब और जे. के. एल. एफ. की प्रतिद्वंद्विता के कारण और राज्यपाल जगमोहन की दमनकारी नीति के फलस्वरूप अनिश्चितता व असुरक्षा से प्रेरित कश्मीरी पंडित समुदाय ने वादी से पलायन करना आरंभ किया। उन्हें न तो राज्यपाल ने रोका न ही केंद्र सरकार ने। जो तत्व दस बरसों से साम्प्रदायिकता की दागबेल बोने में असफल रहे थे, उनको नया अवसर मिला। अफवाहों के बाजार गर्म हुए, किसी खोज-बीन या जाँच के बिना न जाने क्या-क्या लिखा व प्रकाशित किया गया। हिज्ब भी खुल कर खेला और पाकिस्तान की आइ. एस. आइ. भी। 'ऑपरेशन टोपाज' तो पहले ही निर्धारित किया जा चुका था।

किंतु 1990 की मई में भी कोई व्यक्ति उन नारियों के नामों की कोई सूची न दे पाया, जो आंदोलनकारियों द्वारा अगवा की गयी थीं या बलात्कार का शिकार बनायी गयी थीं। न ही किसी ने यह शिकायत–सप्रमाण और ठोस–की कि वह जिस मकान, दुकान या बगीचे को छह या तीन मास पहले असुरक्षित छोड़ आया था, उसे लूटा गया या उस पर कब्जा किया गया। केदारनाथ साहनी तब भाजपा के राष्ट्रीय महासचिव थे और सरकार द्वारा नियुक्त जम्मू-कश्मीर सलाहकार समिति के सदस्य। इस तथ्य का उल्लेख स्वयं उन्होंने अपने दल को दी गयी रिपोर्ट में किया है।

निःसंदेह बहुत-से प्रमुख व साधारण लोगों की नृशंस हत्याएँ हुई हैं। वे मुस्लिम भी थे और हिंदू भी। कहीं-कहीं धार्मिक पूजागृहों को भी चोट पहुँचायी गयी। परंतु जैसा कि प्रसिद्ध प्रत्रकार बी. जी. वर्गीस, पूर्व संपादक हिंदुस्तान टाइम्स, ने अपनी रिपोर्ट में लिखा है, बड़ी संख्या में पूजा गृहों का ध्वंस कोरी कपोल कल्पना है।

हाल ही के हजरतबलवाले घटनाक्रम पर ध्यान दें। कुछ गर्मजोश राष्ट्रवादी और भाजपा के नेता सरकार पर दबाव देते रहे कि हमला करो, अंदर घुस कर आतंकवादियों को बाहर निकालो। सरकार उत्तेजित नहीं हुई। राज्यपाल कृष्ण राव ने धैर्य और संकल्प दिखा कर दरगाह को खाली भी करा लिया और उस पर आँच भी न आने दी।

अतः कश्मीर सांप्रदायिक या मुस्लिम समस्या नहीं है। वह समस्या लोकतंत्र की समस्या है और जैसे अस्मिता संबंधी प्रश्न विभिन्न राज्यों, क्षेत्रों और भाषा

समूहों में उठ रहे हैं और अधिक स्वायत्तता की माँग कर आर्थिक व सांस्कृतिक विकास की दिशा को क्षेत्र-समुदाय विशेष के अनुरूप बनाना चाहते हैं, वैसी ही अस्मिता और स्वायत्तता की समस्या है। चालीस वर्षों के लंबे दुर्भाग्यपूर्ण अंतराल के बाद भी जनता पर विश्वास करना, उसके लोकतांत्रिक अधिकारों का सम्मान करना और उसे स्वशासन के वे सभी अवसर देना, जो अन्य सब राज्यों को संवैधानिक तौर पर प्राप्त हैं–यही एकमात्र मार्ग है जो हालात को बदल सकता है। कश्मीर की घाटी, जम्मू और लद्दाख के बीच अस्मिता के इन सवालों का सामना करना पड़ेगा।

भाजपा की कश्मीर दृष्टि

गीता पुरी

भारतीय जनता पार्टी (भाजपा) के हिंदुत्व अभियान में 1989 के बाद जो तेजी आयी है, उसका संबंध मुख्यतः राम जन्मभूमि-बाबरी मस्जिद विवाद से माना जाता है, किंतु उसकी ऐतिहासिक और प्रेरणामूलक जड़ें भारतीय जनसंघ और पश्चात्‌वर्ती भाजपा के उन नजरियों और प्रतिक्रियाओं में हैं जो 'कश्मीर समस्या' के संदर्भ में पैदा हुए। वस्तुतः कश्मीर पर भाजपा का नजरिया सांस्कृतिक राष्ट्रीयता की विचारधारा, जिसका प्रभावशाली प्रतिनिधित्व आडवाणी की 1990 की प्रसिद्ध रथ यात्रा के द्वारा हुआ, का उतना ही अपरिहार्य अंग था, जितना जोशी की लगभग विफल 'एकता यात्रा' का, जो कन्या कुमारी से शुरू हुई और 26 जनवरी 1992 को भारी सुरक्षा के बीच श्रीनगर में राष्ट्रीय ध्वज फहराने में सम्पन्न।

जम्मू और कश्मीर को विशेष दरजा प्रदान करनेवाले भारतीय संविधान के अनुच्छेद 370 को समाप्त कर भारत के साथ कश्मीर का 'पूर्ण विलय' भाजपा की हिंदू राष्ट्रीयता का एक प्रमुख आधार-स्तंभ रहा है। इसी के सहारे उसने अपना खास राजनीतिक अभियान चलाया है। 1989 के बाद भाजपा की चुनाव-प्रेरित यात्राओं में कश्मीर का स्थान लगभग केन्द्रीय रहा है।

पाकिस्तान से जुड़े हुए मुद्दे, अनुच्छेद 370 की समाप्ति, पाकिस्तान और बाँग्लादेश में हिंदुओं की स्थिति तथा अल्पसंख्यकों का तुष्टीकरण (जिसे 'अल्पसंख्यकवाद' की संज्ञा दी गयी है)—यही वे मुद्दे हैं जो भाजपा की राजनीतिक कार्य नीति और अभियानों की रचना करते हैं। इन्हीं मुद्दों से हिंदुत्व के दर्शन और सांस्कृतिक राष्ट्रीयता की विचारधारा का निर्माण होता है। किसी भी अन्य पार्टी ने कश्मीर के मुद्दे को इतने जोर-शोर से नहीं उठाया है। भाजपा के कश्मीर अभियान ने देश के शहरी हिंदुओं को बेहद प्रभावित किया है और उन हिंदू शरणार्थियों को विशेष रूप से उद्वेलित, जो 1947 में भारत विभाजन के बाद इस देश में आये और जो भावनात्मक रूप से विध्वस्त, सामाजिक रूप से अपनी जड़ों से उखड़े

हुए तथा आर्थिक रूप से छिन्न-भिन्न थे। लेकिन कश्मीर के मामले में भाजपा की इस आक्रामक राष्ट्रवादी मुद्रा ने उन सामाजिक और राजनीतिक समूहों को विरक्त भी किया, जो क्षेत्रीय आकांक्षाओं को मान्यता देने की जरूरत अनुभव करते हैं। भाजपा की इस नीति ने अल्पसंख्यकों को, जिनमें मुसलमानों का स्थान महत्वपूर्ण है, नाराज किया, जिन्हें लगता है कि पार्टी की कश्मीर नीति अल्पसंख्यकों के प्रति उसके अविश्वास और अल्पसंख्यकों के अधिकारों के प्रति उसकी निषेधवादी दृष्टि से ही उपजी है।

भाजपा को इस बात का फख्र है कि उसकी कश्मीर नीति सही साबित हुई है और संयुक्त राष्ट्र संघ में भारत सरकार की दलीलें लगभग वैसी ही रही हैं जो उसकी हैं। जौनपुर में 20 अप्रैल 1957 को पारित एक प्रस्ताव में भारतीय जनसंघ की कार्य समिति ने घोषित किया था, 'यह दर्ज करते हुए प्रसन्नता होती है कि सरकार ने अन्ततः जनसंघ द्वारा बहुधा दुहराये गये इस नजरिये को स्वीकार कर लिया है कि कश्मीर भारत का अविच्छिन्न अंग है, कि कश्मीर के शासक द्वारा हस्ताक्षरित विलय पत्र के माध्यम से भारत में कश्मीर का विलय अंतिम और अटल है तथा निर्णीत तथ्यों को पुनर्निर्णीत करने के लिए जनमत संग्रह की कोई आवश्यकता नहीं है।' कार्य समिति ने यह माँग दुहरायी कि अनुच्छेद 370 को रद्द कर शेष भारत के साथ जम्मू-कश्मीर की एकता को पूर्ण किया जाये और कश्मीर में भारतीय संविधान को पूरी तरह लागू किया जाये। जनसंघ का विचार था कि भारत सरकार की इस घोषणा को कि कश्मीर भारत का अविच्छिन्न अंग है, यथार्थ का रंग देने के लिए आवश्यक है कि अनुच्छेद 370 को खत्म कर दिया जाये।

यह मानने का कारण है कि कश्मीर के मामले में भाजपा के सतत प्रचार ने सत्तारूढ़ कांग्रेस की कश्मीर नीति में गुणात्मक परिवर्तन लाने में भी सफलता हासिल की है।

लेकिन बाद के चुनावों में अनुच्छेद 370 को रद्द करने की माँग उतने निर्णायक महत्व की नहीं रह गयी। 1973-74 में तो जनसंघ जेपी आंदोलन का एक शक्तिशाली घटक बन चुका था। 1975-77 की अवधि में जनसंघ ने लोकतंत्र बहाली के अपातकाल विरोधी आंदोलनों में महत्वपूर्ण भूमिका अदा की। इन आंदोलनों में हिस्सेदारी राष्ट्रीय स्वयंसेवक संघ-भारतीय जनसंघ के लिए एक नया राजनीतिक अनुभव था। इन अनुभवों ने पार्टी को अपनी उग्र राष्ट्रवादी प्रेरणाओं पर पुनर्विचार करने का अवसर दिया। पार्टी की विचारधारा में लोकतांत्रिक मूल्यों तथा सामाजिक-आर्थिक यथार्थ के विभिन्न पहलुओं पर कुछ आग्रह दिखाई दिया।

यह दिलचस्प है कि जनता सरकार (1977-79) के दौरान भारतीय जनसंघ अनेक मुद्दों पर अपने पूर्ववर्ती नजरिये से काफी दूर चला गया था। उदाहरण के

लिए विदेश नीति के सवालों पर पूर्व जनसंघ के रुख और जनता सरकार के विदेश मंत्री, जो जनसंघ के ही थे, अटल बिहारी वाजपेयी द्वारा दिखलाये गये सुझावों में काफी फर्क था। जनसंघ की विदेश नीति का मुख्य आधार था पाकिस्तान और चीन से संघर्ष तथा सोवियत संघ के प्रति अविश्वास। यह उसके उग्र राष्ट्रवादी नजरिये की ही अभिव्यक्ति थी। उसने बार-बार इसके लिए कांग्रेस सरकार की भर्त्सना की थी कि वह पाकिस्तान का तुष्टीकरण करती है, अनुच्छेद 370 को समाप्त न कर कश्मीर मामले को बिगाड़ रही है, बाँग्लादेश में हिंदू हितों की उपेक्षा कर रही है तथा सोवियत संघ की ओर झुकाव दिखा रही है। लेकिन जनता सरकार के दौर में जनसंघ के नेताओं ने भी पूरी तरह नहीं तो काफी हद तक इसी नीति का पालन किया।

1980-84 के चरण में भाजपा जेपी आंदोलन की प्रगतिशील विरासत पर जोर देती रही है और जनसंघवाले दौर की नीतिगत एकांगिकताओं को छोड़ नहीं दिया तो उन पर बहुत कम आग्रह किया। लेकिन 1984 के संसदीय चुनावों में पार्टी की शोचनीय पराजय ने स्थिति को पूरी तरह बदल दिया। वस्तुतः भाजपा की इस हार का कारण श्रीमती इंदिरा गाँधी की हत्या की पृष्ठभूमि में राजीव गाँधी की कांग्रेस द्वारा 'स्थिरता' के नारे तले उस सामाजिक आधार का अपहरण कर लेना था, जो मूलतः भाजपा का था। इसका नतीजा यह हुआ कि अपनी 1980-84 की नीतियों को जारी रखने के बजाय भाजपा ने फिर उन्हीं नीतियों को कब्र से निकाला, जो उसके जनसंघ काल की थीं। 1989 के बाद भाजपा की हिंदुत्ववादी विचारधारा का जिस तरह विकास हुआ, उसमें पार्टी की कश्मीर नीति का निर्णायक महत्व है।

अनुच्छेद 370 को समाप्त करने तथा कश्मीर में उग्रवाद तथा आतंकवाद का मुकाबला करने के लिए कठोर कदम उठाने की भाजपा की माँग ने न केवल उसके कार्यकर्ताओं का उत्साह बढ़ाया है, बल्कि भारतीय जनसाधारण के एक बहुत बड़े हिस्से को प्रभावित किया है। लेकिन विडंबना यह है कि यद्यपि भाजपा ने जम्मू के अधिकारों के लिए शक्तिशाली ढंग से संघर्ष किया है और विकास, संसाधनों का आबंटन, नौकरियों का आरक्षण आदि मामलों में जम्मू के साथ कथित भेदभाव तथा 'कश्मीर वर्चस्व' के विरुद्ध आवाज उठायी है, किंतु उसने कश्मीरियों की लोकतांत्रिक आकांक्षाओं का पक्ष कभी नहीं लिया। साथ ही, उसने राज्य के तीनों प्रमुख हिस्सों–कश्मीर घाटी, जम्मू और लद्दाख–की भावनात्मक एकात्मकता के लिए किसी सांस्थानिक व्यवस्था के बारे में कभी कोई सुझाव नहीं दिया। इसके विपरीत उसने कश्मीर के भीतरी पुनर्गठन के लिए 'स्वायत्तता' के आंदोलनों का विरोध ही किया है। इस तरह भाजपा का मुख्य विपक्षी दल होना कश्मीर की सत्तारूढ़ पार्टी के अनुकूल ही रहा, क्योंकि भाजपा जम्मू और कश्मीर की स्वायत्तता

के विरुद्ध अभियान चला कर जम्मू के असंतोष को क्षेत्रीय तनाव में बदलने में मददगार साबित होती थी। जम्मू को भाजपा का क्षेत्र माना जाता है, किंतु वहाँ भाजपा को चुनाव में कभी उल्लेखनीय सफलता नहीं मिली। इसका कारण जम्मू का विशेष सामाजिक ढाँचा है। वहाँ 34 प्रतिशत से अधिक मुसलमान हैं, 6 प्रतिशत सिख हैं और 18 प्रतिशत अनुसूचित जातियाँ। इस तरह जम्मू में भाजपा का समर्थक समुदाय सिर्फ उच्च जातियों के हिंदू हैं, जिनका कुछ ही चुनाव क्षेत्रों में बहुमत हैं।

यह दिलचस्प है कि 1991 के संसदीय चुनावों में, जब भाजपा को सबसे बड़े विपक्षी दल के रूप में उभरने का अवसर मिला, वह जम्मू के दो संसदीय चुनाव क्षेत्रों के एक भी विधान सभा चुनाव क्षेत्र में बहुमत हासिल नहीं कर पायी। लेकिन दिलचस्प यह भी है कि कश्मीर के अलगाववादी समूहों का भी भाजपा में एक तरह का निहित स्वार्थ पैदा हो गया, क्योंकि वह कश्मीर विरोधी और मुस्लिम विरोधी भावना का प्रतिनिधित्व करती है। वस्तुतः भाजपा की राजनीति ने, सचेतन या अवचेतन रूप से, जम्मू-कश्मीर में साम्प्रदायिक और क्षेत्रीय विभाजन की भावना को मजबूत किया है। भाजपा भावनात्मक या राजनीतिक किसी भी स्तर पर राज्य के दो प्रमुख हिस्सों–कश्मीर और जम्मू के–के बीच कोई पुल नहीं बना सकी। उसके विपरीत उसने उन पुलों को नष्ट ही किया, जो पहले से बने हुए थे। इस कारण कश्मीर समस्या की जटिलता और बढ़ी है।

कश्मीर के अलगाववादी उग्रवाद को पाकिस्तान की आर्थिक तथा अन्य प्रकार की मदद के विरुद्ध तीखे आक्रोश तथा पाकिस्तान के बारे में भाजपाई नजरिये में देश की दूसरी सभी पार्टियों का साझा है–कांग्रेस का भी। भाजपा को गर्व है कि उसकी सतत कोशिशों से ही संसद ने कश्मीर पर सर्वसम्मति से संकल्प स्वीकार किया। भाजपा मानव अधिकारों पर जिनीवा सम्मेलन में पाकिस्तान की पराजय का श्रेय उचित ही स्वयं को देती है। जिनीवा में भारतीय दल का नेतृत्व भाजपा के वरिष्ठ नेता अटलबिहारी वाजपेयी कर रहे थे। भाजपा का मानना है कि जिनीवा बाद की स्थिति ने भारत सरकार को कश्मीर की स्थिति में सख्ती से हस्तक्षेप करने का अवसर दिया है। भाजपा ने अपने हैदराबाद अधिवेशन (20-22 मार्च 1994) में माँग की है कि नियंत्रण रेखा के उस पार से धन, हथियार और अन्य प्रकार की मदद आने से रोकने के लिए सीमाओं को 'सील' किया जाये, राज्य के प्रशासन से उग्रवाद समर्थक कर्मचारियों को हटाया जाये, उन दो लाख से ज्यादा पूर्व-सैनिकों की सेवाओं का इस्तेमाल किया जाये जो राज्य में रहते हैं और स्थानीय स्थितियों से अवगत हैं तथा मंत्रियों और अधिकारियों को परस्पर विरोधी बयान देने को रोका जाये।

भाजपा की कश्मीर दृष्टि हिंदुत्व और राष्ट्रीयता को एकमएक कर देने के

उसके मौजूदा अभियान के फ्रेम में बिल्कुल 'फिट' बैठती है। कश्मीर में मौजूदा अलगाववादी चुनौतियों और खतरों का भाजपाई समाधान विशुद्ध प्रशासनिक है। उसका खयाल है कि सिर्फ प्रशासनिक सख्ती से ही कश्मीर की राजनीतिक समस्या का समाधान किया जा सकता है।

स्पष्टतः यह एक संकीर्ण और यथार्थ-विरोधी दृष्टिकोण है। कश्मीर में अलगाववादी आंदोलन का उदय कई परस्पर-गुंफित घटकों के मेल से हुआ है–संजातीय (एथनिक), आर्थिक और लोकतांत्रिक अधिकारों का प्रतिषेध। भाजपा को मुख्य धारा की अन्य पार्टियों से ज्यादा हक है कि वह कश्मीर में उग्रवाद और अलगाववाद के विकास के लिए पाकिस्तान को जिम्मेदार ठहराये। लेकिन भाजपा को हिंदू राष्ट्रवाद, सांस्कृतिक वर्चस्ववाद और सांस्कृतिक अनुरक्षणवाद का प्रतीक माना जाता है। कश्मीर में धार्मिक-संजातीय पहचान पर आक्रामक आग्रह प्रदर्शित कर कश्मीर के अलगाववाद को क्या वह और मजबूत नहीं करेगी ? ऐसा लगता है कि भाजपा को स्वतंत्र भारत में अलगाववादी आंदोलनों की जड़ों का ही एहसास नहीं है, जो विकास की प्रक्रिया और भारतीय राज्य के चरित्र में कोई भी देख सकता है। इसके विपरीत अलगाववादी परिदृश्य की भाजपा की समझ राष्ट्रवादी अतीत-राग और देशभक्तिपूर्ण आवेग की झंकारें तो पैदा करती है, किंतु उसमें एक ओर वर्ग, संजातीयता और क्षेत्रीय अस्मिता के बीच अर्थपूर्ण अंतर्संबंधों की कोई चेतना नहीं है तो दूसरी ओर वह आर्थिक विकास तथा सामाजिक समता के रिश्तों को अनदेखा करती है। भाजपा की उग्र राष्ट्रवादी उद्घोषणाएँ, जो मूलतः राजक्षेत्रीय, निरंकुश, सत्तावादी और भीड़वादी राष्ट्रीयता की उपज हैं, सांस्कृतिक बहुलवाद और जटिल राष्ट्रीय चेतना के लिए कोई गुंजाइश नहीं छोड़तीं।

सच तो यह है कि यदि भाजपा अनुच्छेद 370 को समाप्त करने की अपनी जिद छोड़ दे और 'कश्मीरी राष्ट्रीयता' का आदर करने लगे, तो उसकी पहचान का संकट तीव्रतर हो जायेगा। अपनी इसी माँग के कारण भाजपा ने अपने उत्साही समर्थकों का एक बड़ा वर्ग तैयार किया है। यह सच है कि भाजपा की पाकिस्तान नीति अन्य पार्टियों की पाकिस्तान नीति के अनुरूप ही है, लेकिन उसकी कश्मीर नीति अकेला सबसे बड़ा कारण है कि कश्मीर समस्या के आंतरिक पहलुओं और चुनौतियों पर कोई सर्वदलीय राष्ट्रीय सहमति नहीं बन पायी है। ऐसी कोई भी सही सहमति लोकतांत्रिक राष्ट्रीयता और सांस्कृतिक बहुलवाद के आधार पर ही बन सकती है।

समस्या तो खुद हम हैं

जवाहरलाल कौल

भारतीय राजनीति के दिशाभ्रम की सबसे बड़ी मिसाल देनी हो तो कश्मीर कहना पर्याप्त है। यह दिशाभ्रम सिर्फ सत्तारूढ़ सरकारों और उनसे जुड़े राजनीतिकों का ही नहीं रहा है, विपक्ष के अधिकतर नेताओं का भी है और सर्वज्ञता का दंभ पालनेवाले बौद्धिकों का भी। कुछ तो इसलिए कि आजादी मिलने के समय से ही जो नेता राजनीति के शीर्ष पर थे और देश के नीति निर्णायक बन गये थे, वे कश्मीर के बारे में अपने अज्ञान को ही अपनी विशेषज्ञता मान बैठे थे। कुछ इसलिए भी कि सत्ताप्राप्ति की धुन में एक ऐसी राजनैतिक प्रक्रिया शुरू हो गयी थी जो न तो राष्ट्रहित में थी और न तार्किक। जो त्रासदी आज कश्मीरी जनता के साथ पूरा भारत और पाकिस्तान भोग रहे हैं, उसके लिए परिस्थितियाँ हमारे ही नेताओं ने 1947 और 1949 के बीच पैदा कर दी थीं। राष्ट्र संघ में कश्मीर की समस्या हमारे ही नेता ले गये थे और हमारे ही नेताओं ने इस विश्व संगठन को आश्वासन दिया था कि जम्मू-कश्मीर में इस बात पर जनमत संग्रह कराया जायेगा कि वहाँ के लोग भारत में रहना चाहते हैं कि पाकिस्तान में। आज जब पाकिस्तान और उसके मित्र राष्ट्र संघ के प्रस्ताव को लागू करने की माँग करते हैं, तो हमें अपने बचाव में द्रविड़ प्राणायाम करना पड़ता है।

इस भूल का कारण यही है कि जवाहरलाल नेहरू हर समस्या, समाज, विचारधारा और क्षेत्र के बारे में एक काल्पनिक तस्वीर बना लेते थे और मान लेते थे कि वही असली तस्वीर है। शेख अब्दुल्ला ने उन्हें बताया था कि कश्मीर 'सांप्रदायिक सद्भाव' की प्रयोगशाला है, जिसमें से हिंदू, मुसलमान, सिख और बौद्ध संप्रदायों का एक समन्वित और अविभाज्य समाज बन कर निकल रहा है। पंडित जी ने यह सवाल अपने आपसे पूछने की आवश्यकता महसूस ही नहीं की कि यही दावा वे और भारतीय राष्ट्रीय कांग्रेस के नेता पूरे भारत के बारे में करते रहे, फिर देश विभाजित क्यों हुआ ? जिन भावनाओं, विचारधाराओं और विदेशी

कुचक्रों ने भारतीय समाज को एक नहीं रहने दिया, उनका असर कश्मीर पर कैसे नहीं पड़ सकता था ? वे इस गलतफहमी में भी थे कि धीरे-धीरे भारत और पाकिस्तान अपने मतभेद भुला देंगे और भारतीय राष्ट्र और कश्मीरी समाज में भी धर्मनिरपेक्षता जनजीवन का सांस्कृतिक और राष्ट्रीय स्वभाव बन जायेगी। लेकिन उनके विश्वास क्योंकि तार्किक नहीं थे, इसलिए प्रभावशाली नहीं हो सकते थे। कश्मीर में पहले क्षेत्रीय अलगाव बढ़ने लगा, फिर सांप्रदायिक दुराव पनपा और अंत में राष्ट्रीय अलगाव ने जड़ें पकड़ लीं। इसीलिए जब कोई जनमत संग्रह की बात छेड़ता है, तो भारतीय नेताओं को लगता है कि कश्मीर घाटी हाथ से जा रही है। यह मानने का भारतीय सत्तारूढ़ नेताओं को साहस नहीं होता कि कश्मीर को इस स्थिति तक ले जाने में उन्हीं कश्मीर नेताओं का सक्रिय हाथ रहा है जो कश्मीर को सांप्रदायिक सद्भाव की प्रयोग भूमि कहते थे और भारतीय सत्तारूढ़ नेताओं ने इस प्रक्रिया को दृढ़ करने में परोक्ष या निष्क्रिय भूमिका निभायी।

कश्मीर के संकट को सही संदर्भ में समझने के लिए पहले जम्मू-कश्मीर और वहाँ के समाज को पहचानना आवश्यक है।

1947 में रियासत जम्मू व कश्मीर छह भौगोलिक क्षेत्रों का राज्य था। हालाँकि सरकारी कागजों में तीन ही की साफ पहचान की गयी थी–जम्मू, कश्मीर और तिब्बतहाय तथा जम्मू, कश्मीर और लद्दाख को तीन अलग इकाइयाँ माना गया था। लेकिन तिब्बतहाय यानी तिब्बत आदि से मतलब लद्दाख, बलिस्तान और गिलगित से लिया जाता था, जो तिब्बत की सीमा पर थे और जहाँ बोट या बल्ती जातियाँ रहती थीं। लद्दाख में लद्दाख और कर्गिल शामिल थे, तो स्कर्दू और आसपास का इलाका बल्तिस्तान कहा जाता था। गिलगित काफी समय से लगभग स्वायत्त क्षेत्र रहा है। कश्मीर घाटी एक ओर बनिहाल पहाड़ियों के रास्ते से जम्मू से मिलती है, तो झेलम वैली रोड के रास्ते मुजफ्फराबाद से। आज इस क्षेत्र में वास्तविक नियंत्रण रेखा ऊड़ी के पास है। यहीं से मुजफ्फराबाद का इलाका आरंभ होता है, जिसे पाकिस्तान ने अपने अधिकार में कर लिया है। यह क्षेत्र कोहाला पहाड़ी तक जाता है, जहाँ पाकिस्तानी पंजाब की सीमा है। यह इलाका न भौगोलिक रूप से कश्मीर घाटी का हिस्सा है और न भाषा और नस्ल के आधार पर। इस कथित 'आजाद कश्मीर' की सीमाएँ जम्मू से मिलती हैं।

जम्मू-कश्मीर जातीय दृष्टि से भी सिर्फ घाटी के कश्मीरियों और जम्मू के डोगरों का ही राज्य नहीं है। लद्दाखी बोट (भोट) जातीय और धार्मिक रूप से तिब्बत से जुड़े हैं, तो बल्ली मध्य एशियाई कबायली नस्ल के हैं। कथित आजाद कश्मीर के अधिकतर लोग पहाड़ी-पंजाबी मूल के हैं। कश्मीर घाटी में कश्मीरी पंडित और मुसलमानों की नस्ल एक ही है, लेकिन धार्मिक रूप से भिन्नता है। जम्मू के डोगरे राजपूत माने जाते हैं। इनमें से कुछ मुसलमान भी हो गये हैं।

बीसवीं सदी के पहले चरण तक जम्मू-कश्मीर के बहुधर्मी और विभिन्न नस्ली मूलों के इस समाज में आपसी सहमति और सांस्कृतिक आदान-प्रदान की प्रक्रिया जारी रही। इतिहास के क्रूर कालखण्डों के बावजूद मिलन और सहमति की यह धारा चलती रही। यह मध्यकालीन संत परंपरा की देन थी। इसमें हिंदू वेदांती और तांत्रिक भी थे, तो मुसलमान सूफी भी।

लेकिन इस सदी के दूसरे चरण में भारत में चलनेवाली हवा कश्मीर को भी लग गयी। बहुत-से लोग नहीं जानते कि शेख मुहम्मद अब्दुल्ला की नेशनल कांफ्रेंस शुरू में मुस्लिम कांफ्रेंस ही थी। जवाहरलाल नेहरू के आश्वासन पर जब शेख साहब ने रोमी टोपी (इस टोपी को कमाल अतातुर्क के समय में मुस्लिम बिरादरी के उत्कर्ष का प्रतीक बना दिया गया था) छोड़ कर कराहकुल्ली (फर की टोपी) धारण की, तो मुस्लिम कांफ्रेंस नेशनल कांफ्रेंस में बदल गयी। तीसरी दुनिया को रास्ता दिखाने का दावा करनेवाले भारतीय राजनेता इस सरल और स्वाभाविक संभावना को नहीं समझ पाये कि उपमहाद्वीप में बहनेवाली दुराव की लहर कश्मीर को भी अलग-अलग दिशाओं में तोड़ने लगेगी।

मौजूदा उपद्रव की उग्रता की वजह सिर्फ यही नहीं है कि पाकिस्तान ने आतंकवाद के माध्यम से एक छद्म युद्ध शुरू किया है। यह आतंकवादी युद्ध पाकिस्तान लड़ पा रहा है और कश्मीर प्रशासन को पंगु बनाने में कामयाब हो पा रहा है, यह भी विखंडन की उन शक्तिशाली धाराओं के कारण ही संभव है जो पिछले चालीस साल में इस राज्य को अलग-अलग दिशाओं में खींचती रही हैं। 1952 में ही इस बिखराव की शुरुआत हुई, जब शेख अब्दुल्ला के मन में एक स्वतंत्र कश्मीर की कामना जगी। पश्चिमी देशों से सीधे संपर्क स्थापित कर कश्मीर में पश्चिम की रुचि जगाने की इस कोशिश से भारत के चौंकने का मौका तो बाद में आया, जम्मू-कश्मीर के लोग पहले ही चौंक गये थे। इसी के विरोध में जम्मू के लोगों ने आंदोलन शुरू किया। आंदोलन का एक कारण यह भी था कि शेख अब्दुल्ला की सरकार जम्मू और लद्दाख के प्रति बेरुखी का व्यवहार करती रही थी, लेकिन आंदोलन को धार इस आशंका ने दी कि कश्मीर को भारत से दूर करने का कुचक्र चलाया जा रहा है। स्थानीय राजनैतिक दल प्रजा परिषद के नेतृत्व में चलनेवाले इस आंदोलन का नारा था–एक विधान, एक निशान, एक प्रधान। यहाँ याद दिलाना आवश्यक है कि उन दिनों कश्मीर का एक अलग संविधान था (जो अब भी है), एक सदरे रियासत होता था और अलग झंडा था। प्रजा परिषद का आंदोलन कश्मीर के भारत में पूर्ण विलय के लिए चला था। लेकिन शेख अब्दुल्ला इससे इतने विचलित हुए कि उन्होंने सार्वजनिक मंचों से जम्मू के

लोगों और भारत सरकार के खिलाफ भाषण देना शुरू कर दिया। उन्हीं दिनों भारतीय जनसंघ के संस्थापक श्यामाप्रसाद मुखर्जी ने परमिट प्रणाली का उल्लंघन कर जम्मू में प्रवेश किया। उन दिनों जम्मू-कश्मीर में प्रवेश करने के लिए हर भारतीय को परमिट बनवाना पड़ता था। मुखर्जी को गिरफ्तार किया गया और जेल में ही उनकी मृत्यु हो गयी।

शेख अब्दुल्ला की गिरफ्तारी के बाद कुछ साल तक माहौल शांत रहा, लेकिन कश्मीर घाटी में अलगाव के जो बीज बोये गये थे, वे अंकुरित होने लगे, क्योंकि भारत सरकार ने ऐसा कोई भी काम नहीं किया, जिससे कश्मीर में क्षेत्रीय संतुलन बनता और पूरे राज्य में सही मायने में लोकतांत्रिक शासन स्थापित होता और न राज्य में आर्थिक विकास की कोई व्यापक योजना बनी। पूरे राज्य का अर्थतंत्र केंद्रीय अनुदान पर निर्भर होने लगा और औद्योगिक गतिविधियों के आगे लगभग विराम लग गया। कश्मीर घाटी की तुलना में जम्मू और लद्दाख के प्रति स्पष्ट भेदभाव झलकने लगा। इसलिए जो क्षेत्रीय असंतोष शेख अब्दुल्ला की गिरफ्तारी के बाद कम हुआ था, दूसरे रूपों में उभरने लगा।

लद्दाख जम्मू-कश्मीर का ही सबसे बड़ा जिला नहीं था, बल्कि देश के तीन बड़े जिलों में से एक था। पहाड़ी होने के अलावा कृषि की दृष्टि से अत्यंत पिछड़े इस जिले को शुरू से सौतेला व्यवहार मिला। शेख अब्दुल्ला के शासन काल में लद्दाख के लोगों ने आर्थिक विकास के लिए आवाज उठायी। लेकिन इस माँग पर विचार करने के बदले कश्मीर सरकार ने इसे हर तरह से दबाने की कोशिश की। स्वाभाविक था कि यह राजनैतिक और धार्मिक आंदोलन का रूप लेता। जवाबी कार्रवाई में प्रशासन ने लद्दाख को धार्मिक और जातीय आधार पर दो जिलों–लद्दाख और कर्गिल–में बाँट दिया। कर्गिल में बहुसंख्या मुसलमानों की है। लद्दाखी बौद्धों की राजनैतिक शक्ति घटाने के लिए ही जांस्वार के बौद्ध क्षेत्र को कर्गिल में शामिल किया गया। लद्दाख को पहले मंत्रिमंडल में प्रतिनिधित्व मिलता था, वह भी जाता रहा। लद्दाखियों ने अनुसूचित जनजाति का दरजा माँगा तो पहले अनुच्छेद 370 के बहाने से उसे नकारा गया, फिर कर्गिल के लोगों के हितों के बहाने लद्दाखी समाज में विभाजन करवाया गया। इस नकारात्मक नीति के कारण लद्दाख ने कश्मीर से अलग हो कर केंद्रीय शासन लागू करने की माँग की। सांप्रदायिक कटुता इस हद तक बढ़ गयी कि बौद्धों ने बौद्ध मंदिरों में मुसलमान गाइडों का प्रवेश बंद कर दिया। धर्म परिवर्तन के मामले गंभीर सांप्रदायिक टकराव के मुद्दे बन गये।

दुराव का अगला मोर्चा अब जम्मू में खुल गया है। जम्मू के जो लोग शुरू में जम्मू-कश्मीर के पूर्ण विलय के लिए संघर्ष के लिए खड़े हुए थे, वही अब जम्मू को कश्मीर से अलग करने का अभियान चलाने पर उतारू हो गये हैं। तीसरा

मोर्चा कश्मीरी पंडितों ने खोल दिया है जो 'पनुन कश्मीर' के नाम से घाटी में एक केंद्र शासित राज्य की माँग करने लगे हैं।

इसलिए आज कश्मीर की समस्या सिर्फ भारत और पाकिस्तान के बीच विवाद का विषय नहीं है, राज्य के विभिन्न क्षेत्रों और जातियों के एक-दूसरे से अलग होने की प्रक्रिया की समस्या भी है। पिछले 45 सालों में कश्मीरी और भारतीय नेताओं ने जम्मू-कश्मीर के समाज को टूट के एक रास्ते पर धकेल दिया है। कारण साफ है कि भारतीय नेताओं ने कश्मीर की समस्या को न तो कश्मीर के हित की दृष्टि से देखा, न भारत के व्यापक हितों के दायरे में। इसलिए बार-बार थोड़े-से राजनैतिक मोहरों को उलट-पलट कर सत्तासीन करना ही भारत सरकार का मुख्य काम रहा है। यही कारण है कि जब कोई कश्मीरी नेता सत्ता के निकट पहुँचता है तो राष्ट्रभक्ति का प्रदर्शन करना नहीं भूलता और जब सत्ता छिनती नजर आती है तो भारत के 'गोल्ड एंड गन' की शिकायत करता है। शेख अब्दुल्ला से ले कर गुलाम मुहम्मद शाह के शुरू और बाद के बयानों से यह बात साफ हो जायेगी।

फारूक अब्दुल्ला और इंदिरा गाँधी के मतभेदों के बाद केंद्र की शह पर नेशनल कांफ्रेंस में विभाजन हुआ और फारूक के बहनोई गुल शाह को मुख्यमंत्री बना दिया गया। यह याद रखना उपयोगी होगा कि गुल शाह को इसलिए यह पद नहीं मिला कि वे ज्यादा भारत भक्त थे या ज्यादा धर्मनिरपेक्ष थे। वे तो शेख साहब के मंत्रिमंडल में अधिक कट्टरपंथी मंत्रियों में शुमार किये जाते थे और उससे पहले जनमत संग्रह मोर्चे के महामंत्री हुआ करते थे। उस समय मीर वाइज मौलवी फारूक ने मुझसे कहा था कि भारत सरकार ने बड़ी भूल की है—फारूक तो अपने कर्मों से 'पकी नाशपाती की तरह गिर जाता।' साल भर में ही केंद्र को अपनी भूल का खमियाजा भुगतना पड़ा। पहली बार कश्मीर घाटी में सांप्रदायिक लूट और आगजनी हुई। गुल शाह को हटाने के बाद पूर्व मुख्यमंत्री ने एक मुलाकात में कहा, 'केंद्र को मुझसे बेहतर मुख्यमंत्री नहीं मिल सकता।' गुल शाह ने अपनी जो खूबी बतायी, वह लगभग हर मुख्यमंत्री की इच्छा रही है। उनके अनुसार, 'मैं लोगों (मुसलमान जनता) को दो टूक बात कहता था कि मैं कोई भारत भक्त नहीं हूँ। लेकिन पिछले चालीस साल में पाकिस्तान भारत से तीन-तीन बार लड़ चुका है। तीसरी बार तो पाकिस्तानी सोलह करोड़ (पाकिस्तान की आबादी) सोये तो सुबह सात ही उठे।' यानी पाकिस्तान से बाँग्लादेश अलग हो गया। ऐसे में गुल शाह की घाटी के लोगों को सलाह थी, 'तीन पीढ़ियाँ पाकिस्तान बनाने में खप गयीं, लेकिन पाकिस्तान बना नहीं और न आगे बनने की उम्मीद है। इसलिए भारत नामक इस खजाने को जितना हो सके लूटो, अपना भला करो। वैसे भी

आज के कश्मीर में और पाकिस्तान में फर्क ही क्या है !'

गुल शाह की इस दलील का महत्वपूर्ण बिंदु यह है कि भारत के साथ रहने का एकमात्र उद्देश्य यही है कि जितना अनुदान हासिल किया जा सके, उतना अच्छा। शुद्ध आर्थिक नफे-नुकसान का गणित। इसी गणित पर कश्मीर का प्रशासन चलता रहा है और आज भी चल रहा है। वरना केंद्र से कश्मीर को जितना पैसा मिला है, उससे तो उस राज्य का आर्थिक कायाकल्प हो जाना चाहिए था। लेकिन उद्योग लगाने, रोजगार पैदा करने, कृषि, पानी, बिजली का विकास करने, व्यापार बढ़ाने और क्षेत्रीय संतुलन पैदा करने और, सबसे बड़ी बात, सही लोकतांत्रिक प्रशासन चलाने के दुर्गम मार्ग को कोई क्यों अपनाये, अगर प्रभु वर्ग को पैसा उसके बिना ही मिल जाता हो।

बहुत-से लोग नहीं जानते कि कश्मीर में रिश्वतखोरी और भ्रष्टाचार बिहार के मापदण्ड से काफी अधिक रहे हैं। इसलिए कि इसमें प्रशासन बाकायदा शामिल रहता आया है। विभिन्न सेवाओं पर करों और शुल्कों का शतांश भी राजस्व में नहीं जाता। शासन के नाम पर भ्रष्टाचार का व्यापक और नियोजित तंत्र ही चल रहा हो और हर वर्ग दूसरे से प्रतिद्वंद्विता की कोशिश में हो, तो आतंकवाद एक माफिया तंत्र का ही अधिक प्रभावशाली साधन बन जाता है। भारत में बहुत-से लोगों को इस बात पर आश्चर्य होता है कि कश्मीर में सशस्त्र बलों के इतने प्रबंध के बावजूद आतंकवादी गतिविधियों पर काबू क्यों नहीं पाया जा सका है। उन्हें शायद मालूम नहीं कि कश्मीर की मौजूदा हालत वहाँ के सभी सम्पन्न और शक्ति-सम्पन्न वर्गों के लिए वरदान है। आतंकवाद उनके क्रियाकलाप के लिए एक प्रभावशाली आवरण है। अगर निष्पक्ष जाँच की जाये तो यह तथ्य भी सामने आयेगा कि आतंकवादी गतिविधियों को जीवित रखने के लिए आवश्यक वित्तीय साधनों का कितना भाग सरकारी पैसे से जाता है।

तो फिर इस चक्रव्यूह से निकलने का उपाय क्या है ? यह तय है कि अन्ततः एक निष्पक्ष लोकतांत्रिक शासन व्यवस्था लागू करना ही सही लक्ष्य होना चाहिए। लेकिन जब लोगों पर बंदूक का साया हो, तो लोकतांत्रिक व्यवस्था लागू नहीं हो सकती। बंदूक के आतंक को लोगों के सिर से हटाने के लिए केंद्रीय सरकार को पहले कश्मीर के प्रशासनिक ढाँचे को ही गहराई से जाँचना होगा। पुराने मोहरों को बार-बार आजमाने से यह संभव नहीं है। प्रशासनिक ढाँचे की छँटाई आसान काम नहीं। यह विकृति दो-चार साल पुरानी नहीं है, इसकी जड़ें अब काफी गहराई तक चली गयी हैं। जिस दिन भारत सरकार इसके लिए साहस जुटा पायेगी, उसी दिन से कश्मीर की अराजकता पर काबू पाने की शुरुआत होगी। लेकिन यह साहस

भी तब तक नहीं आयेगा, जब तक भारत सरकार के प्रतिनिधि स्वयं जम्मू-कश्मीर के विभिन्न वर्गों को एक-दूसरे के खिलाफ गोलबंद करने की कोशिशों से हाथ नहीं खींचते। अभी तक तो केंद्रीय नेता कभी शिया समुदाय को सुन्नियों के खिलाफ तो कभी गूजरों के महासम्मेलन आयोजित करने के ही बचकाना प्रयासों में लगे हैं। एक वरिष्ठ मंत्री ने तो जम्मू में राजपूत सम्मेलन भी कर डाला।

कश्मीर का सवाल सिर्फ क्षेत्र की समस्या नहीं है, यह सिद्धांत का सवाल है और भारत की प्रभुसत्ता की सुरक्षा का भी। आज अगर हम इस तर्क को मान लें कि कश्मीर को मुस्लिम बहुसंख्यक होने के कारण भारत से अलग होने का अधिकार है, तो अनायास ही हम यह भी मान लेंगे कि भारत विभाजन का दो राष्ट्रोंवाला सिद्धांत भी ठीक था। तब हमारी धर्मनिरपेक्षता का मूल आधार ही समाप्त हो जायेगा। अगर हम क्षेत्रीय संस्कृति के आधार पर कश्मीर को अलग होने का अधिकार देते हैं, तो और क्षेत्रों के लोगों को इसी आधार पर नजरअंदाज कैसे कर सकते हैं ? इसलिए कश्मीर विवाद के मामलें में हम पाकिस्तान का कैसे मुकाबला करते हैं, इस बात से पहले हमें कश्मीर के भीतर अपने बनाये गड़बड़ झाले को तोड़ने की समरनीति बनानी होगी। यह समस्या कांग्रेस पार्टी, भाजपा या नेशनल कांफ्रेंस के दलीय स्वार्थों के दायरे में नहीं सुलझायी जा सकती, क्योंकि इनमें से कोई भी दल फतह हासिल करने की स्थिति में नहीं, सभी हार रहे हैं। इसलिए उचित यही है कि साझा समर नीति की बात सोची जाये। मानवाधिकारों के हनन जैसे कृत्रिम सवालों पर माथापच्ची करना व्यर्थ है, क्योंकि जहाँ अराजकता हो, वहाँ कौन-से अधिकार सुरक्षित रह सकते हैं और कौन उनकी सुरक्षा की गारंटी दे सकता है ?

परिधि के प्रश्न

मस्तराम कपूर

प्राचीन काल से ही कश्मीर पर उत्तर दिशा को छोड़ कर (जो दुर्गम हिमालय के कारण सुरक्षित रही) बाकी सब दिशाओं का खिंचाव रहा। उत्तर-पश्चिम से अफगानिस्तान तथा मध्य एशिया के देशों, दक्षिण से पंजाब और दिल्ली के राज्यों और पूर्व से जम्मू तथा कांगड़ा व डोगरा राज्यों से घिरा होने के कारण, कश्मीर की सुंदर घाटी हमेशा ललचायी नजरों का केंद्र बिंदु रही। हिमाचल की दुर्जेयता और अलंघ्यता का मिथक टूट जाने से कश्मीर अब चारों तरफ से असुरक्षित है। अतः स्वाधीन कश्मीर एक खूबसूरत आदर्श तो हो सकता है, किंतु व्यावहारिक प्रस्ताव नहीं।

इतिहास में कश्मीर के सर्वसत्ता-संपन्न स्वाधीन राज्य होने के प्रमाण नहीं मिलते। सिकंदर के हमले के समय उसके बड़े भाग को पोरस के राज्य के अधीन बताया जाता है। तक्षशिला और पुरुषपुर के सांस्कृतिक केंद्रों के छिन्न-भिन्न हो जाने के बाद कश्मीर संस्कृति का केंद्र बना, जहाँ शैव, बौद्ध और जैन दर्शन-कला को प्रश्रय मिला। संभवतः भौगोलिक दृष्टि से एकांत और निर्विघ्न स्थान होने के कारण भारत के उथल-पुथलवाले क्षेत्रों के विद्वानों-मनीषियों ने उसे अपनी कार्यस्थली बनाया। किंतु जहाँ तक उसकी राजनैतिक स्थिति का संबंध है, वह भारत के किसी न किसी शक्तिशाली सम्राट के अधीन ही रहा, भले ही उसकी स्वायत्तता की मात्रा जो भी रही हो। मौर्य साम्राज्य का वह अंग था। अशोक के स्तंभ और शिलालेख इसका प्रमाण हैं। गुप्त साम्राज्य की सीमा भी कश्मीर को समाविष्ट करती थी। अशोक के बौद्ध धर्म स्वीकार करने के बाद कश्मीर में बौद्ध धर्म को विशेष बल मिला, हालाँकि कश्मीरी परंपरा में अशोक को शैव धर्म के संरक्षक के रूप में भी जाना जाता है, जिन्होंने शिव भूतेश्वर के मंदिर में पूजा की थी और विजयेश्वर तथा अशोकेश्वर नाम से शिव मंदिरों की स्थापना की थी। इन मंदिरों का उल्लेख कल्हण की 'राजतरंगिणी' में भी आता है। ग्यारहवीं सदी में

हुए कश्मीर के राजा हर्षदेव द्वारा कश्मीर के मंदिरों की लूट के विस्तृत वर्णन 'राजतरंगिणी' में मिलते हैं। इसमें कहा गया है कि हर्षदेव ने मंदिरों के धन को लूटने के लिए 'देवोत्पाटनायक' नाम के अधिकारी नियुक्त किये। इस कुकृत्य के लिए 'राजतरंगिणी' में हर्षदेव की कटु निंदा की गयी है। हिंदू, बौद्ध और जैन तीनों धर्मों के पूजा स्थलों को हर्षदेव ने धन के लोभ से लूटा तथा अपवित्र किया। कल्हण महमूद के हमलों और उसके द्वारा की गयी मंदिरों की लूट से भी परिचित था। उसने हर्ष को भी तुरुष्क (तुर्क) कहा और उसे तुरुष्क म्लेच्छों से भी अधिक दुष्ट एवं 'दुर्बुद्धि' बताया।

ऐसा लगता है कि ईसा की सातवीं शताब्दी में सम्राट हर्ष के साम्राज्य के विघटन के बाद भारत के विभिन्न प्रदेशों में छोटे-छोटे राज्यों का उदय हुआ। उस काल में कश्मीर में भी स्वायत्त राज्य-व्यवस्था रही होगी। बाद में मुसलमानों के हमले शुरू होने पर कश्मीर पर काबुल-कंधार और अफगानिस्तान के शासकों के हमले हुए। 'राजतरंगिणी' के हर्षदेव के अत्याचारों से क्षुब्ध जनता मुस्लिम विजेताओं के प्रभाव में आसानी से आयी होगी और बड़े पैमाने पर धर्मांतरण हुए होंगे। पंजाब और दिल्ली में मुस्लिम शासन स्थापित होने से यह प्रक्रिया निरंतर मजबूत होती गयी। दिल्ली के मुगल शासकों की आरामगाह होने के कारण कश्मीर का अच्छा विकास हुआ। महाराजा रणजीत सिंह द्वारा शक्तिशाली साम्राज्य स्थापित किये जाने के बाद कश्मीर पर रणजीत सिंह का अधिकार हुआ। रणजीत सिंह की मृत्यु के बाद कश्मीर ब्रिटिश संरक्षण में काम करनेवाले लाहौर दरबार के अधीन रहा। प्रथम सिख युद्ध में सिखों की पराजय हुई, तो उन्हें हर्जाने के रूप में अंग्रेजों को बड़ी रकम देनी पड़ी। यह रकम (75 लाख रुपये) महाराजा रणजीत के सूबेदार जम्मू के डोगरा नरेश गुलाल सिंह ने दी और उसके बदले उन्हें लाहौर दरबार से कश्मीर का आधिपत्य मिला। उस समय कश्मीर का सूबेदार शेख इमामुद्दीन था। वह गुलाब सिंह को कश्मीर सौंपने के बजाय खुद स्वाधीन शासक बनना चाहता था। किन्तु जब उसने देखा कि उसे भारत की सबसे बड़ी शक्ति ईस्ट इंडिया कंपनी की शत्रुता मोल लेनी पड़ेगी, तो उसने अपना इरादा बदल लिया तथा लाल सिंह को फँसाने के अंग्रेजों के षडयंत्र में शामिल हो गया और कश्मीर को गुलाब सिह के लिए छोड़ दिया। उसके बाद 1947 तक कश्मीर पर गुलाब सिंह के वंशजों का शासन रहा, जो ब्रिटिश राज के संरक्षण में रहे। विभाजन के बाद जब भारत में स्वाधीन प्रभुसत्ता संपन्न सत्ता स्थापित हुई, तो उसके साथ कश्मीर के महाराजा हरि सिंह ने 26 अक्तूबर 1947 को जम्मू व कश्मीर का विलय भारत संघ में कर दिया।

इस ऐतिहासिक परिप्रेक्ष्य में पूर्ण स्वाधीन कश्मीर की कल्पना कितनी हवाई है, इसका कुछ अनुमान लगाया जा सकता है। यह सच है कि विश्व की वर्तमान

स्थिति में किसी देश द्वारा दूसरे देश पर सैन्य बल से अधिकार किये रहना लगभग असंभव है, किंतु आर्थिक साम्राज्यवाद की प्रक्रिया आज वेग से चल रही है। वह वैध भी मानी जा रही है। आर्थिक हितों अथवा बाजार की जरूरतों के लिए शक्तिशाली देशों द्वारा कमजोर पड़ोसी देशों पर अपना दबदबा बनाये रखने की चाह सर्वत्र विद्यमान है। कश्मीर की गिलगित घाटी, जहाँ चीन, भारत और पाकिस्तान की उपस्थिति तो है ही, कुछ ही दूरी पर अभी तक सोवियत संघ की भी उपस्थिति रही, अमेरिका की दृष्टि में भी सामरिक महत्व की जगह है। अतः स्वाधीन कश्मीर की स्थिति निरापद नहीं रहेगी, हालाँकि अमेरिका के लिए वह सबसे सुविधाजनक स्थिति होगी। इसकी तुलना में ऐतिहासिक परंपरा को देखते हुए भारत संघ के अंग के रूप में उसकी स्थिति अधिक निरापद है।

किंतु इस संबंध में यह बात ध्यान में रखी जानी चाहिए कि कश्मीर परिधि क्षेत्र का राज्य है, जिसे चाणक्य ने पर्यंत देश कहा है। परिधि क्षेत्र के प्रदेशों के साथ केंद्र के संबंध कुछ भिन्न प्रकृति के होते हैं। इसका कारण है कि ये क्षेत्र केंद्र से दूरी और अगम्यता अथवा पार्थक्य के कारण स्वायत्तता भोगने के अभ्यस्त होते हैं तथा इनमें विद्रोह की प्रवृत्ति खासी प्रबल होती है। हिमाचल प्रदेश में कुल्लू का एक गाँव मलाना दुर्गम पहाड़ों के बीच स्थित होने से अगम्यता के कारण इतना अलग-थलग रहा कि कहते हैं, ब्रिटिश शासन के दौरान कोई सरकारी कर्मचारी वहाँ जाता ही नहीं था। परिणामस्वरूप इस गाँव में आज भी सारे काम अपने द्वारा ही बनायी गयी व्यवस्था से किये जाते हैं और इसे स्वतंत्र ग्राम गणराज्य कहा जाता है। वहाँ के लोगों की रहन-सहन की शैली, शादी-ब्याह की रस्मों, झगड़ों आदि के समाधान के तरीकों आदि में आज भी बहुत कम बाहरी हस्तक्षेप होता है।

कश्मीर ही नहीं, समूचे हिमालच क्षेत्र के लोग, पश्चिमी छोर से पूर्वी छोर तक, अपनी भौगोलिक स्थितियों के कारण देश के मुख्य भाग से काफी कटे रहे और वहाँ का रहन-सहन तथा जीवन के कार्यकलाप स्थानीय स्वायत्त व्यवस्था के अनुसार चलते रहे। यही स्थिति वन-प्रांतरों में रहनेवाली जातियों की रही। इतना ही नहीं, देश के मैदानी इलाकों में रहनेवाले लोगों का उनके प्रति रवैया भी मेलजोल बढ़ाने का नहीं रहा। वे उन्हें वैसे ही देखते थे, जैसे सवर्ण जातियाँ अस्पृश्य जातियों को देखती थीं। महाभारत काल से ही इन जातियों के प्रति अन्य देशवासियों के मन में कुछ तिरस्कार भाव रहा। इन्हें पिशाच, गंधर्व, किन्नर, यक्ष आदि नाम दिये गये और आर्य अर्थात श्रेष्ठ जातियों के साथ घुलने-मिलने योग्य नहीं माना गया। कश्मीर को पिशाच देश और वहाँ की भाषा को पैशाची कहा जाता था। ऐसा माना जाता था कि ये क्षेत्र आखेट, मनोरंजन आदि के लिए केलि-स्थलियाँ मात्र हैं, जहाँ राजा और श्रेष्ठि वर्ग मनोविनोद के लिए ही जाते

हैं। आज भी इन इलाकों का इस्तेमाल पर्यटन स्थलों के रूप में मनोविनोद के लिए किया जाता है। इन इलाकों के सौंदर्य के शोषण की परंपरा भी अत्यंत प्राचीन है। यहाँ की सुंदरियों के अपहरण की कहानियाँ महाभारत तथा अन्य पुराणों में यत्र-तत्र पायी जाती हैं और यह क्रम बंबइया फिल्मों में आज भी देखा जा सकता है। लेकिन इन क्षेत्रों के लोगों को अपनाने, उनके साथ सामाजिक-पारिवारिक संबंध बनाने के मामले में मैदानी क्षेत्र के लोगों की दृष्टि अत्यंत संकीर्ण रही। कहा जाता है कि असम के राजाओं ने मिथिला और बनारस के पंडितों को अच्छे वेतन दे कर बुलाया, ताकि ये पंडित वहाँ शिक्षा और धर्म का प्रचार कर सकें। ये पंडित राजधानी में ही पड़े रहते थे और ग्रामीण इलाकों में इस डर से नहीं जाते थे कि वे अपवित्र हो जायेंगे। असम के पहाड़ी क्षेत्र, नगालैंड, मणिपुर, अरुणाचल, मेघालय, मिजोरम आदि के लोगों में इसीलिए शेष भारत के लोगों के प्रति अलगाव की भावना बनी रही कि मैदानी लोगों ने उनके साथ भाई-चारे के संबंध स्थापित नहीं किये। हिंदू धर्म–प्रचारक भी इन इलाकों में नहीं गये। ईसाई धर्म–प्रचारकों ने उनके बीच रह कर, उनके साथ घुलमिल कर काम किया, अतः यहाँ के लोगों को वे अपनी ओर आकृष्ट कर सके। गत कई वर्षों से कई गाँधीवादी संस्थाएँ भी वहाँ ऐसा ही काम कर रही हैं, जिसके फलस्वरूप और लोकतांत्रिक प्रक्रिया के फलस्वरूप इन इलाकों में धीरे-धीरे शेष भारत के साथ भावनात्मक लगाव बन रहा है।

कहने का अभिप्राय यह कि हिमालय क्षेत्र के सभी परिधि प्रदेशों में स्वायत्तता की भावना और मैदानी लोगों के प्रति कुछ दुराव रहा है। इनके मन में आर्थिक और अन्य प्रकार के शोषण का और अपनी जीवन प्रणाली के छिन्न-भिन्न होने का भी निरंतर डर रहा। मैदानी इलाकों से वहाँ जा कर बसे लोगों के द्वारा उनका आर्थिक शोषण आम बात है। इसीलिए वहाँ जा कर बसने और संपत्ति अर्जित करने पर कुछ पाबंदियाँ हमेशा ही रहीं। संविधान के अनुच्छेद 370 में कश्मीर को संपत्ति अर्जित करने के मामले में जो सुरक्षाएँ प्रदान की गयीं, वे डोगरा शासन के समय भी थीं। पूर्वी राज्यों में भी इस तरह की सुरक्षाएँ ब्रिटिश शासन के समय से लागू थीं और संविधान के अनुच्छेद 371 क, ख, ग के अंतर्गत इनका संविधान में समावेश किया गया है। ये उपबंध इन क्षेत्रों की भावनाओं और आवश्यकताओं के अनुरूप हैं। हिमाचल प्रदेश के कई इलाकों में इस तरह की कुछ पाबंदियाँ हैं। कई अन्य राज्यों में भी नौकरियों, व्यवसाय आदि के मामले में दूसरे राज्यों के लोगों की तुलना में उस राज्य के लोगों को तरजीह दी जाती है। अतः सिर्फ कश्मीर के मामले में इन पाबंदियों को ले कर कुछ लोगों द्वारा बावेला मचाना अनुचित है।

परिधि प्रदेशों के संबंध में बनायी गयी सार्थक नीति में स्वायत्तता और स्वस्थ

लोकतांत्रिक प्रक्रिया के तत्व अनिवार्य हैं। वस्तुतः स्वस्थ लोकतांत्रिक प्रक्रिया में स्वायत्तता स्वतः निहित होती है। इस संदर्भ में स्वाधीनता के बाद पूर्व के अशांत क्षेत्रों में हुए परिवर्तन का अध्ययन किया जा सकता है। एक समय उपद्रव के क्षेत्र माने जानेवाले इन राज्यों में स्वायत्तता की आकांक्षा की पूर्ति से असम से काट कर छोटे-छोटे सात राज्य बनाये गये (जिन्हें सात बहनें कहा जाता है) और फिर वहाँ लोकतांत्रिक ढंग से जनता को अपने प्रतिनिधियों के माध्यम से व्यवस्था चलाने का अवसर प्रदान किया गया, जिससे स्थिति में संतोषजनक परिवर्तन हुए। इस बात को देखते हुए कि हमारे यहाँ लोकतांत्रिक प्रक्रिया निर्दोष नहीं रही और पिछले कुछ वर्षों में तो इसमें काफी ह्रास आया है, पूर्वी क्षेत्रों में आया परिवर्तन उत्साहवर्धक है।

जम्मू व कश्मीर के संबंध में केंद्र की नीति की बड़ी खामी यह रही कि वहाँ स्वायत्तता और लोकतंत्र की प्रक्रिया को विकृत किया गया। जहाँ तक स्वायत्तता की बात है, यह उल्लेखनीय है कि जम्मू व कश्मीर अकेला राज्य है, जहाँ संविधान के अनुच्छेद 356 के अंतर्गत शासन-प्रमुख (शेख अब्दुल्ला) को बर्खास्त करने के साथ-साथ गिरफ्तार कर लिया गया। इस मामले में जम्मू व कश्मीर की स्थिति को अन्य राज्यों की तुलना में बदतर कहा जा सकता है। लोकतांत्रिक प्रक्रिया भी यहाँ अधिकतर दूषित ही रही। स्वतंत्र और निष्पक्ष चुनावों के मामले में जम्मू व कश्मीर का इतिहास बहुत बुरा रहा है। जनता पार्टी के शासन के दौरान हुए चुनावों को छोड़ कर शेष जितने भी चुनाव इस राज्य में हुए, उन्हें स्वतंत्र एवं निष्पक्ष नहीं कहा जा सकता। कांग्रेस का यह रवैया कि प्रत्येक राज्य के शासन की बागडोर सिर्फ कांग्रेस के हाथ में रहे तथा कोई अन्य पार्टी सत्ता का इस्तेमाल न कर सके, कई राज्यों में लोकतांत्रिक प्रक्रिया को दूषित करने का कारण बना है। इस नीति का सबसे अधिक खमियाजा पंजाब और जम्मू व कश्मीर को भुगतना पड़ा है, जहाँ एक के बाद एक अकाली या नेशनल कांफ्रेंस की सरकारों को मनमाने ढंग से तोड़ा गया। जम्मू व कश्मीर में फारूक अब्दुल्ला की सरकार को बर्खास्त कर गुल मुहम्मद शाह की सरकार की स्थापना इस क्रम का अंतिम आघात था, जिसके फलस्वरूप राज्य की जनता की नजरों में राजनैतिक दलों और लोकतांत्रिक प्रक्रिया की विश्वसनीयता खत्म हो गयी और जनता आतंकवादियों की ओर सुरक्षा के लिए देखने लगी। पंजाब में भी यही दुर्घटना हुई। सत्ता की असीम भूख से पीड़ित कांग्रेस ने वहाँ एक के बाद एक अकाली सरकार को तोड़ा और जनता की नजर में राजनैतिक दलों तथा लोकतांत्रिक प्रक्रिया को गिरा दिया, जिससे वहाँ आतंकवाद को प्रोत्साहन मिला।

परिधि क्षेत्र के प्रदेशों की विशिष्ट आवश्यकताओं और प्रवृत्तियों का अध्ययन इस समय समाजशास्त्र और राजनीतिशास्त्र का विशेष विषय बन गया है। सभी

बड़े देशों को अपने परिधि प्रदेशों की विशिष्ट समस्याओं से जूझना पड़ा है और आज भी उनके सामने ये समस्याएँ हैं। चीन के मध्य राज्य को हमेशा परिधि प्रदेशों के विद्रोह से जूझना पड़ा और उसकी सुप्रसिद्ध दीवार का निर्माण विद्रोहियों से मध्य राज्य की रक्षा के लिए ही किया गया। तानाशाही शासनों की प्रवृत्ति परिधि के स्वायत्तता-प्रिय प्रदेशों को सैन्य बल से वश में रखने की होती है। चीन ने सिक्यांग, तिब्बत और मुस्लिम-बहुल तथा मंगोल-बहुल क्षेत्रों को सैन्य बल से ही अब तक सँभाला है। किंतु यह मार्ग बहुत विश्वसनीय नहीं है। इससे न केवल उन प्रदेशों का विकास अवरुद्ध हो जाता है, बल्कि वहाँ के लोगों का राष्ट्र के साथ भावनात्मक रिश्ता भी नहीं बन पाता। राष्ट्रीय एकता की एक बड़ी समस्या परिधि क्षेत्र के लोगों के मन में राष्ट्र के प्रति भावनात्मक लगाव पैदा करने की होती है। यह लगाव डंडे के जोर से पैदा नहीं किया जा सकता। इसका एकमात्र रास्ता है वहाँ की जनता को अधिक से अधिक स्वायत्तता का एहसास कराना और स्वस्थ लोकतांत्रिक प्रक्रिया से जनता को स्वयं अपना विकास करने का अवसर जुटाना।

कश्मीर को डंडे के जोर से वश में रखने का प्रलाप करनेवाले हमारे देश में कम लोग नहीं हैं। संघ परिवार से जुड़े लोगों के अलावा अन्य तबकों में भी इस तरह के लोग काफी बड़ी संख्या में मिल जायेंगे। लेकिन यह सिर्फ पागलपन का रास्ता है। किसी भी राज्य या राज्य के भाग को शक्ति के प्रयोग से काबू में नहीं रखा जा सकता। अमेरिका और सोवियत संघ की महाशक्तियों का वियतनाम तथा अफगानिस्तान में जो हश्र हुआ, उससे यह सीख ग्रहण की जानी चाहिए। किसी को अपना बनाने के दो ही रास्ते विश्व में अपनाये गये हैं। या तो हिंसा का रास्ता या प्रेम का रास्ता। हिंसा का रास्ता हमेशा असफल सिद्ध हुआ है, अतः प्रेम का रास्ता ही एकमात्र विकल्प है।

कश्मीर की आम जनता का सदियों से मध्य देश के साथ भावनात्मक और सांस्कृतिक जुड़ाव रहा। यहाँ का शैव दर्शन भारतीय संस्कृति के भंडार की धरोहर रहा है। पैशाची भाषा में लिखी गयी गुणाढ्य की बृहत्कथा के चार संस्कृत अनुवाद हुए हैं और सदियों से इस ग्रंथ की कहानियाँ भारत के प्रत्येक राज्य के बच्चों-बूढ़ों की कलात्मक भूख को शांत करती रही हैं। 'राजतरंगिणी' हमारा एकमात्र ऐतिहासिक ग्रंथ है। पश्चिमी प्रदेशों के साथ कश्मीरी जनता का रिश्ता हमेशा विजेता-विजित का रहा है। अतः यदि कश्मीर की जनता को स्वायत्तता का एहसास कराया जाये और वहाँ लोकतांत्रिक प्रक्रिया ठीक ढंग से चले, तो कश्मीर की जनता का प्रेम और विश्वास प्राप्त किया जा सकता है।

एक बात निश्चित है कि कश्मीर की समस्या मूल रूप से हिंदू-मुस्लिम समस्या नहीं है। सांप्रदायिक तत्वों ने स्वार्थ सिद्धि के लिए इसे हिंदू-मुस्लिम समस्या का

रंग दिया है। कश्मीरी पंडितों का विस्थापन कश्मीर से तब हुआ जब इस समस्या को पूर्णतया सांप्रदायिक रंग दिया जा चुका था। स्वाधीनता प्राप्ति और कश्मीर के भारत संघ के विलय के बाद 42-43 साल तक कश्मीर घाटी में सांप्रदायिक सद्भाव बना रहा। कश्मीरी पंडित भी कश्मीर की मुस्लिम जनता के स्वर में स्वर मिला कर प्रदेश की स्वायत्तता और सुशासन के लिए नेशनल कांफ्रेंस के मंच से संघर्ष करते रहे। गैर-सांप्रदायिक राजनीति की धारा वहाँ इतनी मजबूत रही कि हिंदू संगठनों को पैर जमाने की जगह ही नहीं मिली। अतः यह जरूरी है कि इस समस्या को हिंदू-मुस्लिम समस्या से अलग कर परिधि क्षेत्र के राज्य की समस्या के रूप में देखा जाये।

आजादी की आकुलता और अवरोध

अमरीक सिंह

जम्मू और कश्मीर को भारत के साथ रहना चाहिए या पाकिस्तान के या फिर स्वतंत्र राष्ट्र के रूप में ? 1947 में यह ज्वलंत मसला था। अगर महाराजा हरि सिंह भारत या पाकिस्तान के साथ जाने के इच्छुक नहीं थे, तो इसका एक कारण, जैसा कि आम तौर पर विश्वास किया जाता है, यह था कि वे निर्णय नहीं कर पा रहे थे। एक और महत्वपूर्ण कारण यह था कि वे और राज्य के ज्यादातर लोग इस सिद्धांत को मानते थे कि जब अंग्रेज चले गये हैं तो कश्मीर को एक स्वाधीन देश होना चाहिए।

महाराज हरि सिंह खुद भी इसी सिद्धांत को मानते थे। शेख अब्दुल्ला थोड़े यथार्थवादी थे, क्योंकि वे मानते थे कि उनकी पहली प्राथमिकता महाराजा के मजबूत नियंत्रण से निकलना है और स्वाधीनता के इस खास विचार को बाद में भी उठाया जा सकता है। यही कारण है कि महाराजा के पदत्याग के बाद शेख ने स्वतंत्र कश्मीर की बात शुरू कर दी। इन सबके विस्तार में तो जाना संभव नहीं है कि इस विचार को शुरू में कैसे उभारा गया, कैसे गंभीरता से उछाला गया और अन्तोगत्वा 1953 में शेख अब्दुल्ला की सत्ता से कैसे बरखास्तगी हुई।

पाकिस्तान में भी 1947 में यही प्रस्ताव चर्चा में आया। 'फ्रंटलाइन' के 19 नवंबर 1993 के अंक में अपने एक लंबे लेख में ए. जी. नूरानी ने उस समय जम्मू और कश्मीर को स्वाधीन राज्य बनाने के संदर्भ में पाकिस्तान में चली बहस का विवरण दिया है। भारत में इस विचार को भयावह माना जाता था और यही कारण है कि शेख अब्दुल्ला को सत्ता से बरखास्त किया गया। पाकिस्तान में भी स्वतंत्र कश्मीर के विचार को उतना ही भयावह माना जाता था, लेकिन उस समय पाकिस्तान ने कभी भी अपने दृष्टिकोण को औपचारिक या सार्वजनिक रूप से नहीं बताया।

यह बहुत बाद में हुआ और आज जो कुछ हो रहा है, उसकी भूमिका तभी

बनी। जब 1965 की लड़ाई में वैसा नहीं हुआ जिसकी आशा की गयी थी, तो सवाल उठा : आगे क्या होगा ? इसी पृष्ठभूमि में जम्मू एंड कश्मीर लिबरेशन फ्रंट (जे. के. एल. एफ.), जो कागजों तक सीमित था, पर पहले से ज्यादा ध्यान दिया गया और विभिन्न तरीकों से उसकी मदद की गयी। कोई दो दशक तक इस खास हथियार को पाकिस्तान ने व्यापक संरक्षण दिया।

इस अवधि में कश्मीर में कट्टरपंथ तेजी से बढ़ा। जगमोहन की पुस्तक के अलावा भी इसके पर्याप्त दस्तावेजी सबूत हैं और उन्हें दोहराने की यहाँ कोई आवश्यकता नहीं। बहरहाल, महत्वपूर्ण मोड़ 1982 में शेख अब्दुल्ला के निधन के बाद आया। वे जानते थे कि लोगों का नेतृत्व कैसे किया जाये और उन्होंने यह काम बखूबी किया। राजनैतिक कुशलता में वे न केवल बेजोड़ थे, बल्कि विशिष्ट भी थे। लगभग पाँच दशक तक जिस तरह से उन्होंने राज्य को प्रभावित किया, उससे उनकी उच्च कोटि की राजनैतिक महारत का पता चलता है।

उनके निधन के बाद चीजें बदलनी शुरू हो गयीं। पाँच वर्ष के भीतर वे इस हद तक बदल गयी हैं कि एक समय जो लोग भारत के साथ एकजुट थे, अब वे ही भारत विरोधी बन गये हैं। कुछ लोग इस बयान पर सवाल उठा सकते हैं कि क्या तब लोग सचमुच भारत समर्थक थे ? जब तक शेख अब्दुल्ला जीवित रहे, कहा जा सकता है कि ऐसा ही था। उनके नहीं रहने पर स्थिति बिगड़ने लगी।

उनके पुत्र और उत्तराधिकारी में ऐसी योग्यता और राजनैतिक दक्षता नहीं थी कि वे लोगों को भारत विरोधी होने से रोक पाते। जो काम वे नहीं कर सके, उसे इंदिरा गाँधी ने अपनी शैली में इस राज्य में पूरा कर दिया। फारूक अब्दुल्ला और इंदिरा गाँधी ने कमोबेश यही सुनिश्चित किया कि लोग भारत से अलग हो जायें। पिछले कुछ सालों की स्थिति से यह तथ्य सामने भी आ गया है और इसे उग्रवाद की धार मिल गयी है। हत्याएँ और खून-खराबा इसी का परिणाम हैं।

हालाँकि जे. के. एल. एफ. राजनैतिक रूप से एक मैत्रीपूर्ण समूह था, फिर भी पाकिस्तान ने कोई जोखिम नहीं उठाना चाहा। लिहाजा पाकिस्तान ने हिज्बुल मुजाहिदीन और बड़ी संख्या में अन्य गुटों को संरक्षण और बढ़ावा दिया। इनकी संख्या लगभग सौ होगी, पर वास्तव में दो मुख्य समूह–जे. के. एल. एफ. और हिज्बुल मुजाहिदीन–ही प्रभावी हैं। अन्य गुटों का भी कभी-कभी इस्तेमाल किया जाता है और सुविधानुसार हथियार दिये जाते हैं। मोटे तौर पर, कश्मीरी इन्हीं दो मुख्य विचारधाराओं में विभक्त हैं। जे. के. एल. एफ. न भारत के साथ रहना चाहता है, न ही पाकिस्तान के। वह आजादी का पक्षधर है। लेकिन हिज्बुल गुट

पाकिस्तान के साथ मिलना चाहता है।

शुरू में दोनों गुटों की पाकिस्तान ने मदद की, पर बहुत अधिक खर्च नहीं किया। जब तक राज्य में जगमोहन रहे, वहाँ अलगाव की प्रक्रिया चली। अपने प्रयासों और सांगठनिक योग्यता के जरिये वे उग्रवाद का ज्वार रोकने में सफल रहे। पर फिर, कुछ सुनिश्चित वैचारिक दुराग्रहों के चलते वे लड़खड़ाने लगे। बहरहाल, उनसे बेरुखी का कारण जितना उनका व्यक्तित्व था, उतना ही उनके द्वारा की गयी गलतियाँ। पिछली घटनाओं पर नजर डालते हुए अब यह कहना संभव है कि जो नींव उन्होंने डाली, वह और मजबूत होती गयी। जम्मू और कश्मीर में हथियारों की आमद, उग्रवादियों की गिरफ्तारी, सीमा पार करनेवाले लोगों की संख्या और ऐसी सभी जानकारियाँ एक ही चीज की तरफ संकेत करती हैं। 1991 आते-जाते यह ज्वार नया रूप लेने लगा था।

इन सबके अलावा एजेंडा में दो बातें थीं–घाटी की आजादी और पाकिस्तान में विलय। भारत के साथ विलय जारी रखने से इनकार कर दिया गया। यहाँ तक कि शेख अब्दुल्ला की कब्र को अपवित्र होने से बचाने के लिए रक्षक नियुक्त करने पड़े। वही ऐसे शख्स थे, जिन्हें भारत में कश्मीर के विलय का शिल्पी कहा जा सकता है।

1990 के बाद उनके इस कार्य को सबसे बड़ी मूर्खता, यहाँ तक कि धोखा, बताया गया। उन्हें गालियाँ दी गयीं, उनका उपहास किया गया और तरह-तरह से उनकी स्मृति को अपमानित किया गया। बहुत-से लोगों को यह एहसास था कि अगर शेख अब्दुल्ला का नेतृत्व नहीं होता तो कश्मीर का भारत में विलय नहीं होता। अक्तूबर 1947 में कश्मीर के मुसलमानों ने भारत में विलय को क्यों स्वीकार किया ? इसकी महत्वपूर्ण वजह यह है कि नेशनल कांफ्रेंस ने ही इसका फैसला किया था।

15 अगस्त 1947 को विभाजन के कुछ ही हफ्तों के भीतर मुहम्मद सादिक जैसे नेशनल कांफ्रेंस के कई नेता लाहौर गये और वहाँ उन्होंने इस बात की संभावना तलाशी कि क्या पाकिस्तान के साथ कोई समझौता कर जम्मू और कश्मीर को स्वतंत्र कराया जा सकता है ? पर इस समीकरण पर सहमति नहीं हुई। जब वे लाहौर से खाली हाथ लौट आये तो नेशनल कांफ्रेंस के नेताओं को यह बात स्पष्ट हो गयी कि आजादी का सपना पूरा नहीं हो सकता।

ऐसी हालत में क्या किया जाये ? जवाब खोजने में हर कोई मशगूल था। पाकिस्तान सरकार द्वारा योजना बना कर कश्मीर पर कराये गये कबायली हमले ने स्थिति में गुणात्मक परिवर्तन कर दिया। इसी पृष्ठभूमि में शेख अब्दुल्ला के बिना शर्त और पूर्ण समर्थन के साथ जम्मू और कश्मीर का भारत में विलय हो गया।

एक और अन्य कारण को कभी भी अनदेखा नहीं किया जाना चाहिए। 1947 से पहले शेख अब्दुल्ला को एहसास हुआ कि राज्य की सत्ता का उपभोग राज्य कर रहा है, पर उसके मुख्य उपकरण या तो पंजाबी मुसलमान हैं या फिर पंजाबी हिंदू। इस व्यवस्था के पुर्जे कुछ स्थानीय डोगरा भी थे, पर उनमें ज्यादातर कनिष्ठ स्तर के थे। इस तस्वीर में कश्मीरी मुसलमान न के बराबर थे। अपनी पहचान और विरासत के अभिमानी शेख को यह बात बहुत चुभती थी।

पंजाबी मुसलमानों से शासित होना एक ऐसी चीज थी, जिसे शेख कभी स्वीकार नहीं कर सकते थे। यह शासकों का एक समूह हटा कर दूसरे से शासित होने जैसा था। वे चाहते थे कि कश्मीरी स्वयं अपने भाग्य का नियंत्रण करें और अपने राज्य पर खुद ही राज करें। यही उनका सपना था। पर यह सपना कई कारणों से पूरा नहीं हो सका और ये कारण उनके हाथ में नहीं थे।

अगर पाकिस्तान कश्मीर की स्वाधीनता के लिए राजी हो गया होता, तो शायद यह समस्या काफी हद तक आसान हो जाती। पर समस्या हल भी हो जाती, यह कहना अतिशयोक्ति है। लॉर्ड माउंटबेटन के कमोबेश दखल पर रैड क्लिफ द्वारा दिये गये बाउंड्री अवार्ड में आखिरी वक्त में परिवर्तन कर भारत में कश्मीर के विलय को मंजूरी दी गयी थी, इसलिए भारत कश्मीर की स्वाधीनता को बगैर सवाल उठाये स्वीकार नहीं करता। यहाँ यह कहने का अभिप्राय कतई नहीं है कि भारत भी तब पाकिस्तान जैसा ही सैनिक अभियान चला देता। बहरहाल, इस तर्क को और विस्तार देने की जरूरत नहीं। इसके अलावा महाराजा स्वाधीनता के विकल्प के संदर्भ में भी अपना जगजाहिर अनिर्णय प्रदर्शित कर सकते थे। इन सब विवरणों से यह बात उभरती है कि उस समय कश्मीर की स्वतंत्रता एजेंडा से कतई दूर नहीं थी। एक तरह से शेख अब्दुल्ला और उनके साथी इसके इच्छुक थे, हालाँकि खुद शेख ही इसका निर्णय नहीं कर सके। और जब कबायली हमला हुआ, तो फैसला करना ही था और किया भी गया। यह फैसला भारत में विलय का था।

यहाँ एक और बात का जिक्र जरूरी है। जब शेख अब्दुल्ला ने अपने राज्य की स्वतंत्रता के बारे में सोचा, तो उन्होंने जम्मू या लद्दाख या अपनी विशिष्ट नस्लीय पहचानवाले अन्य क्षेत्रों के बारे में विचार नहीं किया। वे कश्मीरी के रूप में अपनी निजी पहचान के प्रति सतर्क थे। दरअसल, इसके प्रति वे इतने प्रतिबद्ध थे कि उन्होंने घाटी के रूप में सिर्फ कश्मीर के भविष्य की सोची, गिलगित जैसे दूसरे विभिन्न क्षेत्रों के बारे में नहीं। इनकी भी अपनी पहचान और अपना खुद का इतिहास है। जम्मू-कश्मीर का राज्य एक खास तरीके से कैसे गठित हुआ, यह

अंशतः इतिहास और अंशतः सुविधा का मामला था। पूरा कश्मीर पूरी तरह कभी भी विशिष्ट या सांस्कृतिक इकाई नहीं रहा। यह अनूठी विशेषता सिर्फ घाटी में है। संयोग से राज्य का सर्वाधिक आबादी वाला यही क्षेत्र है। चूँकि शेख घाटी के निवासी थे, इसलिए वे चीजों को अपनी पृष्ठभूमि और प्रतिबद्धता के रूप में ही देखते थे और इससे आगे नहीं सोचते थे।

बहरहाल, कबायली हमले के बाद जब युद्ध तथा और भी बहुत कुछ था, यह मसला शिद्दत से उभरा। जब मामला संयुक्त राष्ट्र संघ में पहुँचा और अंततः युद्ध विराम पर सहमति हुई, तो शेख अब्दुल्ला ने इस बात का ध्यान रखा कि जिस समय युद्ध विराम लागू हो, उस वक्त घाटी का कोई भी हिस्सा पाकिस्तान के नियंत्रण में न रहे। अन्ततः कश्मीर के सिर्फ पंजाबी भाषी हिस्से पाकिस्तान के पास रह गये। इस बात को सिद्ध करने के अब पर्याप्त सबूत हैं। जिस तथ्य को रेखांकित करने और समझने की जरूरत है, वह यह है कि शेख इस समस्या के संजातीय (एथनिक) आयाम से यकीनन वाकिफ थे।

ज्यादातर लोग यह नहीं मानते कि कश्मीर समस्या का संजातीय आयाम भी धार्मिक आयाम जितना ही महत्वपूर्ण है। धर्म के लिहाज से पाकिस्तान और कश्मीर दोनों जगह मुसलमान बहुमत में हैं। पर पाकिस्तान में इनमें से ज्यादातर पंजाबी हैं और कश्मीर के मुसलमानों से संजातीय और सांस्कृतिक रूप से भिन्न हैं। जिस तरीके से युद्ध विराम रेखा पर सहमति हुई, उसका संदर्भ देने के अलावा इस बिंदु पर अधिक विस्तार संभव नहीं है।

शेख ने कमोबेश यही सुनिश्चित किया कि भले ही युद्ध विराम रेखा सैनिक रूप से अनुकूल न हो, पर संजातीय तौर पर जरूर अनुकूल हो।

शेख गिने-चुने कश्मीरी देशभक्तों में से थे, इसकी ज्यादा व्याख्या की जरूरत नहीं है। अंग्रेजी में उपलब्ध उनकी आत्मकथा के संक्षिप्त रूप से न केवल इसका आभास होता है, बल्कि उनके राजनैतिक जीवन के निष्पक्ष अध्ययन से भी यही पता चलता है। उन्होंने दूसरी जो भी गलतियाँ की हों, पर अपनी जमीन से बेवफाई का आरोप उन पर नहीं लगाया जा सकता।

कश्मीर घाटी के प्रति प्रतिबद्ध रहने का विकल्प अगर उन्होंने नहीं चुना होता, तो वे अपने जीवन के उत्तरार्ध में भारतीय राजनैतिक परिदृश्य के एक महत्वपूर्ण व्यक्ति के रूप में उभरे होते। पर यह विडंबना ही है कि विगत कुछ वर्षों से उन्हें राष्ट्र विरोधी के रूप में निरूपित किया जा रहा है। यह काफी हद तक इस विडंबना पर एक टिप्पणी है कि कश्मीर में चीजें कैसे एकदम उलट-पुलट हो गयी हैं।

अब हम शुरुआती बिंदु पर वापस आयें : क्या कश्मीर स्वतंत्र हो सकता है ? पिछले कुछ सालों से ठीक यही संभावना लगातार और एक जिद के साथ पेश की जा रही है। लेकिन उग्रवाद के इस दौर में एक बात साफ हो गयी है। भारत ने जम्मू और कश्मीर में बने रहने का पक्का मानस बना रखा है और वह इसकी कोई भी कीमत चुकाने को तैयार है। एक साल या इससे अधिक के शुरुआती झटके के बाद भारत ने अपनी स्थिति में सुधार किया है। आज जमीन उसके पास है, पर लोग उसके खिलाफ हैं। इसमें कोई संदेह नहीं रह जाना चाहिए।

जमीन पर पकड़ बनाये रखने के लिए बड़े पैमाने पर सुरक्षा अभियान चलाये गये। कमोबेश ये सफल रहे और उग्रवाद की गति रोकी गयी है। कुछ लोग कहते हैं, सुरक्षा बल भारी पड़ रहे हैं। यह सच हो या नहीं, लेकिन इतना निश्चित है कि सुरक्षा बलों ने कुल मिला कर अपने जमे रहने की शक्ति और जरूरत पड़ने पर हमले की अपनी अद्भुत क्षमता का सबूत दिया है।

लेकिन किस कीमत पर ? लोग अलग हो गये हैं। सबसे बुरा यह है कि बड़े पैमाने पर मानवाधिकारों का उल्लंघन किया गया है और अभी भी किया जा रहा है। दरअसल, 1993 की शुरुआत में ये उल्लंघन निश्चित रूप से अपने उद्देश्य के ही विरोधी हो गये हैं। 1992 के आखिर तक ज्यादातर लोगों को यह स्पष्ट हो गया कि भारतीय बलपूर्वक हटाये नहीं जा सकते। लिहाजा, कुछ लोगों ने कुछ हद तक यह महसूस करना शुरू कर दिया था कि उग्रवाद के सफल होने की संभावना कम ही है। लेकिन जिस तरीके से वहाँ ज्यादतियाँ जारी हैं, उससे भी उग्रवाद बना हुआ है। हर नयी ज्यादती से घाटी के आम आदमी में पहले से ही मौजूद असहायता बोध और गुस्से की भावना बढ़ती है।

क्या मित्र बनाने का यही तरीका है ? क्या भारत निर्दय और प्रतिशोधी बन कर मित्र बना सकता है ? सीमा सुरक्षा बल सभी तरह के मानवाधिकारों के उल्लंघन के दोषी हैं, हालाँकि सेना ने एक अनुशासित बल के रूप में काम किया है। थोड़ा दमदार तरीके से कहें तो आतंकवाद के इतने लंबे समय तक चलने का एक कारण सुरक्षा बलों के तौर-तरीके भी रहे। उन्होंने कई मौकों पर अचानक हमले किये, आगजनी और हत्याएँ कीं, जबकि जरूरत बल के संयमित और प्रभावशाली इस्तेमाल की थी।

दूसरा कारण राज्य द्वारा व्यवस्थित और सभ्य तरीके से प्रशासन चलाने में अक्षम होना था। इस वजह से राज्य का कामकाज ढीला पड़ा। हमेशा ही नियमों का उल्लंघन जारी रहा और किसी ने इस बारे में सवाल नहीं उठाया। यहाँ तक कि शिकायत दूर करनेवाले तंत्र जैसी मामूली-सी चीज भी किसी भी स्तर पर नहीं थी।

शिकायतें दो कारण से पैदा होती हैं–एक, जब एक संगठन के रूप में न्याय

और व्यवस्था सुनिश्चित करनेवाला राज्य न रह जाये। दो, जब सुरक्षा बल हमेशा ही ज्यादती कर रहे हों। लिहाजा, अक्सर कोई-न-कोई संकट खड़ा हो जाता है, जिससे तनाव और दूरी बढ़ते हैं।

प्रशासन (जो मुख्यतः दिल्ली से नियंत्रित है) 1992-93 में खेले जा रहे खेल को पूरी तरह समझने में नाकाम रहा। कुछ मामलों में प्रशासन आइ. एस. आइ. के हाथों में खेला। उदाहरण के लिए, एक दौर में जे. के. एल. एफ. से संबंधित उग्रवादी बड़े पैमाने पर पकड़े गये। आम धारणा थी कि राज्य प्रशासन सक्षम हो गया है, जबकि सच्चाई यह थी कि हिज्बुल खुफिया सूत्रों को जे. के. एल. एफ. की गतिविधियों की सूचना दे रहा था। जे. के. एल. एफ. से जुड़े उग्रवादी एक-एक कर पकड़े जा रहे थे और यह वाकई एक खेल था। आइ. एस. आइ. चाहती थी कि जे. के. एल. एफ. का खात्मा हो जाये और हुआ भी ठीक यही। फिर भी जे. के. एल. एफ. की लोकप्रियता बढ़ती रही।

प्रशासन का सुर-ताल ठीक करने के लिए शायद ही कोई ध्यान दिया गया। 1993 में उजागर हुए भ्रष्टाचार के कुछ मामले वास्तव में इससे दो साल पहले ही घटित हो चुके थे। लेकिन सतर्कता की इतनी कमी थी कि किसी ने इस पर ध्यान नहीं दिया कि क्या हो रहा है। इस संदर्भ में कहने को बहुत कुछ है, पर ऐसा करने से मूल राजनैतिक स्थिति को अधिक स्पष्ट करने में मदद नहीं मिलेगी।

स्थिति को संक्षेप में इस तरह बताया जा सकता है। अन्य हर किसी के अलावा उग्रवादियों के सामने भी यह बात स्पष्ट हो गयी है कि बंदूक का राज समाप्त किया जाना जरूरी है। अविवेकपूर्ण हत्याओं से वे आवश्यक बुराइयाँ आ गयी हैं जो किसी भी राजविद्रोह का एक अविभाज्य अंग होती हैं। समाज विरोधी तत्वों ने देशभक्त का चोला पहन लिया है और अपना नीच खेल खेलना शुरू कर दिया है। लिहाजा चिरस्थायी उग्रवाद के विरोध में एक तरह का विराग शुरू हुआ। यह 1993 की बात है।

लोग हालात में बदलाव चाहते थे, पर उन्हें पता नहीं था कि परिवर्तन कैसे लाया जाये। इन वर्षों में राजनैतिक नेतृत्व मर चुका है। इस बीच, एक नयी तरह का नेतृत्व उभरा है। फिर भी, भारत सरकार इस नये नेतृत्व के साथ बातचीत को तैयार नहीं हुई न ही सरकार को यह पता था कि इस नेतृत्व की पहचान कैसे हो। वह अब भी पुराने नेतृत्व पर निर्भरता दिखा रही है, जो स्थिति का पूरी तरह गलत पाठ था।

एक बात अच्छी तरह समझ लेनी चाहिए। दशक का पूर्वार्ध घाटी में गहरी उथल-पुथल का काल रहा है। पुराने मापदंड टूटे और पुराने मूल्य भी। एक समय कश्मीरी लोग निष्क्रिय, पहल में कमजोर, साहसहीन और निरंतर अभावों में रहने को तैयार माने जाते थे। पर जब तूफान आया, तो इसमें सब कुछ बह गया,

हालाँकि यह नया उग्रवादी नेतृत्व उभरने से ही संभव हो पाया और घाटी ने इस तरह का नेतृत्व पैदा भी किया। न केवल सैकड़ों, बल्कि हजारों लोगों ने अपने प्राण न्यौछावर किये हैं। इनमें से कई ने अपनी साधनापूर्णता, नेतृत्व के गुण, सभी तरह की आकस्मिकताओं में योजना बनाने की क्षमता और जोखिम लेने के सबूत दिये हैं। जिन्हें नहीं पता, उन्हें यह बताने की जरूरत है कि घाटी में राजनैतिक संघर्ष और बलिदान की एक पूरी नयी पुराण कथा का जन्म हुआ है। नये नायकों की तादाद बढ़ गयी है। इनमें से कुछ लड़ते हुए मारे गये तो कुछ अभी भी लड़ रहे हैं और इनमें से हर एक के बारे में कोई-न-कोई जनश्रुति फैल चुकी है। संक्षेप में, घाटी के मुस्लिम समाज का संपूर्ण ताना-बाना छिन्न-भिन्न है (कश्मीरी पंडितों के चले जाने के कारण, इसके अलावा कुछ और संभव भी नहीं था)।

अगर पुराने नेतृत्व में से किसी का भी अब अस्तित्व है, तो यह किसी चमत्कार से कम नहीं है। बिना सख्त हुए कहा जाये, तो जब तक इस नये आंदोलन का पूर्ण अर्थ नहीं समझ लिया जाता है, तब तक कोई भी घाटी का नया भविष्य निर्मित करने की स्थिति में नहीं होगा। अब पहले जैसी स्थिति तो वापस आने से रही, लेकिन नये ढाँचे की रेखाएँ क्या होनी चाहिए, यह भारत के किसी भी नीति निर्माता को स्पष्ट नहीं है। उनमें से ज्यादातर अभी भी पुराने बोध के अनुसार बातें कर रहे हैं।

ठीक-ठीक यह कह पाना तो मुश्किल है कि कौन-सा गुट ज्यादा मजबूत है और किसके साथ अधिक जनमत है, लेकिन इतना जरूर निश्चित है कि आम भावना आजादी के पक्ष में है। जिनका कट्टरपंथी दृष्टिकोण है या जो आइ. एस. आइ. के आदेश पर काम करते हैं, वे इस विचार से सहमत नहीं हैं। इसे दूसरे तरीके से कहें तो हिज्बुल अंशतः अधिक मजबूत शक्ति है, क्योंकि वह सुसंगठित और शस्त्रों से सुसज्जित है। पर जन स्वीकार्यता में जे. के. एल. एफ. अन्य सभी गुटों से साफ-साफ बहुत आगे है।

लेकिन ताजा हालात में जे. के. एल. एफ. भी नहीं जीत पायेगा। लोग बंदूकों से डरते हैं। इसलिए वे भी खुल कर नहीं बोलते। न ही ऐसा कोई मौका है कि वे खुल कर बोलें। राजनैतिक प्रक्रिया पर विराम लग चुका है। राजनैतिक प्रक्रिया फिर शुरू करने के कमजोर प्रयास किये गये हैं, पर स्थिति की जटिलता के कारण अभी तक कोई पहल नहीं हो सकी, न ही इसके आसार दिखते हैं।

भारत किंकर्तव्यविमूढ़ है। राजनैतिक प्रक्रिया काम कर सकती है, बशर्ते भारत कश्मीरी भावनाओं को समझने का मानस बनाये। पर इसमें दो बड़ी बाधाएँ हैं–एक, कांग्रेस पार्टी की जीवनशक्ति का क्षय और उसे परिवर्तन के एजेंट के

रूप में लगातार नपुंसक करते जाना। दूसरी बाधा है भाजपा की आक्रामक मुद्रा, जो कश्मीरी भावनाओं से समझौता करने को कतई तैयार नहीं है। अगर भाजपा को अपनी राह चलने दिया जाये, तो पाकिस्तान के साथ युद्ध लगभग अनिवार्य हो जायेगा और ज्यादा उम्मीद यही है कि तब मुद्दा होगा कश्मीर का भविष्य।

पाकिस्तान में भी हर राजनैतिक दल इस मसले पर इतनी मजबूती से जुड़ा हुआ है कि कोई भी अपना तापमान नीचे लाने का साहस नहीं जुटा पाता। दूसरे शब्दों में, कश्मीर समस्या के समाधान में जैसे पाकिस्तान की आंतरिक स्थिति एक कारक है, उसी तरह भारत की घरेलू स्थिति भी एक कारक है।

इस बीच, कश्मीर के लोगों पर क्या गुजर रही है ? कोई भी देख सकता है कि वे कष्ट झेल रहे हैं। इतना ही ट्रेजिक यह है कि उनके कष्ट जारी रहने की पूरी संभावना है। अक्सर कश्मीर में एक राय सुनने को मिलती है कि पाकिस्तान आखिरी कश्मीरी नागरिक तक के लिए लड़ेगा। इस टिप्पणी में खास बात यह है कि जहाँ तक पाकिस्तान का संबंध है, वह जब तक चाहे अपना चूल्हा गरम रख सकता है और रखेगा भी। जहाँ तक भारत का सवाल है, वह समझौते के लिए तैयार हो जायेगा या इस बीच वह कश्मीर पर अपनी पकड़ बनाये रखेगा। दोनों के बीच जो पिस रहे हैं, वे हैं कश्मीर के लोग। उनके कष्टों का अंत नहीं दिखाई देता।

अगर कश्मीर के लोग आजाद होना चाहते हैं–निस्संदेह कश्मीर के लोगों की यह इच्छा है और वे उसके योग्य भी हैं–तो इसकी एक निश्चित पूर्व-शर्त है। वह यह कि भारत और पाकिस्तान तथा संभवतः संयुक्त राष्ट्र संघ भी यह गारंटी दें कि न तो भारत और न ही पाकिस्तान कश्मीर की आजादी को नष्ट करने की कोशिश करेगा।

क्या ये दोनों देश ऐसा कोई समझौता स्वीकार कर लेंगे ? इन दोनों देशों में विभाजन इतने गहरे हैं कि ऐसी किसी भी चीज को मंजूर करने के लिए दोनों में उच्चतम कोटि की राजनीतिज्ञता की आवश्यकता होगी। 1972 में भुट्टो के सामने जब यह प्रस्ताव रखा गया कि युद्ध विराम रेखा दोनों देशों के बीच स्थायी सीमा रेखा बन सकती है, तो उन्होंने कहा कि इस प्रस्ताव की तार्किकता या व्यावहारिकता पर उनका मतभेद नहीं है, किंतु पाकिस्तान के दो टुकड़े होने के बाद की स्थिति में वे यह पेशकश अपने देश को कैसे बेच सकते हैं।

क्या उनका यह कहना ठीक था ? ठीक तो था, लेकिन उन्होंने जो कुछ कहा, वह सच के बजाय रणकौशल ज्यादा था। शिमला से लौटने के तुरंत बाद ही उन्होंने विपरीत सुर में बोलना शुरू कर दिया।

एक सतही जनप्रियतावादी और एक राजनेता चरित्र पर यह एक टिप्पणी है। फिर भी सच्चाई यही है कि पाकिस्तान इस मामले में भावनात्मक रूप से

इतना शामिल है कि वह न तो पीछे हट सकता है और न ही कश्मीर को आजाद होते देख सकता है। इसका मतलब यह भी नहीं है कि भारत कश्मीर की आजादी के लिए तैयार है।

फिर भी, हम यह कल्पना कर सकते हैं कि कुछ सालों बाद भारत इस मामले में नरम रुख अपना सकता है और कश्मीर के लिए भूटान की तरह की आजादी पर सहमत हो सकता है। लेकिन पाकिस्तान के किसी भी दौर में किसी भी समझौते पर सहमत होने की उम्मीद नहीं। लिहाजा, कश्मीरी लोगों के भाग्य में कष्ट ही लिखे हैं और आनेवाले सालों में उन्हें और ज्यादा कष्ट उन्हें उठाने पड़ेंगे। इस कथन में कोई अतिशयोक्ति नहीं है। बल्कि यह आज के कश्मीर की दर्दनाक सच्चाई की स्वीकृति है।

कश्मीर बेशक एशिया का स्विट्ज़रजरलैंड हो सकता है, बशर्ते ये दोनों देश घाटी पर कब्जा करने के लिए होड़ न करें। इसके बजाय दोनों देशों को कश्मीर को उसकी हालत पर छोड़ने पर सहमत हो जाना चाहिए। इससे कुछ ज्यादा फर्क भी नहीं पड़ेगा। यह गहरी इच्छा तभी पूरी हो सकती है, जब दोनों देश दृढ़निश्चय हो जायें। इतना ही महत्वपूर्ण यह भी है कि उनके सामने यह साफ हो कि जाना किस दिशा में है। क्या ऐसी कोई चीज क्षितिज पर दिखाई देती है ?

एक वचन, जो भारत को निभाना है

रघुनाथ वैष्णवी

9 जून 1970 को श्रीनगर के मुजाहिद मंजिल में हुए जम्मू-कश्मीर राज्य जन सम्मेलन के पूर्णाधिवेशन में मैंने एक परचे में कश्मीर की संप्रभु स्वाधीनता का दावा पेश किया। मैं संचालन समिति का सदस्य था।

शेख अब्दुल्ला ने 25 जून 1970 के लिखे पत्र में कहा कि आपके महत्वपूर्ण परचे में जो प्रस्ताव रखा गया है, उस दिशा में कश्मीर में ढाँचागत परिवर्तन कैसे किया जा सकता है, कृपया बतायें।

15 जुलाई 1970 को मैंने जो जवाब भेजा, वह इस तरह था–'राज्य के संविधान को स्विट्जरलैंड के संघीय संविधान की तर्ज पर लिखा जाये और उसमें जरूरी संशोधन किये जायें।

कश्मीर को स्विट्जरलैंड की तरह तटस्थ देश घोषित कर दिया जाये। इसके अलावा विदेशी हमले से बचाव के लिए संयुक्त राष्ट्र संघ उसकी सुरक्षा की गारंटी दे।'

29 दिसंबर 1970 को संचालन समिति ने मुजाहिद मंजिल में तय किया कि 17 जनवरी 1971 को जम्मू में बैठक की जाये और उसमें सम्मेलन के प्रस्तावों का प्रचार करने की व्यवस्था की जाये।

अगले दिन या उसके अगले दिन शेख मुहम्मद अब्दुल्ला दिल्ली रवाना हुए। वहाँ वे अपने सरकारी आवास 3, कोटला लेन में ठहरे। लेकिन जल्द ही उनके शहर छोड़ने पर पाबंदी लगा दी गयी। उसके बाद संचालन समिति की बैठक कहीं नहीं हो सकी।

ऊपर उल्लिखित परचे में मैंने साफ-साफ लिखा था, 'अगर इस उपमहाद्वीप के अवरोधक हटाने, तनाव खत्म करने और उसके भाग्य को मुक्त छोड़ना है तो जम्मू-कश्मीर सहित अन्य मामलों पर एक सर्वसम्मति जरूरी है। उससे शांति, स्वतंत्रता और प्रगति के पथ पर आगे बढ़ा जा सकेगा।··· क्या भारत, पाकिस्तान और कश्मीर

के असरदार नेता एक साथ बैठ कर इस राज्य की पुरानी संप्रभु स्वतंत्रता वाली स्थिति को बहाल नहीं कर सकते ? पठानों, मुगलों, सिखों और डोगरा जातियों के हमले और कब्जे के पहले यह राज्य उसी स्थिति में था।'

भारत के राष्ट्रपति डॉ. सर्वपल्ली राधाकृष्णन को दिये अपने पत्र में मैंने उन्हें यह बताते हुए कि किस तरह 'पवित्र बाल' के गायब होने पर कश्मीर की सारी जनता शोक में डूबी हुई थी, उनकी जानकारी में यह बात लाने की कोशिश की कि 'कश्मीर का व्यक्ति चाहे जिस धर्म, पंथ और समुदाय में पैदा हुआ हो, वह एक है और उसी मिट्टी का है। हमारी सदियों पुरानी एक परंपरा और एक इतिहास है। शासकों को बनते-बिगड़ते, समय के ज्वार-भाटे, भाग्य के उतार-चढ़ाव और सांसारिक परिवर्तनों को हमने एक साथ देखा है।··· हमें अपनी जन्मभूमि से गजब का लगाव है। पर्वतमालाओं से घिरे कश्मीर की अपनी भाषा, संस्कृति, एक जैसी जीवन पद्धति, दृष्टिकोण, भावनाएँ और रूप-रंग है। हमारी विरासत एक है, रीति-रिवाज और जज्बात भी एक हैं। एशिया का स्वर्ग कहे जानेवाले इस राज्य में सामाजिक जीवन के विभिन्न क्षेत्रों को सांप्रदायिक सद्भाव, समझदारी, सहिष्णुता, भाईचारा, शांति और सामंजस्य ने जिस तरह से बाँध रखा है, उससे पाकिस्तान और भारत दोनों को प्रेरणा और संदेश लेना चाहिए।

' पूरी दुनिया को मानना चाहिए कि कश्मीर अपनी तरह का अकेला क्षेत्र है।

' कश्मीर उन लाखों कश्मीरियों से अपील करता है, जो अपनी मातृभूमि के बारे में सोचते हैं, कि वे साथ बैठ कर ऐसा हल खोजने की कोशिश करें जो कश्मीर की मेधा के मुताबिक हो। वे फैसला करें और ऐसे शुरुआती असरदार कदम उठायें, जिनसे एक स्थायी संधि का रास्ता प्रशस्त हो सके। '

राष्ट्रपति के सचिव बी. एल. मूर ने 3 मार्च 1964 को भेजे पत्र में हमारे पत्र की पावती स्वीकार की।

मैंने 10 अगस्त 1964 को चेयरमैन को लिखा कि 'मुझे इस उपमहाद्वीप की जनता को बताना है कि कश्मीर का शरीर और दिमाग मिल कर एक सांस्कृतिक इकाई है। यह एक ऐसा सामाजिक मॉडल है, जिसमें सहज देशभक्ति है और अपनी जन्मभूमि के प्रति गहरा लगाव है और इन लोगों ने अपने को पूरी दुनिया से राजनैतिक, सामाजिक और सांस्कृतिक रूप से अलग रखा है। पूरी दुनिया हमारी समस्या पर सहानुभूतिपूर्वक विचार करे, इसके लिए कश्मीर के सामाजिक-राजनैतिक यथार्थ के सभी तथ्यों को व्यापक रूप से रखना पड़ेगा। हमारा भाग्य जिन प्रमुख विशेषताओं से जुड़ा हुआ है, वे इस प्रकार हैं :

1. कश्मीर का भूगोल और एशिया के इस भाग के सामाजिक-राजनैतिक भविष्य पर उसका प्रभाव।

2. हाल के अतीत में कश्मीर का राजनीतिक व्यक्तित्व।

3. देसी उद्योग, हस्तशिल्प और व्यापार, जमीन के ऊपर और नीचे प्राकृतिक संसाधनों का जबरदस्त भंडार और कश्मीर की जनता के आर्थिक कल्याण और समृद्धि के लिए उन संसाधनों का आधुनिक विज्ञान और प्रौद्योगिकी के सहारे दोहन।

4. कश्मीर की एकीकृत/ सामाजिक, सांस्कृतिक अस्मिता।

5. अपनी भौगोलिक स्थितियों की वजह से कश्मीर भारत और पाकिस्तान के बीच शांति सेतु के रूप में, ताकि इस क्षेत्र में किसी बड़ी एशियाई शक्ति को दखल देने का मौका न मिले।

फिर स्वयं इंडिया-पाकिस्तान कांसिलेशन ग्रुप ऑफ कश्मीर। (कश्मीर का भारत-पाकिस्तान मेलमिलाप समूह) के चेयरमैन के तौर पर 27 दिसंबर 1965 को मैंने प्रधानमंत्री लालबहादुर शास्त्री को तार भेजा। उस समय वे ताशकंद जा रहे थे। मैंने उनका ध्यान पिछले 40 सालों से राजनीतिक आजादी के लिए चल रहे कठिन संघर्ष की तरफ खींचा। 195 शब्दों के तार में मैंने सुझाव दिया :

'भारत और पाकिस्तान के सामाजिक उत्थान, आर्थिक पुनर्निर्माण, नैतिक और भौतिक प्रगति, क्षेत्रीय अखंडता और सहकारी सहअस्तित्व के लिए दोनों देशों में सौहार्द और तालमेल बेहद जरूरी है। मौजूदा तनाव की वजह से सारे सँजोये मूल्य बिखर गये। असुरक्षा, अनिश्चय, अविश्वास और अभाव के इस माहौल ने उपमहाद्वीप की सर्जनात्मक और रचनात्मक मेधा को कुंद कर दिया है। यहाँ के दुर्बल और आतंकित लोगों को युद्ध और नफरत, द्वेष और दहशत की छाया से मुक्त कराने के लिए कोई भी कुरबानी कम होगी। भारत और पाकिस्तान के मतभेदों के शांतिपूर्ण समाधान के लिए भगवान आपको गति और दृढ़ इच्छा शक्ति दें, ताकि पूरी दुनिया के लिए शांति और भाईचारे के प्रतीक स्तंभ के रूप में कश्मीर की सांस्कृतिक विरासत के मुताबिक उसे उपयुक्त स्थान और पहचान मिले।'

उसी हैसियत से राजनैतिक बंदियों की रिहाई की माँग करते हुए मैंने 4 दिसंबर 1966 को राष्ट्रपति को पत्र लिखा :

'दशकों से अपनी तरह से रहने और अपनी प्रतिभा के मुताबिक रहने के अपने जन्मसिद्ध अधिकार यानी अपने घर में अपना मालिक होने के अधिकार को पाने के लिए हम संघर्ष करते और यातना झेलते रहे हैं।'

राष्ट्रपति के उपसचिव ने 28 फरवरी 1966 को एफ-17/66-11 नवंबर के माध्यम से मेरे पत्र की पावती स्वीकार की।

25 अप्रैल 1966 को मैंने उसी हैसियत से एक बयान जारी किया, जिसकी प्रति रजिस्टर्ड ए. डी. के साथ राष्ट्रपति को भेज दी गयी। इसका उद्देश्य कश्मीर विवाद संबंधी बुनियादी मुद्दों पर भारत और पाक सरकारों का ध्यान खींचना था। इसे व्यापक रूप से इस तरह रखा गया था :

'हमें इस उपमहाद्वीप के हृदय में बसी मानवता पर विश्वास है। हमारा उद्देश्य शांति और सहिष्णुता है। कश्मीर में संतों-महात्माओं का वास रहा है और आज भी है। हम अपने तरीके से जीने और विकास करने का बुनियादी मानवाधिकार चाहते हैं, क्योंकि प्रकृति ने युगों में हमारे भविष्य का निरूपण किया है। राजनीतिक गुलामी, आर्थिक शोषण तथा सामाजिक और बौद्धिक दासता से मुक्त होने के लिए हमने शहीदों का मार्ग अपनाया है।

'उपमहाद्वीप और अफ्रीका व लातिनी अमेरिका के देशों के अश्वेत इलाकों में भी लोकतांत्रिक प्रणाली लागू होने के बाद हम भी अपने बुनियादी अधिकारों के प्रति जागें। एशिया के स्वर्ग कश्मीर की पहचान बनाना हमारा सँजोया हुआ सपना है। इस अधिकार से इनकार करना न तो न्यायोचित है और न ही मानवीय।'

•

श्रीनगर के दौरे पर समय-समय पर जानेवाले भारत के सार्वजनिक व्यक्तियों से मुझे बात का मौका मिला। मुझे इस सिलसिले में दो मौके याद आते हैं। पहली बातचीत सर्वोदय नेता गोविंदराव देशपांडे और पूरणचंद जैन से हुई थी। दूसरी स्वतंत्र पार्टी के प्रतिनिधि मंडल से।

8 नवंबर 1965 को श्री देशपांडे ने मुझसे सवाल पूछा कि मैं कश्मीर समस्या का क्या समाधान पेश करता हूँ–इस तथ्य के मद्देनजर कि पाकिस्तान ने हमला किया है और भारत उस देश से इस मसले को फिर नहीं उठाना चाहता। मैंने इस बात से साफ तौर पर इनकार किया कि कश्मीर समस्या की फाइल बंद हो चुकी है। मैंने कहा, 'यह समस्या न सिर्फ बरकरार है, बल्कि सामने मुँह बाये खड़ी है और बिना किसी विलंब के अपना समाधान माँग रही है। उसे मौजूदा स्थिति में और घसीटना ज्यादा जान-माल के नुकसान को न्यौता देना है। भारत को आखिरकार कुछ नहीं मिलेगा। कश्मीर को स्वतंत्र दरजा क्यों नहीं मिलना चाहिए ? कश्मीर विदेशियों द्वारा कब्जा किये जाने के पहले हजारों साल तक स्वतंत्र था।'

मैंने अपनी इस धारणा पर स्वतंत्र पार्टी के नेताओं–दयानंद पटेल, एन. दांडेकर, सरदार बेअंत सिंह, राम सिंह और बी. पी. सिंह–से लंबी चर्चा की। वे लोग नवंबर 1965 के दूसरे हफ्ते में श्रीनगर के दौरे पर आये थे। मैंने इन तीन दिनों में उनसे कश्मीर समस्या के विभिन्न पहलुओं पर बात की। श्रीनगर के नेड्रज होटल में 13, 14 और 15 नवंबर को हमारी मुलाकात हुई। 15 नवंबर को सुबह पौने आठ बजे प्रतिनिधि मंडल के दिल्ली रवाना होने से पहले मेरी ये बातें हुईं। श्री दांडेकर ने पूछा, 'पाकिस्तान तो हमलावर है। फिर भी कश्मीर के लिए कुछ स्थायी रूप से करना है। उस समस्या के स्थायी समाधान के लिए आप क्या सुझाव देते हैं ?'

मैंने कहा, 'बिना किसी लाग-लपेट के मैं आपसे कहना चाहता हूँ कि कश्मीर उठ खड़ा हुआ है। वह जाग गया है। उसकी आत्मा को अब नहीं दबाया जा सकता। पठानों, मुगलों, सिखों और डोगरों का कब्जा होने के पहले हम सदियों तक पूरी तरह आजाद थे। अब जबकि हर उभरते राष्ट्र का लक्ष्य लोकतंत्र बन चुका है, तो राष्ट्रों के सभ्य समाज में उसे उसके उपयुक्त स्थान से ज्यादा दिन वंचित नहीं किया जा सकता।'

श्री दांडेकर ने पूछा, 'लेकिन आप अपनी आजादी कैसे कायम रख सकते हैं ? छोटे देशों में आंतरिक अस्थिरता, राजनैतिक प्रतिद्वंद्विता और दूसरी समस्याएँ अक्सर उठती रहती हैं। फिर सीमा पर स्थित शक्तियाँ इन छोटे राज्यों के मामले में हस्तक्षेप करती रहती हैं। आप उस समस्या को कैसे दूर करेंगे ?'

मैंने उनके सामने विस्तार से अपनी बात रखी, 'मुझे कश्मीर को स्वतंत्रता देने में छोटा आकार या सीमित संसाधन जैसी आपत्तियों से कोई अड़चन दिखाई नहीं पड़ती। आधुनिक दौर की आवश्यकता रक्षा व्यवस्था में अंतर्राष्ट्रीय स्तर पर परस्पर निर्भर होना, राष्ट्र संघ के सदस्य देशों की क्षेत्रीय स्वायत्तता की गारंटी, विकासशील देशों की वित्तीय सहायता के लिए अंतर्राष्ट्रीय व्यवस्था है। इसलिए उन्नीसवीं सदी और यहाँ तक कि बीसवीं सदी की शुरुआत में जो राजनीतिक अवधारणा थी, वह अप्रासंगिक हो चुकी है। अगर राष्ट्र संघ के सदस्य देशों को दिये गये वचन के बावजूद छोटे देशों की क्षेत्रीय अखंडता असुरक्षित है, तो घातक नाभिकीय हथियारों की मौजूदगी में कोई बड़ा देश भी सुरक्षित नहीं है। एक आइ. सी. बी. एम. आज पाँच हजार मील दूरी तक मार कर सकती है। आज 52 ऐसे देश हैं, जिनकी जनसंख्या 50 लाख से कम है। 42 ऐसे हैं, जिनकी जनसंख्या 40 लाख से कम है। 35 की जनसंख्या तीस लाख से कम है, 31 देशों की आबादी 25 लाख से भी कम और 24 देशों की आबादी 20 लाख से भी कम है। दुनिया में 26 देश स्थल-रुद्ध हैं। संयुक्त राष्ट्र संघ ने उनकी जरूरतों, दिक्कतों और अंतर्राष्ट्रीय सुखाधिकार के लिए आयोग का गठन किया है।

'आंतरिक अस्थिरता के बारे में आँकड़े बताते हैं कि आधुनिक छोटे राज्य बड़े राज्यों के मुकाबले ज्यादा सुरक्षित हैं, विशेषकर संघीय राज्यों की तुलना में। छोटे देश में लोकतंत्र बेहतर तरीके से चलता है। पार्टी के गिरोह को मतदाता लगातार चौकस और आलोचनात्मक निगरानी में रहता है। अगर उन क्षेत्रों की बात छोड़ दी जाये जहाँ अभी साम्राज्यवादी शासन को उखाड़ा जाना है और लोग गृह युद्ध की स्थिति में हैं, छोटे देशों में ज्यादा स्थिरता, बेहतर प्रशासन, कम भ्रष्टाचार और ज्यादा लोकतंत्र है।

'दूसरी बात यह है कि एक पड़ोसी देश क्यों हमारी जमीन पर हमला करेगा ? हम पूरी दुनिया के साथ शांति से रहेंगे। दूसरों की जमीन पर हमारी

कुदृष्टि नहीं होगी। और, अगर हमारी शांति और दूसरे देशों के मामलों में हस्तक्षेप न करने की इच्छा के बावजूद कोई पड़ोसी देश हमारी क्षेत्रीय अखंडता पर हमला करेगा, तो यह कश्मीर के अन्य पड़ोसी देशों पर सीधा हमला होगा। इस तरह की स्थिति में उस बात का कोई मतलब नहीं रह जायेगा कि कश्मीर छोटा है या बड़ा। फिर राष्ट्र संघ के सदस्य के तौर पर कश्मीर बाकी दुनिया से मदद माँगने की भी स्थिति में रहेगा। इससे उस विश्व संगठन की परीक्षा भी होगी। मेरे विचार से पूरी दुनिया के राष्ट्र-राज्यों में आर्थिक और राजनैतिक ध्रुवीकरण हो चुका है। उसमें छोटे देश संतुलनकारी भूमिका यानी विश्व शांति के लिए एक तरह की गारंटी दे सकते हैं। वे दूसरे देशों की जमीन हड़पने की बड़ी शक्तियों की भूख को काबू में रख सकते हैं। अगर 52 छोटे देश दुनिया में रह सकते हैं, तो कश्मीर भी किसी की झड़प खाये बिना रह सकता है। संयुक्त राष्ट्र संघ का हर सदस्य देश दूसरे सदस्य देश की क्षेत्रीय अखंडता का सम्मान करने और उसका कभी उल्लंघन न करने की मर्यादा से बँधा है। उसी के मुताबिक सदस्य देशों का हर विवाद बातचीत, पंचाट और मध्यस्थता से सुलझाया जाना चाहिए। जो कुछ अन्य देशों पर लागू होगा, वही कश्मीर पर भी। इसलिए कश्मीर को स्वतंत्र संप्रभु राज्य घोषित किये जाने पर मुझे किसी दिक्कत की आशंका नहीं हैं।

श्री दांडेकर ने जवाब दिया, 'मैं आपकी बात समझ रहा हूँ। आपका मतलब यह है कि छोटे देशों की उपस्थिति से बड़े शक्तियों की ईमानदारी और उनके वचन की विश्वसनीयता की कठिन परीक्षा होती है, क्योंकि उनकी संप्रभुता का उल्लंघन नहीं किया जा सकता। और, इससे दुनिया के देशों के बीच शांति और अंतर्राष्ट्रीय शक्ति संतुलन बनाने में सुविधा होगी।'

'निश्चित रूप से मेरा यही मानना है।'

उन्होंने मुझसे सहमति जतायी कि वित्तीय मामलों को ले कर कोई दिक्कत नहीं है। मैंने बात आगे बढ़ायी, 'कश्मीर को राष्ट्र संघ का एशियाई मुख्यालय क्यों नहीं बना देते ? क्या कश्मीर यह सम्मान पाने लायक नहीं है ? उसका सौंदर्य और मेहमानबाजी बेजोड़ हैं।'

'अब जरा भविष्य की तरफ देखें। अगर भारत कश्मीर को स्वतंत्र कर देता है, तो उसका सम्मान बढ़ेगा। राष्ट्रों की महासभाओं में उसकी इज्जत और अहमियत बढ़ जायेगी। भारत की गाँधीवादी राजनीति के उस उदारमना काम से कश्मीर की जनता कृतज्ञ होगी।'–प्रतिनिधि मंडल ने मेरी मातृभूमि के प्रति मेरी भावनाओं से पूरी सहानुभूति जतायी।

कश्मीर में उम्मीद की किरण देखने में महात्मा गाँधी के पास एक अच्छी वजह थी। जब उन्होंने वहाँ की जनता के दिल में झाँका तो उनके साथ अच्छे लोग थे। 1947 के भीषण दंगे में कश्मीर ने अपने दामन पर खून के दाग नहीं लगने दिये। इस संदर्भ में एक पौराणिक कथा याद आती है, जिसमें बताया गया है कि कश्मीर के राजा ने कौरवों और पांडवों की लड़ाई में क्यों हिस्सा नहीं लिया था। एम. ए. स्टीन ने 'कश्मीर के प्राचीन भूगोल की यादें' खंड दो, अध्याय तीन, पृष्ठ 388 पर लिखा है :

'कश्मीर जिन भौगोलिक कारणों से एकदम अलग दिखता है, उन्हीं कारणों से उसकी ऐतिहासिक एकता और पृथकता भी है। ऊँची पर्वतमालाओं के बीच यहाँ एक उपजाऊ मैदान है। यह घाटी अपने लिए राज्य का गठन करने और एक ऊँचे दरजे की सभ्यता खड़ी करने में सक्षम है। यह समुद्र से 5000 से कम फुट की ऊँचाई पर नहीं है। इस विशेष स्थिति के कारण यह क्षेत्र भारत की तपती गर्मी और उत्तर-पूर्व क्षेत्र के जबरदस्त जाड़े से भी मुक्त है।'

हम गर्व के साथ जिक्र करते हैं कि कश्मीर ने एक हजार साल पहले दशमलव गणना पर आधारित मुद्राशास्त्र विकसित किया था। हमारे पास सीमाई गार्ड, विदेश मंत्री, व्यवस्थित सेना आदि रहे हैं। सहिष्णुता और मानवता, कला, अध्ययन और विद्वत्ता की परंपरा रही है। ललितादित्य, अवन्ति वर्मा और जैनुउल अबदीन तब तक जिंदा रहेंगे, जब तक कश्मीर को उसके नाम से पुकारा नहीं जायेगा।

'कश्मीर की जनता से आजादी का पवित्र वचन दिया गया है। वे अत्यन्त कठिनाई में हैं और चाहते हैं कि उनका सम्मान जल्दी बहाल हो, स्वतंत्रता मिले और वे लोकतंत्र, धर्मनिरपेक्षता, शांति, मानवता और चौतरफा प्रगति के पहरुए के रूप में इस उपमहाद्वीप की जनता से कंधा से कंधा मिला कर चलें।'–खचाखच भरे सम्मेलन स्थल पर प्रतिनिधियों ने मेरे इस प्रस्ताव को काफी उत्साह से स्वीकार किया। मुजाहिद मंजिल के विशाल मैदान में अपने राजनीतिक भविष्य का खाका खींचनेवाले भाषण को सुनने के लिए लाखों कश्मीरी जमा हुए थे।

मैंने 14 मार्च 1964 को पत्र लिख कर जयप्रकाश नारायण का ध्यान खींचा था। उस पत्र में अन्य बातों के अलावा कश्मीर विवाद को जल्दी से जल्दी हल करने और कश्मीरियों को 17 साल की पीड़ा से मुक्ति दिलाने की जरूरत बतायी गयी थी। मैंने लिखा था, 'लोगों को दिये वचन को निभाना इस उपमहाद्वीप की महान परंपरा रही है। किसी भी तरह की जल्दी सत्य के विनाश को सही नहीं ठहरा सकती। भारत के माथे पर वैदिक उक्ति 'सत्यमेव जयते' लिखी हुई है। यह वह प्रकाश स्तंभ है, जो यथार्थ और सत्य को दुर्घटना से बचाता है। यह ईश्वरीय नियम हर समय और दुनिया के सभी लोगों के कल्याण के लिए है। जनता की इच्छा हमेशा सर्वोपरि होती है। समय बीतने के साथ मनुष्य का अधिकार

कभी खत्म नहीं होता। अगर ऐसा होता, तो दुनिया के करोड़ों लोग साम्राज्यवाद की गुलामी से कभी मुक्त नहीं होंगे। इसके विपरीत मान्यता बेहद खतरनाक होगी। अगर ऐसा माना गया, तो इसका मतलब होगा कि हम राजनैतिक दासता को सही ठहराते हैं, जबकि लाखों लोग आज सामाजिक, आर्थिक और राजनीतिक गुलामी से मुक्त होने के लिए संघर्ष कर रहे हैं। अगर बातचीत में सद्भावना और ईमानदारी रहे, तो समझौता फार्मूला के तौर कश्मीर विवाद का सम्मानजनक हल ढूँढ़ा जा सकता है। कश्मीर की जनता और दोनों तरफ के देशों को संतुष्ट करने का रास्ता भी निकाला जा सकता है।'

'कश्मीर विशेष सुविधा, दया या रियायत नहीं माँग रहा है। उसे राष्ट्रों के समाज में संप्रभु और स्वतंत्र होने का जन्मसिद्ध अधिकार है। यह स्थान उसे तब हासिल था जब दुनिया के तमाम समुदाय संस्कृति और सभ्यता के पालने में पैर झटक रहे थे।'

मानवता, न्याय और विवेक कश्मीर विवाद के तुरंत हल की माँग करते हैं। पिछले चार सालों में हजारों कश्मीरी युवक मारे गये, हजारों जेल में सड़ रहे है और हजारों पूरी जिंदगी के लिए अपंग हो गये हैं। यह एक वीभत्स परिदृश्य है, एक भयानक कहानी है। यहाँ तक कि मासूमों को भी नहीं बख्शा गया। विधवाओं, अनाथों और बेसहारा माता-पिताओं की लंबी कतार है। उनके अजीज उनसे छीन लिये गये। कुछ शहीदों की कब्र में दफन हो गये तो कुछ यातना कक्ष का आतंक झेल रहे हैं।

कश्मीर जल रहा है। वह क्षत-विक्षत मानवता की दग्ध लाश बन गया है। कश्मीरियों के जीवन से सारे आकर्षण समाप्त हो गये हैं। वे निराशा और दुख के घटाटोप वातावरण में साँस लेते हैं। और, उनका अपराध क्या है ? न्याय और दिये गये वचन को पूरा करने की माँग करना न तो अपराध है और न ही पाप। वक्त गुजरने से उनके दिमाग से शिकायतें खत्म नहीं होनेवाली हैं।

कश्मीर का अभिशाप पूरे उपमहाद्वीप को लग गया है। सांप्रदायिकता के पिशाच ने संहार नृत्य कर भयानक दंगे कराये। बेशकीमती संपत्ति का जो नुकसान हुआ, उसकी भरपाई नहीं हो सकती। हजारों बेगुनाह जीवन हमेशा के लिए खत्म हो गये।

वचन तोड़नेवालों को क्या मिला ? कश्मीरियों ने यह महसूस किया और देखा कि आजादी के बाद पिछले 45 सालों में पूरे भारत में हर साल अहमदाबाद, सूरत, गुजरात, बंबई, उत्तर प्रदेश, भागलपुर और मेरठ में सांप्रदायिक दंगों में लोग मारे गये। हाल में बाबरी मसजिद गिराये जाने से तो भारत का धर्मनिरपेक्षता का दावा भी झुठला दिया गया। लेकिन सत्ता में बैठे भारत के नेता आज भी छाया पकड़ने का खेल खेल रहे हैं। कश्मीर ने भारत की धर्मनिरपेक्षता और लोकतंत्र

के कटु विनाश का स्वाद चखा है। गाँधी का नाम ले कर की जानेवाली राजनीति से उनका विश्वास उठ गया।

1988 में छपे 'इनसाइक्लोपीडिक एटलस ऑफ द वर्ल्ड' में दुनिया के उन 82 सदस्य देशों का नाम दिया गया है, जिनकी जनसंख्या 76 लाख से कम है। इनमें 51 देश ऐसे हैं, जिनकी जनसंख्या 30 लाख से कम है। हाल में आधा दर्जन से ज्यादा देश संयुक्त राष्ट्र संघ में शामिल हुए हैं। विश्व संगठन में छोटे देशों की यह संख्या लगातार बढ़ रही है।

पूर्ण राज्य के लिए कश्मीर का ऐतिहासिक दावा बनता है। उसे सिर्फ उस सम्मानजनक स्थिति में बहाल करना है जो हमले और अतिक्रमण से छीन ली गयी थी। कश्मीर एक मानवीय समस्या है। लेकिन इसमें विनाश के बीज छिपे हैं। यह अवदाह दूर तक फैले और उपमहाद्वीप को राख कर दे, इससे पहले इसे हल कर लेने में सभी का हित है। यह उपमहाद्वीप राख हो जाये, तब भी कश्मीर समस्या तब तक बनी रहेगी जब तक उसे उसके भूगोल, संस्कृति व सैकड़ों साल से चली आ रही कश्मीरी जीवन पद्धति के अनुरूप हल नहीं किया जायेगा।

इतिहास के पृष्ठों पर यह अमिट है कि 15 जनवरी 1948 को भारतीय प्रतिनिधि स्वामी अय्यंगार ने सुरक्षा परिषद को आश्वासन दिया था : 'भारत सरकार ने हमेशा इस नीति को प्रतिपादित किया है कि सभी तरह के विवादों में इस राज्य की जनता फैसला करे। विलय का फैसला स्वीकार करने के दौरान भारत सरकार ने राज्य की तात्कालिक संकटपूर्ण स्थिति का बिलकुल फायदा नहीं उठाया और वहाँ के शासक से कहा कि जैसे ही शांति बहाल हुई, विलय का फैसला जनमत संग्रह से किया जायेगा। कश्मीर का अपने पड़ोसियों और पूरी दुनिया के संदर्भ में क्या दरजा होगा, क्या वह भारत से विलय तोड़ देगा, पाकिस्तान में मिल जायेगा या स्वतंत्र रहेगा और संयुक्त राष्ट्र का सदस्य बनने का अधिकार रखेगा–ये सारे सवाल कश्मीर में शांति बहाल होने के बाद वहाँ की जनता द्वारा तय कियें जायेंगे।'

विलय एक संविदात्मक संबंध है। भारत ने विलय को कानूनी रूप से प्रभावी बनाने के लिए जो प्राथमिक शर्त रखी थी, वह पूरी नहीं हुई। इसलिए यह विलय कानून रूप से निष्प्रभावी है। संवैधानिक और कानूनी रूप से कश्मीर भारत का अंग तब तक नहीं कहा जा सकता, जब तक कश्मीर की जनता स्वतंत्र और निष्पक्ष तरीके से हुए जनमत संग्रह में इसकी पुष्टि न करे। इस सिलसिले में 27 अक्तूबर 1947 को भारत के गवर्नर जनरल लॉर्ड माउंटबेटन ने महाराजा हरि सिंह को जो ऐतिहासिक पत्र लिखा, वह भी उल्लेखनीय है। 3 जुलाई 1972 को हुए शिमला समझौते का विश्लेषण करते हुए प्रो. बलराज मधोक लिखते हैं, 'जम्मू और कश्मीर

का अंतिम निपटारा ये शब्द बहुत महत्त्वपूर्ण है। संधि में उन शब्दों को शामिल करने पर जोर दे कर भुट्टो ने श्रीमती गाँधी व उनके देश से खुद कहला लिया कि जम्मू और कश्मीर पर विवाद है और पाकिस्तान उस विवाद का एक हिस्सा है और इस विवाद का अंतिम निपटारा अभी होना है। इस समझौते पर दस्तखत कर भारत सरकार ने साफ तरीके से माना कि एक तरह का विवाद था।' (द स्टेट्समैन, दिल्ली, 24 फरवरी 1984)

यह याद रखना चाहिए कि अंतर्राष्ट्रीय मान्यताओं की उपेक्षा कुछ समय तक ही की जा सकती है। 1918-19 की वर्साय संधि ने सार लैंड की जनता के जनमत संग्रह के अधिकार को मान्यता दी थी। फ्रांस को 18 सालों बाद इस प्रावधान का पालन करना पड़ा। इस मामले में जो फैसला हुआ, यह काफी मशहूर है। सार लैंड ने जर्मनी से विलय का फैसला किया। लेकिन इस संधि को लागू करने में फ्रांस ने टाल-मटोल की नीति अपनायी। यह वहाँ के अस्पष्ट राजनय की खामी थी। नतीजतन हिटलर को दूसरे विश्व युद्ध के लिए भारी हथियार जमा करने का बहाना मिला।

कश्मीर पर भारत का दावा सैनिक पराक्रम, हथियार और तोपखाने पर नहीं टिक सकता। आज के दौर में सैनिक टकराव विनाशकारी है। हथियारों की होड़ मौत का कुआँ है। यह दोनों प्रतिद्वंद्वियों को चूस लेती हैं। अगर किसी ने मौत को गले लगाने या संपूर्ण विनाश का संकल्प न कर लिया हो, तो किसी भी देश का कोई भी समझदार नेतृत्व कभी शक्ति प्रदर्शन करने का खयाल नहीं लायेगा। कश्मीर विवाद के स्थायी हल का एक ही शांतिपूर्ण मार्ग है और वह है यथार्थ के मद्देनजर मानवता, न्याय और विवेक के अनुरूप सार्थक, गंभीर और निर्णायक बातचीत से मित्रतापूर्ण समाधान किया जाये। हमेशा त्यौरियाँ चढ़ाये रहना और बंदूकें गरमाये रखना बेहद महँगा खेल है और देश के बेशकीमती मानव व अन्य संसाधनों की आपराधिक बरबादी है। यह उपमहाद्वीप चौराहे पर खड़ा है। उसे शांति, तरक्की और समृद्धि की राह दिखाइए।

अगर कश्मीर आजाद होता है

सच्चिदानन्द सिन्हा

पिछले 46 वर्षों में दुनिया की स्थिति में बदलाव और भारत एवं पाकिस्तान की भीतरी राजनीतिक परिस्थितियों के उतार-चढ़ाव के कारण कश्मीर की समस्या काफी उलझ गयी है। बहुत कुछ जो 1947-48 में महत्वपूर्ण था, अब अप्रासंगिक बन चुका है। कठिनाई यह है कि 1947-48 में जिन मुद्दों को भारत और पाकिस्तान पकड़े हुए थे, अब वे रूढ़ बन हठधर्मिता का रूप ले चुके हैं, जबकि जमीन पर स्थितियाँ बिलकुल बदल चुकी हैं। ऐसी स्थिति में समस्या का कोई बुद्धिसंगत समाधान तब तक नहीं निकल सकता जब तक सभी बिंदुओं से इस समस्या पर वस्तुपरक ढंग से विचार कर संबद्ध समूह अपने नजरिये को नहीं बदलते।

बीते वर्षों के अनुभव बतलाते हैं कि भारत और पाकिस्तान दोनों के लिए, जो कश्मीर को अपना अंग मानते हैं, अंग्रेजी की कहावत 'द टेल वैगिंग द डॉग' (दुम द्वारा कुत्ते का हिलाया जाना) पूरी तरह चरितार्थ होती है। कश्मीर के रख-रखाव एवं सुरक्षा का खर्च भारत की दरिद्रता का एक महत्वपूर्ण कारक है। इसी के कारण पाकिस्तान से संबंध खराब बना हुआ है और भारत बार-बार पाकिस्तान से युद्ध में उलझता रहा है। सच तो यह है कि अगर कश्मीर का मसला मैत्रीपूर्ण ढंग से सुलझ जाता, तो भारत के लिए अपने प्रतिरक्षा खर्च में भारी कटौती की संभावना पैदा होती, जो भारत के अर्थतंत्र पर सबसे बड़ा बोझ रहा है। अब इस मसले को ले कर परमाणु युद्ध तक की बात होने लगी है, जिसका अर्थ हिंदुस्तान और पाकिस्तान दोनों के लिए कब्रिस्तान बनने के सिवाय कुछ नहीं हो सकता। भावनात्मक तुष्टि की बात छोड़ दें, तो इस भारी खर्च और संभावित खतरे के बदले में भारतीय लोगों को मिलता क्या है ? लगभग कुछ नहीं। मुट्ठी भर संपन्न भारतीयों और बड़ी संख्या में विदेशी पर्यटकों के लिए कुछ समय के लिए कश्मीर आरामगाह जरूर बना रहता है। इससे भी बढ़ कर कश्मीर के भारत विरोधी जन उभार को दबाने में मानव अधिकारों का जो उल्लंघन होता है, उससे भारत की

प्रशासनिक सेवा में बुनियादी मानव अधिकारों के प्रति आदर घटता जा रहा है, जो अंततः हमारे लोकतंत्र को ही नष्ट कर देगा। इस तरह शुद्ध रूप से हानि-लाभ की दृष्टि से विचार करने पर यह लगेगा कि ऊपर बतलायी गयी कहावतवाले कुत्ते के लिए समझदारी की बात यही होगी कि वह इस झकझोरनेवाली दुम को काट कर इससे अपना पिंड छुड़ा ले। फिर भी यह तर्कसंगत सुझाव लोगों के गले नहीं उतरेगा, क्योंकि राष्ट्रों की नीति से भावना और परंपराओं को बिलकुल अलग नहीं किया जा सकता। लेकिन ऊपर की बात इसलिए कही गयी, क्योंकि कश्मीर समस्या का एक पहलू यह भी है और चूँकि इसका संबंध आम लोगों के जीवनस्तर और हमारे अस्तित्व से जुड़ा है, इसे भी बिलकुल नजरअंदाज नहीं किया जा सकता।

लेकिन एक भारतीय के लिए भावनात्मक रूप से कश्मीर का महत्व इसलिए है क्योंकि समग्र राष्ट्र की उसकी प्राचीन सांस्कृतिक परंपरा में कश्मीर भारत का एक अभिन्न अंग रहा है। उसके अलग होने की बात से उसके दिल को वैसी ही चोट पहुँचती है जैसी कभी भारत के विभाजन और पाकिस्तान बनने से पहुँची थी। लेकिन हम भारत की राजकीय एकता कायम नहीं रख सके, क्योंकि धार्मिक उन्माद ने हमें भावनात्मक रूप से इतना तोड़ दिया था कि साथ रहना असंभव लगने लगा। लेकिन हम भारतीय भी, जिन्होंने धार्मिक राष्ट्र के सिद्धांत को कबूल नहीं किया था, व्यवहार में उस सांप्रदायिक सद्भाव को कायम नहीं रख सके, जो हमारी एकता को कायम रखती और भविष्य में हमारे पड़ोसी पाकिस्तान और बाँग्लादेश से नये संपर्क सूत्रों से जोड़ने में सेतु का काम करती। देश में राष्ट्रविरोधी हिंदुत्व का जो उन्माद उभरा, उसने पारंपरिक रूप से भाईचारे में बँधे कश्मीर की हिंदू और मुसलमान जनता को भी काफी हद तक एक-दूसरे से बेगाना बना दिया है। इसका एक नतीजा तो हुआ है हिंदुत्ववादियों के उकसाने पर बड़ी संख्या में कश्मीर घाटी से कश्मीरी पंडितों का पलायन, जिनका अपने पड़ोसी मुसलमानों से गहरा पारस्परिकता का रिश्ता था। दूसरी ओर कश्मीर के मुसलमानों में कट्टरपंथी जमातों का प्रभाव बढ़ा है, जबकि प्रारंभ के दिनों में, जब वहाँ शेख अब्दुल्ला के नेतृत्व में नेशनल कांफ्रेंस कश्मीरी जनता की भावनाओं का प्रतिनिधित्व करती थी, इस्लामी कट्टरपंथियों और मुस्लिम संप्रदायवादियों का कोई प्रभाव नहीं था। इस स्थिति में निश्चित रूप से यह नहीं कहा जा सकता कि कश्मीर की बहुसंख्य जनता अब धर्मनिरपेक्ष भारत के साथ ही रहना पसंद करेगी। वह एक ऐसे भारत के साथ तो कतई रहना पसंद नहीं करेगी, जिसमें हिंदुत्ववादी उभार हो। अतः पाकिस्तान का स्वार्थ इसी में है कि वे भारत में हिंदुत्ववादी तत्त्व फलें-फूलें। इससे कश्मीर के भारतविरोधी तत्वों को लगातार नया मसाला मिलता रहेगा। संयोग से पिछले दिनों संघ परिवार के प्रसार के साथ ऐसा ही माहौल देश में बना है।

जिस हद तक भारत में हिंदुत्व की राजनीति फलती-फूलती है और सांप्रदायिक

तनाव बढ़ता है, उस हद तक उस तरह की भावनात्मक स्थिति कश्मीर में बनती है जिसमें भारी दंगों के बीच भारत का विभाजन हुआ था। संभव है कि आखिरकार इस माहौल में भारत और पाकिस्तान के शासक सुविधाजनक समाधान मान कर फिर कश्मीर के सांप्रदायिक बँटवारे पर, जिसमें उसके कुछ हिस्से भारत के साथ रहें और कुछ पाकिस्तान के साथ जायें, राजी हो जायें। यह राष्ट्र के विभाजन की त्रासदी की पुनरावृत्ति होगी। लेकिन बोस्निया-हर्जेगोविना में जो कुछ हुआ है, उसे देखते हुए यह नहीं कहा जा सकता कि धार्मिक उन्माद की राजनीति की परिणति अंततः संबद्ध देशों और दुनिया के अन्य राष्ट्रों को इस त्रासद स्थिति को कबूल करने को राजी नहीं करेगी। लेकिन चूँकि यह मामला अब सिर्फ भारत और पाकिस्तान के बीच का ही नहीं रह गया है, यह समाधान कश्मीर के लोगों को भी मान्य होगा, यह नहीं कहा जा सकता।

अभी तक भारत या पाकिस्तान दोनों में कोई भी इस असलियत को कबूल करने को तैयार नहीं है कि स्वतंत्र कश्मीर के अस्तित्व की बात भी अब एजेंडा पर आ गयी है। 1947-48 और 1994 के बीच इस सवाल पर स्थितियाँ बिलकुल बदल गयी हैं। 1947 में कोई भी राष्ट्र भक्त इस बात को कबूल नहीं कर सकता था कि पाँच सौ के लगभग देशी रियासतों को भारत या पाकिस्तान से अलग रहने की स्वतंत्रता हो। चूँकि ये देशी रियासतें उस समय पूरी तरह अंग्रेजी हुकूमत पर आश्रित थीं, उनके स्वतंत्र अस्तित्व को कबूल करना परोक्ष रूप से भारत में सैकड़ों बरतानवी चौकियों का बना रहना कबूल करना होता। हैदराबाद निजाम और कश्मीर के राजा हरि सिंह दोनों ने ही स्वतंत्र अस्तित्व बनाये रखने का प्रयास किया था। हैदराबाद का विलय तो निजाम के नाम-लिहाजी प्रतिरोध के बाद पूरी तरह भारत के साथ हो गया, पर कश्मीर का मामला अफरीदी कबीलों के माध्यम से किये गये पाकिस्तानी हमले से उलझ गया। उस समय संयुक्त राष्ट्र संघ ने जब कश्मीर के भविष्य के सवाल पर कश्मीरी लोगों की जनमत गणना (प्लेबिसाइट) का प्रस्ताव रखा, तब स्वाभाविक था कि अंग्रेजी सत्ता के हस्तांतरण की पृष्ठभूमि में दो में ही एक निर्णय लेना था—भारत के साथ रहने का या पाकिस्तान के साथ जाने का। अंग्रेजी हुकूमत की विदाई की लगभग अर्धशताब्दी बाद अब राजनीतिक स्थिति पहलेवाली नहीं है। इस बीच वहाँ किसी-न-किसी तरह का देशज राज्य रहा है। इसलिए यह दावा कि 1947 की स्थितियाँ अब भी पहले जैसी ही प्रासंगिक हैं, सही नहीं है। इस बीच भारत और पाकिस्तान के बीच कश्मीर को लेकर चलनेवाले आधी शताब्दी के विवाद ने भी कश्मीर को एक अलग हैसियत दे दी है और इस हैसियत के साथ जुड़ गयी है कश्मीर के लोगों की स्वतंत्र अस्मिता की भावना। अगर देश के अन्य देशी रजवाड़ों की तरह या हैदराबाद की तरह कश्मीर का भी विलय पहले भारत या पाकिस्तान के साथ हो चुका होता, तो वह भी पूरा

का पूरा, या विभाजित हो, इन देशों के राज्यों या प्रांतों में बदल अपनी स्वतंत्र अस्मिता की बात को भूल गया होता। लेकिन 1947 से वर्तमान समय तक के घटनाक्रम ने स्वतंत्र कश्मीरियत की भावना को लगातार गारा दे कर मजबूत किया है। भारत में शामिल कश्मीर में अलगाववादी संघर्ष अधिक तीव्र है। लेकिन पाकिस्तान के कब्जेवाले 'आजाद कश्मीर' के इलाके में भी पाकिस्तानी शासन के खिलाफ व्यापक असंतोष है। भारत और पाकिस्तान के नेता इस ऐतिहासिक तथ्य को लगातार नजरअंदाज कर रहे हैं कि कानूनी और संवैधानिक बारीकियों पर आधारित दलीलों से किसी सवाल पर पैदा जन उभार को खत्म नहीं किया जा सकता।

कश्मीर में, विशेषकर कश्मीर घाटी में, कश्मीरी स्वायत्तता के पक्ष में एक जन उभार जरूर दिखाई देता है। लेकिन सवाल यह है कि क्या कश्मीर उन शर्तों को पूरा करता है जो इसे एक राष्ट्र का दर्जा दे सके ? अगर हम यूरोप के उन राष्ट्र-राज्यों को प्रतिमान मान लें, जिनका विकास पंद्रहवीं से उन्नीसवीं शताब्दी तक में हुआ और जिनकी प्रेरणा से दुनिया भर में राष्ट्र-राज्यों के निर्माण का सिलसिला शुरू हुआ, तो निश्चित रूप से कश्मीर उन शर्तों को पूरा नहीं करता। यूरोप के वे राष्ट्र प्रायः मूल-आधारित थे और एक निश्चित क्षेत्र से बँधे थे। उनमें अधिकांश में एक भाषा भी थी, हालाँकि स्विट्जरलैंड में, जो राष्ट्रों के संघ के रूप में धीरे-धीरे विकसित हुआ था, चार भाषाएँ साथ-साथ चलती रही हैं। वैसे ही बेल्जियम पूर्व फ्रांसीसी आधिपत्य के कारण दो भाषाओं का राष्ट्र है। यह भी हुआ है कि यूरोप के अधिकांश राष्ट्र-राज्यों में ईसाइयों के किसी-न-किसी संप्रदाय को माननेवाले लोग रहते हैं। इन संप्रदायों में प्रारंभ में संघर्ष और हिंसा का सिलसिला चलता था, लेकिन अब वे एक-दूसरे को बरदाश्त करने लगे हैं और समान धार्मिक संस्कृति भी विकसित हुई है। इसके विपरीत कश्मीर में मूलों की विविधता है। लद्दाख के लोग कश्मीर घाटी के लोगों से भिन्न मूल के हैं और वहाँ बौद्ध धर्म को माननेवाले लोग भी बड़ी संख्या में हैं। वैसे यहाँ के पशुपालक गूजर मूल के हिसाब से भारत के पड़ोस के राज्यों के गूजरों के करीब हैं। जम्मू के डोगरा भी भिन्न मूल के हैं और उनकी मातृभाषा डोगरी भी कश्मीर की भाषा से अलग है। हालाँकि कश्मीर में मुसलमानों की संख्या अधिक है, वहाँ हिंदू भी भारी संख्या में हैं–खासकर जम्मू में। इस तरह कश्मीर छोटे पैमाने पर भारत की विविधता को ही प्रतिबिंबित करता है–फर्क यह है कि जहाँ संपूर्ण भारत में हिंदू बहुसंख्यक हैं, वहाँ कश्मीर में मुसलमान बहुसंख्यक हैं। इस तरह वहाँ की उपराष्ट्रीयता भी भारत की तर्ज पर अपनी विविधता के कारण सांस्कृतिक ही हो सकती है और यूरोप के ऊपर वर्णित राष्ट्र-राज्यों की तरह मूल-आधारित एकात्मक नहीं हो सकती।

लेकिन इससे यह नतीजा निकालना गलत होगा कि कश्मीर राष्ट्र बनने की शर्त पूरा नहीं करता और अलग राष्ट्र नहीं बन सकता। प्रथम विश्व युद्ध से शुरू हो कर द्वितीय विश्व युद्ध के बाद तक एशिया, अफ्रीका और स्वयं पूर्वी यूरोप में नये राष्ट्र-राज्यों के उदय का जो सिलसिला चला है, उसमें कम ही राष्ट्र-राज्य एकात्मक रहे हैं। अधिकांश में विविध मूलों और धर्मों के लोग, जिनमें एक राष्ट्र निर्माण की आकांक्षा रही है, नये राष्ट्र-राज्य के जनक बने हैं। संभव है कि इनमें से अनेक में किसी विशेष मूल या धर्म के लोगों या इनके अभिजात वर्गों का वर्चस्व रहा हो। महत्वपूर्ण बात यह रही है कि एक काल खण्ड में उनमें एक राष्ट्र के रूप में स्वतंत्र राज्य स्थापित करने की भावना इतनी प्रबल रही कि उसका विरोध करना संभव नहीं हुआ। यह स्थिति खास कर साम्राज्यवाद से आजाद हुए देशों की है, जिनमें भारत भी शामिल है। भारत की विशेषता यह रही है कि उसके संपूर्ण भौगोलिक क्षेत्र पर एक राज्य नहीं रहते हुए भी एक विशाल राष्ट्र होने की भावना कम-से-कम डेढ़ हजार वर्ष से रही है और स्वयं कश्मीर इस सांस्कृतिक राष्ट्र का अंग रहा है।

पिछले दशक में दुनिया के कुछ भागों में बड़े राष्ट्र-राज्यों से टूट कर छोटे राष्ट्र-राज्य अस्तित्व में आये हैं और उन्हें मान्यता भी प्राप्त हुई है। इस तरह के कई राष्ट्र-राज्य पूर्व के सोवियत संघ से अलग हो अस्तित्व में आये हैं। इन घटनाओं से भी कश्मीर को स्वतंत्र राष्ट्र के रूप में स्थापित करने के आंदोलन को बल मिला है। लेकिन लंबे समय तक एक एकीकृत राष्ट्रीय इकाई का अंग रहने के कारण अलग होनेवाले राष्ट्रों में आर्थिक और सुरक्षात्मक समस्याएँ भी पैदा हुई हैं। कई तो पड़ोसी राष्ट्रों से युद्ध में उलझ गये। स्वतंत्र कश्मीर राज्य को निश्चित रूप से ऐसी समस्याओं का सामना करना पड़ेगा। कश्मीर के लिए आर्थिक और सुरक्षात्मक दोनों ही समस्याएँ अधिक विकट होंगी। एक तो अभी तक कश्मीर की अर्थव्यवस्था पूरी तरह भारत के समर्थन पर टिकी रही है और उसका अपने संसाधनों का आधार इतना समृद्ध नहीं है कि वह जल्द ही अपने पाँव पर खड़ा हो सके। इससे इस बात का खतरा काफी है कि वह अपनी कठिनाइयों से उबरने के लिए जल्द ही किसी दूसरी बड़ी शक्ति का आश्रय ढूँढ़े और उसके चंगुल में फँस जाये। सुरक्षा की समस्या कश्मीर के लिए और भी कठिन होगी। वह पूर्व सोवियत संघ, चीन, पाकिस्तान और भारत इन चार बड़े राष्ट्रों की सीमा पर है। इनमें भारत और पाकिस्तान के संबंध काफी कटु रहे हैं और चीन से भी भारत का सीमा संबंधी पुराना विवाद है। इन सबों के साथ अपने संबंध में किसी तरह का संतुलन बनाये रखना बहुत आसान नहीं होगा। इससे संघर्ष हो सकते हैं। एक छोटे और साधनहीन राज्य के लिए प्रतिरक्षा व्यय का भारी बोझ वहन करना असंभव होगा और उसे किसी बड़े राष्ट्र का वर्चस्व कबूल कर चलना

होगा। यह नागनाथ के चंगुल से निकल कर साँपनाथ के चंगुल में जाना होगा।

स्विट्जरलैंड से इसकी तुलना करने से कश्मीर के लोगों में यह भ्रम फैल सकता है कि स्वतंत्र हो कर वाकई यह स्विट्जरलैंड की तरह ही एक संपन्न राष्ट्र बन जायेगा। बहुत सारे लोगों का ऐसा सोचना है कि पर्यटन उद्योग के सहारे यह करिश्मा हासिल होगा। ऐसे लोग यह बात भूल जाते हैं कि स्विट्जरलैंड दुनिया के तीन सबसे संपन्न देशों–फ्रांस, जर्मनी और इटली–से घिरा है। समुद्र तट लगभग दो सौ कि. मी. के भीतर है। संपन्न देशों से घिरा होने के कारण वह दुनिया से आधुनिकतम यातायात तथा संचार व्यवस्था से जुड़ा है। इसके अलावा स्वयं उसका आर्थिक विकास यूरोप के दूसरे औद्योगिक देशों के साथ-साथ हुआ है और अपनी तटस्थता की नीति के चलते युद्धों की विभीषिका से सुरक्षित उसकी अर्थव्यवस्था अत्यधिक समृद्ध है। उसका रसायन उद्योग, घड़ी उद्योग और बैंक उद्योग दुनिया के सबसे विकसित उद्योगों में हैं। यही वह आधार है, जिस पर पर्यटकों के लिए अति आधुनिक होटल सेवाएँ तथा अन्य तरह की सेवाएँ वह उपलब्ध करा पाता है। इन सभी स्थितियों के मेल से ही स्विट्जरलैंड की प्रतिव्यक्ति आय यूरोप में सबसे अधिक है। इसके विपरीत गरीब और साधनहीन कश्मीर पर्यटन उद्योग को विकसित तभी कर सकता है जब वह अपनी पूरी अर्थव्यवस्था को किसी संपन्न देश के हवाले कर दे। पर ऐसा करने पर भी अपनी भौगोलिक स्थिति के कारण–उसका उत्तर-पूर्व और उत्तर-पश्चिम में दुर्गम भौगोलिक भूखंड से घिरा होना, दक्षिण में भी भारत के सबसे दुर्गम स्थानों से घिरा होना और पश्चिम में पाकिस्तान की दुरूह सीमा का होना–वहाँ पर्यटन उद्योग एक सीमा के बाद नहीं बढ़ सकता। उलटे ऐसे उद्योग के विकास से एक पूरी दलाल संस्कृति पनपेगी, जिसके कारण राष्ट्र की मर्यादा ही नष्ट हो जायेगी।

लेकिन इन सब तथ्यों से यह निष्कर्ष नहीं निकाला जा सकता कि कश्मीर एक स्वतंत्र राष्ट्र के रूप में अस्तित्व नहीं रख सकता। दुनिया के अनेक राष्ट्र हैं, जो दरिद्र और पराश्रित होते हुए भी अपना स्वतंत्र अस्तित्व कायम रखते हैं। लेकिन जो सबसे भयावह स्थिति एक स्वतंत्र कश्मीर के लिए हो सकती है, वह उस विविधता को तिलांजलि देना है, जो भारत के पारंपरिक सांस्कृतिक राष्ट्रबोध का आधार रही है और कश्मीर को विरासत में मिली है। किसी एक धर्म या मूल को आधार बना कर–जैसा कि कई स्थानों पर हो रहा है–राष्ट्र निर्माण का प्रयास परंपरा से प्राप्त भावनात्मक एकता के सांस्कृतिक सूत्र को नष्ट कर देगा और कश्मीर स्वयं पृथकतावाद का शिकार हो जायेगा। इससे पैदा संघर्ष में पाकिस्तान और भारत दोनों का परोक्ष या प्रत्यक्ष हस्तक्षेप अवश्यंभावी होगा। इससे न सिर्फ कश्मीर में आतंरिक अस्थिरता, बल्कि पूरे हिंद-पाक भूखंड में अस्थिरता और युद्ध का माहौल पैदा हो सकता है।

इसके विपरीत अगर एक स्वतंत्र कश्मीर अपनी पारंपरिक सांप्रदायिक सद्भाव एवं एकात्मता की विरासत को बनाये रखता है और भारत और पाकिस्तान दोनों के साथ मैत्रीपूर्ण संबंध कायम करता है तो यह पूरे दक्षिण एशिया के लिए कल्याणकारी सिद्ध होगा। ऐसा हो सके, इसकी न्यूनतम शर्त होगी–भारत और पाकिस्तान दोनों द्वारा इस स्थिति को कबूल करना। इसका एक असर तो यह होगा कि भारत और पाकिस्तान इन दोनों के बीच वैमनस्य का मुख्य मुद्दा समाप्त हो जायेगा। इससे अपने दूरगामी हित में भारत और पाकिस्तान दोनों आपस में मित्रता का संबंध कायम कर सकते हैं। जैसे फिलहाल भारत और नेपाल के बीच खुली सीमा है, उसी तर्ज पर भारत, पाकिस्तान और बाँग्लादेश के बीच खुली सीमा रखी जा सकती है। चूँकि इन तीनों की सांस्कृतिक परंपराएँ एक हैं तथा नाते-रिश्ते और भाषा से भारी संख्या में इन देशों के लोग एक-दूसरे से जुड़े हैं, इनके आपस में संबंध तेजी से प्रगाढ़ बनेंगे।

गैट की नवीनतम संधि में शामिल होने के बावजूद अभी दुनिया के संपन्न देश भी अपने आर्थिक हितों की सुरक्षा के लिए पड़ोस के देशों के साथ विशेष तरह के आर्थिक रिश्ते कायम कर रहे हैं या पहले के ऐसे रिश्तों को मजबूत बना रहे हैं। यूरोपीय साझा बाजार को यूरोपीय यूनियन में पहले ही बदला जा चुका है और अब समान मुद्रा चालू करने की पहल जारी है। अभी हाल में अमेरिका, मेक्सिको और कनाडा ने नाफ्टा के तहत आपस में विशेष संबंध कायम किया है। आसियान को नया आर्थिक सहयोग का क्षेत्र बनाने के प्रयास जारी हैं। दक्षिण एशिया को भी इस तरह की आर्थिक एकता में बाँधना अब इस क्षेत्र के राष्ट्रों की आर्थिक सुरक्षा के लिए जरूरी हो गया है। इस तरह की एकता दूरगामी परिप्रेक्ष्य में हमें दक्षिण एशिया महासंघ की दिशा में ले जायेगी, जिससे हमारी अनेक आर्थिक और राजनीतिक समस्याओं का समाधान हो सकेगा। लेकिन यह सब तभी संभव होगा, जब हम कश्मीर की समस्या को वस्तुपरक ढंग से, पुराने वैर और विवादों को दरकिनार कर, दूरगामी हित में सुलझाने का प्रयास करें। जब दो-दो महायुद्धों के घोर शत्रु जर्मनी और फ्रांस एवं ब्रिटेन यूरोपीय संघ में अपनी प्रभुसत्ता का विलय कर सकते हैं, तो भारत, बाँग्लादेश और पाकिस्तान, जो हजारों वर्ष से एक सांस्कृतिक राष्ट्र के अभिन्न अंग रहे हैं, पिछली अर्धशताब्दी के दुःस्वप्न को विस्मृत कर नयी एकता की शुरुआत क्यों नहीं कर सकते ? इसमें कश्मीर संघर्ष का मुद्दा बनने के बदले जोड़नेवाला सूत्र बन सकता है।

कश्मीर नीति क्या हो

बलराज पुरी

कश्मीर में या कहीं भी आतंकवाद के लिए सिर्फ प्रशासनिक या आर्थिक कारणों को जिम्मेदार नहीं ठहराया जा सकता। प्रशासनिक ज्यादतियों और त्रुटियों से व्यक्तिगत शिकायतें तो पैदा होती हैं, लेकिन इनसे शायद ही राजनीतिक आतंकवाद का जन्म होता हो। इसी तरह, गरीबी एवं बेरोजगारी वर्ग असंतोष पैदा कर सकती हैं, लेकिन सामुदायिक असंतोष नहीं। आर्थिक विपन्नता या उपेक्षा और प्रशासनिक प्रताड़ना से किसी समुदाय में, चाहे वह जातीय हो या धार्मिक, तभी असंतोष उभरता है जब वह समुदाय इसे अपने साथ भेदभाव मानता है। राजनीतिक सत्ता से वंचित होना इस धारणा की जड़ में होता है। इसकी वजह से कोई समुदाय यह मानने लगता है कि उसकी गरिमा और पहचान खतरे में है। उदारता से दी गयी आर्थिक सहायता भी प्रायः सम्मान को लगी ठेस पर मलहम लगाने में विफल रहती है और कुछ मामलों में तो समुदाय के गर्व को आहत भी करती है। लेकिन किसी अलगाववादी-आतंकवादी आंदोलन के लिए सामुदायिक असंतोष जरूरी तो है, यह इसके लिए पर्याप्त स्थिति पैदा नहीं करता है। यदि राजनीतिक व्यवस्था में इसकी अभिव्यक्ति के लिए पर्याप्त प्रावधान नहीं हो, तभी यह असंतोष बहुधा पृथकतावादी निकासों की तलाश करेगा। और अगर किसी पृथकतावादी आंदोलन को व्यक्त करने के शांतिपूर्ण रास्ते नहीं बचेंगे तो वह आतंकवादी रूप ले सकता है।

पृथकतावादी-आतंकवादी आंदोलन की ये पूर्व शर्तें कश्मीर में इकट्ठी होती चली गयीं। यह भारतीय राष्ट्रवाद, संघवाद, लोकतंत्र और सबसे अधिक भारतीय धर्मनिरपेक्षता द्वारा कश्मीरी मुसलमानों की आकांक्षाओं को समाहित करने की विफलता को उजागर करता है।

अपनी पहचान और स्वतंत्रता की जिन आकांक्षाओं से प्रेरित हो कर भारत संघ में विलय के लिए कश्मीर प्रेरित हुआ था, उसे कई कारणों से झटका लगा। आधुनिक काल में ये अभिलाषाएँ मूल मानवोचित लालसा के रूप में उभरीं और

इसे आधुनिकोत्तर राजनीतिक विचार ने मान्यता भी दी है। तत्कालीन सोवियत खेमे और सोवियत संघ में इसकी स्पष्ट रूप से पुष्टि भी हुई। उल्लेखनीय है कि कश्मीर के विद्रोह का न सिर्फ तालमेल इन घटनाओं से बैठा, बल्कि उसने इनसे प्रेरणाएँ भी ग्रहण कीं।

यह इस समस्या के मुस्लिम पहलू को कमतर करने का प्रयास नहीं है। अगर कश्मीरियों में मुसलमानों की बहुलता नहीं होती, तो उनकी निष्ठा को इतनी जल्दी संदिग्ध भी नहीं माना जाता। जाहिर है कि वैसी स्थिति में इस समस्या से भावनात्मक एवं राजनीतिक स्तर पर पाकिस्तान का सतत जुड़ाव भी इतना गहरा नहीं होता। इस समस्या की इतनी परतें हैं कि इसे 1940 के दशक के अनसुलझे हिंदू-मुसलमान संघर्ष के विस्तार के रूप में भी नहीं देखा जा सकता। इससे भारत में विलय का समर्थन करनेवाले कश्मीरी मुसलमानों और 1947 में इसका विरोध करनेवाले हिंदू कट्टरपंथियों के व्यवहार की व्याख्या भी नहीं हो सकती है।

पृथकतावादी-उग्रवादी आंदोलन का कश्मीरी पक्ष भी कम महत्वपूर्ण नहीं है। यह इस तथ्य से स्पष्ट है कि राज्य के गैर-कश्मीरी मुसलमान समुदाय–डोगरा, पंजाबी, गुज्जर, पहाड़ी और लद्दाखी–दोनों समुदायों के सांप्रदायिक तत्वों की कोशिशों के बावजूद आंदोलन से कमोबेश असंपृक्त रहे हैं। सोपोर में 6 जनवरी 1993 को हुए नरसंहार के बाद जम्मू और इस क्षेत्र के कुछ अन्य शहरों में मुसलमानों ने सुरक्षा बलों की ज्यादतियों के विरोध में पहली बार दुकानें बंद रखीं। यह भी कम महत्वपूर्ण नहीं है कि पाकिस्तान ने अपने नवीनतम कश्मीर अभियान में कश्मीरी कार्ड फेंका, जबकि विगत में वह परंपरागत इस्लामी तुरुप के पत्ते से काम चलाता रहा था। जम्मू-कश्मीर लिबरेशन फ्रंट (जे. के. एल. एफ.) द्वारा शुरू किये गये उग्रवादी आंदोलन का पाकिस्तान की अपेक्षाओं से कहीं ज्यादा असर पड़ा। इसका मुख्य कारण जे. के. एल. एफ. द्वारा दिया गया 'कश्मीरियत' और 'आजादी' का नारा था, जो पाकिस्तान अधिकृत कश्मीर में कुछ समय पहले तक निषिद्ध एवं अवैधानिक था। 'कश्मीरियत' और 'आजादी' की दुधारी तलवार का 1947 में भारत के चतुर एवं प्रबुद्ध नेतृत्व ने पाकिस्तान के खिलाफ इस्तेमाल किया था। बाद में भारतीय नेताओं ने पाकिस्तान को इसे भारत के विरुद्ध इस्तेमाल करने की छूट दे दी। कश्मीर में आतंकवाद को बढ़ावा मिलने के दो और कारण थे–एक, आसानी से हथियारों की उपलब्धता और दो, भारत तथा पाकिस्तान की वास्तविक नियंत्रण रेखा से मात्र 640 किलोमीटर की दूरी पर प्रशिक्षण की सुविधा। नियंत्रण रेखा का बड़ा हिस्सा भेद्य है। पाकिस्तान सरकार द्वारा औपचारिक खंडन के बावजूद यह सर्वविदित है कि कश्मीर में सशस्त्र विद्रोह को ज़ारी रखने में वह सक्रिय रूप से लिप्त है। अमेरिकी उपग्रहों और खुफिया एजेंसियों, विदेशी संवाददाताओं और

उग्रवादियों की स्वीकारोक्तियाँ ऐसे प्रमाण हैं जो न सिर्फ हथियारों की नियमित आपूर्ति और प्रशिक्षण शिविरों के होने की गवाही देते हैं, बल्कि पाकिस्तान के अधिकार क्षेत्र में ऐसे शिविरों के निश्चित स्थान और संख्या का ब्यौरा भी देते हैं। ब्रिटेन के गृह मंत्री केनेथ क्लार्क ने 7 जनवरी 1993 को अपनी पाकिस्तान यात्रा के दौरान कहा कि भारी संख्या में सैनिक साजोसामान सीमा पार कश्मीर में भेजा जा रहा है। कश्मीर में आतंकवाद को प्रोत्साहन देने से पाकिस्तान को रोकने के उद्देश्य से पाकिस्तान स्थित अमेरिकी राजदूत ने विदेश सचिव शहरयार खाँ को एक पत्र भेजा। इसमें यह लिखा गया बताते हैं कि 'अमेरिका भारत द्वारा मुहैया करायी गयी जानकारियों के आधार पर यह कदम नहीं उठा रहा है, बल्कि उसने इस मसले पर सूचनाएँ इकट्ठा करने के लिए अपने स्रोतों का इस्तेमाल किया है।'

हिंसक और आतंकवादी गतिविधियों के समर्थन के लिए कश्मीरी मुसलमानों को दूसरे लोगों के नजरिये ने भी बाध्य किया। इन्हें शांतिप्रियता और नम्रता जैसे अपने स्वभावगत गुणों के लिए प्रायः कायर व डरपोक जैसे कटाक्ष झेलने पड़ते थे। जयप्रकाश नारायण ने एक बार इस पर दुख भी व्यक्त किया था कि उन्होंने जब भी भारत सरकार की कश्मीर में राजनीति की प्रतिकूल प्रतिक्रिया के प्रति आगाह किया, सरकारी पक्ष का घिसा-पिटा तर्क था कि कश्मीरी विद्रोह करने में सक्षम नहीं हैं। इस समुदाय के अहिंसक एवं सुसंस्कृत चरित्र को उसकी कमजोरी मान लिया गया और उसके दमन का यह एक बहाना बन गया। केंद्रीय गृह मंत्री ने जुलाई 1992 में राज्य की यात्रा के दौरान पाकिस्तान एवं आतंकवादियों से लोगों के मोहभंग को देखते हुए कश्मीर समस्या के समाधान की इस आधार पर उम्मीद जतायी कि 'कश्मीरी सीधे हैं।' 1988 में पुलिसकर्मियों पर कुछेक आतंकवादी हमलों और विस्फोटों की कोशिशों में जब लोगों की जान नहीं गयी, तो मीडिया के एक वर्ग और कुछ उपहासकों ने इसे उसी बात का सबूत बताया कि कश्मीरी कामयाब आतंकवादी नहीं हो सकते। कुछ लोगों ने तो यह आरोप भी लगाया कि ये वारदातें कश्मीरी जनता का उनकी समस्याओं से ध्यान बँटाने के उद्देश्य से सरकार ने करवायीं। बाद में जब आतंकवाद की वास्तविक और असरदार गतिविधियाँ शुरू की गयीं और आतंकवादियों की सुरक्षा बलों के साथ मुठभेड़ हुई, तो कश्मीरी मुसलमानों को जिस रोमांच का अनुभव हुआ, वह संभवतः राजनीतिक से ज्यादा मनोवैज्ञानिक था। उनके लिए यह इस बात का संकेत था कि अंततः वे एक लड़ाकू समुदाय से ताल्लुक रखते हैं। साथ ही अत्यंत 'भीरु' समझे जाने के सदियों पुराने 'कलंक' को भी उन्होंने भी धो डाला।

कश्मीर पर कोई भी नीति जनता की राजनीतिक एवं मनोवैज्ञानिक लालसाओं को महत्व दिये बगैर सफल नहीं हो सकती। यहाँ यह सारा विवाद निरर्थक और

अप्रासंगिक है कि यह नीति सख्त होनी चाहिए या नरम, कि यह राष्ट्रवादी आकांक्षाओं पर आधारित हो अथवा नैतिक नजरिये पर, कि इसकी बुनियाद यथार्थवादी राजनीति पर हो या आदर्श की राजनीति पर। उचित और प्रासंगिक सवाल यह है कि इसका सही आकलन, समस्या के कारणों की सही पड़ताल, उचित रणनीति और बल तथा कौशल का अनुकूल मेल क्या है और क्या नहीं है। आखिरकार कश्मीर में जिन्ना की यथार्थवादी राजनीति पर गाँधी की आदर्शवादी राजनीति की विजय हुई थी। इसी तरह राज्य और केंद्र के बीच 1953 में जो भावनात्मक संबंध टूट गया था, उसे जयप्रकाश नारायण ने भारत सरकार की तथाकथित राष्ट्रवादी नीति के विरुद्ध नैतिक मुहिम छेड़ कर जोड़ा था। यह नीति मुख्य रूप से दमन और भ्रष्टाचार पर आधारित थी और उसे 1974 के इंदिरा-अब्दुल्ला समझौते के तहत औपचारिक रूप दिया गया था। गाँधी और जयप्रकाश नारायण जैसे कद्दावर नीति पुरुषों द्वारा भारत की प्रतिष्ठा और दुनिया की निगाहों में उसका कद ऊँचा करने तथा राजनीतिक सीमा के विस्तार की असाधारण उपलब्धियों के बावजूद एक पूरी ऐसी विचारधारा मौजूद थी, जिसकी नजरों में नैतिक और वैचारिक शक्तियों की कोई भूमिका नहीं है। इसका विश्वास मात्र कट्टरता, वैमनस्य की ताकतों और बाहुबल पर है और इसकी विकृत अभिव्यक्ति 6 दिसम्बर 1992 को अयोध्या और उसके बाद देश के दूसरे हिस्सों में हुई।

भारत सरकार की कश्मीर नीति को पुचकार और फटकार की नीति भी कहा जा सकता है। पर इसकी कुल उपलब्धि क्या है ? मसलन 1953 में अब्दुल्ला की गिरफ्तारी के बाद बख्शी सरकार की क्रूर ताकत जब जन आंदोलन का दमन करने में विफल रही, तो केंद्र ने उसकी भरपाई खुले हाथों से सहायता दे कर की। भारी सब्सिडी पर राज्य को चावल उपलब्ध कराया गया। लेकिन अब्दुल्ला के हिमायतियों को तोड़ने में बख्शी को न तो प्रताड़ना से और न ही प्रलोभन से कोई मदद मिली। 1975 में जब अब्दुल्ला सत्ता में आये, तो उन्होंने सब्सिडी वापस ले ली। फिर इसी मसले पर 1977 के विधान सभा चुनावों में उन्होंने जनता पार्टी को शिकस्त दी, जिसने सब्सिडी बहाल करने का वादा किया था।

1986 में कांग्रेस के साथ सत्ता में भागीदारी के फारूक के समझौते के एवज में उदार केंद्रीय सहायता का वादा किया गया। इससे पहले कश्मीर पर जी. एम. शाह की सरकार को लंबे कर्फ्यू के जरिये लादे रखा गया था। लेकिन जैसे जी. एम. शाह की सरकार 'दब्बू' कश्मीरियों को ठंडा नहीं कर पायी, वैसे ही इस बार भी पैसा 'गरीब' कश्मीरियों को खरीद नहीं पाया। भरपूर सहायता के बावजूद अपने विवेक को बेचने के लिए कश्मीरियों के राजी न होने की एहसानफरामोशी

के खिलाफ नफरत की एक मुहिम चलायी गयी। दूसरी ओर जनता में इससे असंतोष ही उपजा कि सहायता का एक बड़ा हिस्सा भ्रष्ट राजनीतिज्ञों, अधिकारियों और व्यापारियों का गठजोड़ तैयार करने के लिए इस्तेमाल किया गया।

ताकत और पैसे के जरिये लोगों का विश्वास जीतने की यह कोशिश राष्ट्र के लिए नहीं, बल्कि सरकार और सत्तासीन पार्टी के लिए थी। अन्य भारतीयों के विपरीत एक कश्मीरी को अपनी देशभक्ति केवल राष्ट्र के प्रति निष्ठावान हो कर ही साबित नहीं पड़ती है, वरन उसे अपनी वफादारी राज्य एवं केंद्र सरकारों तथा दोनों जगह सत्तारूढ़ दलों के प्रति भी प्रदर्शित करनी पड़ती है। कश्मीरियों के लिए पाकिस्तान विरोधी रवैया व्यक्त करना निष्ठा स्थापित करने की एक अतिरिक्त, पर अनिवार्य शर्त है। इन परीक्षणों की तुलना कभी ब्रिटेन में प्रवेश करनेवाली केवल एशियाई महिलाओं पर लागू होनेवाले कौमार्य परीक्षण से की जा सकती है जिसने एशियाई समुदाय में जायज आक्रोश पैदा किया था। अगर कश्मीरी जनता को आदमी से भी कमतर नहीं माना जाता, तो भला उनका आचरण अलग क्यों होता ?

इसके अलावा, जम्मू-कश्मीर ही भारत का एकमात्र भाग है, जहाँ 1977 को छोड़ जनता को कभी अपनी सरकार चुनने की अनुमति नहीं दी गयी। एक दल का शासन लगभग हमेशा थोपा गया। अधिकांश समय लोगों को उनकी नागरिक स्वतंत्रता से वंचित रखा गया। सांस्कृतिक एवं क्षेत्रीय पहचान को कभी मान्यता नहीं दी गयी, क्योंकि राज्य की इस इकाई में तीनों क्षेत्रों को अपनी अस्मिता तिरोहित करनी पड़ी। कश्मीरी संविधान की मान्यता प्राप्त भाषा नहीं है, न ही डोगरी संविधान की आठवीं अनुसूची में शामिल है। कश्मीर में विरोध एवं असंतोष के हर स्वर को अलगाववादी नाम दे दिया जाता है और जम्मू में इन्हें सांप्रदायिकतावादी या क्षेत्रीयतावादी कहा जाता है। इन सबके बावजूद मिथक यह है कि कश्मीर भारत का सबसे ज्यादा अनुग्रह प्राप्त और विशेषाधिकार सम्पन्न भाग है और यह देश के दूसरे हिस्सों में लोगों के दिलों में कश्मीर की जनता के प्रति ईर्ष्या और जलन पैदा करता है।

नेहरू, सर्वोपरि, राष्ट्रवादी थे। लोकतंत्र, नैतिकता और उपराष्ट्रीय आकांक्षाओं की मान्यता की माँगों को उन्होंने दबाया, क्योंकि ये माँगें उन्हें राष्ट्रवाद के प्रतिकूल लगती थीं। उन्होंने इन दोनों के दावों के बीच समझौते की कोशिशों को छोड़ दिया। उन्होंने राष्ट्रीय हित के नाम पर कश्मीर में अंकुश, दमन, चुनाव में धाँधलियों, भ्रष्टाचार और भाई-भतीजावाद की अनदेखी की। इसने कश्मीर में अलगाववाद के बीज बोये, जो बाद में और खाद-पानी मिलने से फले-फूले।

वैसे नेहरू की यथार्थवादी राजनीति उनकी आदर्शवादी राजनीति की थिगली नहीं थी। जीवन की अंतिम वेला में उनमें आदर्श की राजनीति ने फिर जोर मारा। साहस एवं राजनीतिज्ञता की अद्भुत मिसाल देते हुए उन्होंने अब्दुल्ला को कैद से रिहा कर दिया, उन्हें अपने व्यक्तिगत अतिथि के रूप में दिल्ली आमंत्रित किया और अपनी निश्छल ईमानदारी से उन्हें मुग्ध कर दिया। नेहरू ने अब्दुल्ला को कश्मीर समस्या के समाधान के लिए पाकिस्तान भेजा और इससे कश्मीर में और दोनों प्रतिद्वंद्वी देशों में इस समस्या के दीर्घस्थायी समाधान का विश्वास और उम्मीद बँधी। लेकिन 27 मई 1964 को उनके आकस्मिक देहावसान से उनकी नयी पहल से टिमटिमायी आशा की लौ भी बुझ गयी। अपने महान मित्र की समाधि के समीप अब्दुल्ला को मैंने यह कहते सुना : 'अगर मुझे पता होता कि पंडित जी का अंत इतना करीब है, तो मैं पाकिस्तान गये बगैर ही उनके साथ मिल कर कश्मीर की समस्या को निपटा देता।' उस वक्त उनकी आँखों से आँसू बह रहे थे।

नेहरू की सरकार ने 11 वर्षों में कश्मीर की जनता के साथ जो भी सलूक किया, उसके बावजूद उनमें वहाँ के लोगों को भावनात्मक एवं बौद्धिक रूप से प्रेरित करने की क्षमता थी। उनमें यह सामर्थ्य उसके बावजूद थी कि वे ऐसे राष्ट्र का नेतृत्व कर रहे थे जो विभाजन के सदमे से पूरी तरह नहीं उबरा था और इस तरह मुखर कश्मीरी मुस्लिम समुदाय को बरदाश्त एवं उस पर विश्वास करने में असुरक्षा का भाव महसूस कर रहा था। साथ ही उन्हें अदूरदर्शी नौकरशाही और पतनशील कांग्रेस पार्टी के जरिये कामकाज का निर्वाह करना पड़ रहा था।

गाँधी, नेहरू और जयप्रकाश नारायण जैसे व्यक्तित्वों के न रहने से राष्ट्रीय स्तर पर न केवल राजनीति के क्षेत्र में, बल्कि वैचारिक धरातल पर भी रिक्तता आ गयी। कश्मीर में अब्दुल्ला को पूजनेवाली पीढ़ी लगभग समाप्त हो चुकी है। इसके साथ ही स्वतंत्रता आंदोलन का नेतृत्व सँभालनेवाले सारे दिग्गज–मसूरी, बेग, बक्षी, सादिक–भी नेपथ्य में चले गये हैं (जी. एम. कार चूँकि पहले ही टीम को छोड़ चले गये थे, इसीलिए वे यह कद नहीं पा सके)। इसके बाद आनेवाली पीढ़ी भ्रष्ट थी और दिल्ली के हाथों बिकी हुई थी। अब जिस तीसरी पीढ़ी ने दायित्व सँभाला है, वह पहली पीढ़ी के करिश्मे और दूसरी पीढ़ी की मौकापरस्ती से अप्रभावित हैं। जहाँ एक ओर कश्मीरियत में कट्टरपंथी रुझान और हिंसक अभिव्यक्ति ने स्थान पा लिया है, वहीं दूसरी ओर शेष भारत में खासकर 1992-93 में भारतीय राष्ट्रवाद को ले उड़ने की हताश कोशिशें की गयीं। इस तरह नेहरू और अब्दुल्ला के परिवर्तियों के बीच की खाई दोनों मित्रों के बीच दरार से कहीं ज्यादा चौड़ी है। लेकिन वर्तमान पीढ़ी के पास, अगर वह चाहे तो, पिछली पीढ़ी की असफलताओं

समेत उसके विशाल अनुभव से बहुत कुछ सीखने का मौका भी है। वह विश्व के दूसरे हिस्सों में राष्ट्रों के निर्माण और विघटन, जातीय अस्मिता के आविर्भाव और आवेग तथा स्वतंत्रता के लिए सार्वभौमिक उफान के अनुभवों से भी सीख सकती है।

कश्मीरी मुसलमानों के एक बड़े समूह की राजनीतिक एवं मनोवैज्ञानिक लालसा को स्पष्ट करने में उग्रवादी युवा वर्ग की प्रकट सफलता के बावजूद उसकी सीमाएँ–चाहे वह सरकार की शक्ति का सामना करने की हो या अपने अंदरूनी विरोधाभासों को दूर करने की–देर-सबेर उजागर होनी ही थीं। मसलन स्वतंत्रता प्राप्ति के आम लक्ष्य में अगर कभी सफलता मिल भी जाये, तो पाकिस्तान समर्थक और स्वतंत्रता समर्थक समूह अपने मतभेदों को कैसे दूर करेंगे ? यदि स्वतंत्रता समर्थक गुट किसी तरह कामयाब हो जाता है, तो स्वाधीन कश्मीर की सुरक्षा की व्यवस्था कैसे की जायेगी ? 'आजाद कश्मीर' को पाकिस्तान से कैसे मुक्त कराया जायेगा ? इसी तरह पाकिस्तान के साथ कश्मीर का विलय करने की माँग करनेवालों को अभी यह स्पष्ट करना है कि उसकी पहचान पाकिस्तान के साथ भारत की तुलना में ज्यादा सुरक्षित कैसे रहेगी ? भारतीय ढाँचे में कश्मीर की हिमायत करनेवालों के साथ उग्रवादी अगर अपने मतभेद उनको मार कर निपटा रहे हैं, तो भारत के बाहर कश्मीर की नियति निर्धारित करनेवालों के आपसी मतभेदों के हल में इस तरीके के इस्तेमाल से कैसे बचा जा सकेगा ? सभी मतभेदों को दूर करने में अगर हिंसा ही निर्णायक की भूमिका में होगी, तो क्या कभी उसका अंत भी होगा ? थोड़े समय के लिए गैर-कश्मीरी और गैर-मुसलमानों के अधिकार को भुला भी दें, तो क्या उग्रवादी कश्मीरी मुसलमानों के साथ भारत में रहने के विकल्प समेत उनके भविष्य से जुड़े तमाम विकल्पों के विभिन्न पहलुओं पर बहस को राजी होंगे ? क्या भारतीय राज्य विलय के विभिन्न पहलुओं पर बहस के अधिकार समेत इस पूरे मुद्दे पर वार्ता की स्वतंत्रता देने में उग्रवादियों की तुलना में ज्यादा उदारता दिखायेगा ? क्या पाकिस्तान 'आजाद कश्मीर' के संविधान में किसी भी ऐसे संशोधन की अनुमति देगा, जिसमें कश्मीर के पाकिस्तान के एक भाग होने की बात को छोड़ किसी अन्य विचार को शामिल करने की गुंजाइश हो ?

कश्मीर समस्या का वर्तमान स्वरूप वार्ता के द्वार बंद होने का ही दूसरा रूप है। उग्रवाद वार्ता का विकल्प बन गया है। कहना चाहिए कि बातचीत हर जगह टूटी है–धार्मिक संप्रदायों के बीच, अलग जातीय पहचान रखनेवाले समूहों के बीच और राज्य के विभिन्न क्षेत्रों के बीच। इससे भी ज्यादा अशुभ संकेत यह है कि पूरे देश में कश्मीर पर विभिन्न विचार रखनेवाले समूहों के बीच भी

बहस बंद हो चुकी है। अब यह एक मुद्दे में तब्दील हो चुका है और इस पर चलनेवाली बहस में कारण, तथ्य या तर्क निरर्थक हो चुके हैं। कुछ वर्गों के लिए यह मसला इतना आसान है कि इस पर बहस की कोई जरूरत ही नहीं हैं। उनकी राय में भारतीय राज्य अपनी तमाम ताकत से कश्मीरी विद्रोह को कुचल दे, भले ही इसके लिए कोई भी कीमत देनी पड़े। पर यह विचारहीन वाचालता के अतिरिक्त कुछ भी नहीं है। कश्मीर का मसला अचल सम्पत्ति पर दो पक्षों का विवाद नहीं है कि इसमें जो ज्यादा ताकतवर होगा, वह जीत जायेगा। भारत सरकार ने बारंबार कहा है कि सुरक्षा बलों के कार्यों के पूरक के रूप में राजनीतिक प्रक्रिया चलाने की जरूरत है। कश्मीर की चुनौती महज सीमा पार से मुहैया कराये जानेवाले हथियारों की नहीं है। यह एक राजनीतिक और नैतिक चुनौती भी है।

अगर यह मान भी लें कि भारतीय राज्य कश्मीर के उफान और उसकी जनता की आकांक्षाओं को कुचलने के लिए पर्याप्त शक्तिशाली है, तो भी एक पराधीन और अपमानित जनसमूह को देश के साथ जोड़े रखने की कीमत धीरे-धीरे असहनीय हो जायेगी। यह कीमत भारत के लोकतांत्रिक चरित्र के दमन, उसके धर्मनिरपेक्ष एवं नैतिक आधार, राष्ट्र की सभ्यता के मूल्यों और उसकी अंतर्राष्ट्रीय प्रतिष्ठा के रूप में चुकायी जायेगी। कोई चरमपंथी या सैनिक शासन अल्पावधि के लिए किसी राष्ट्र की एकता को ज्यादा बेहतर तरीके से कायम रख सकता है। लेकिन देश की जनता से मनमानी कीमत वसूलने के बावजूद ऐसी एकता ज्यादा दिन तक टिकनेवाली नहीं होती है। निश्चित तौर पर भारत बौद्धिक, नैतिक एवं वैचारिक रूप से इतना दिवालिया नहीं हुआ है कि वह नीतिगत विकल्पों पर सोचने का विचार ही खारिज कर दे। वस्तुतः ये नीतिगत विकल्प ही कम खर्चीले हैं।

कश्मीर के लिए व्यापक परिप्रेक्ष्य में एक बहुमुखी नीति विचार-विमर्श कर तैयार की जानी चाहिए। इसमें राष्ट्र निर्माण की प्रक्रिया में उप-राष्ट्रीय अस्मिताओं की भूमिका समेत दूसरे संबंधित सवालों को शामिल किया जाना चाहिए। इस सिलसिले में ऐसी उपराष्ट्रीय अस्मिताओं को दी जानेवाली स्वायत्तता का उचित परिमाण, केंद्र-राज्य संबंधों के संवैधानिक और राजनीतिक आयामों, समरूपता और एकता के अंतर्विरोधों, राज्य व्यवस्था में निहित विविधता, विमत एवं अवज्ञा के प्रति सहिष्णुता की मात्रा, राज्य और उसकी संस्थाओं के स्वरूप और सबसे अहम यह कि भारतीय राष्ट्रवाद की परिकल्पना और चरित्र इत्यादि प्रश्नों की उचित मीमांसा होनी चाहिए।

इस दिशा में उप-महाद्वीपीय एवं दक्षिण एशिया की वास्तविकताओं को महत्व देते हुए एक व्यापक नजरिया अपनाना ज्यादा माकूल होगा। इस क्षेत्र में जातीय पहचान के सिर उठाने की प्रवृत्ति बढ़ती जा रही है और वास्तव में ऐसा पूरी

दुनिया में घटित हो रहा है। इस संदर्भ में और खासकर कश्मीर में विशिष्ट भू-राजनीतिक स्थिति की वजह से इस प्रवृत्ति के पराराष्ट्रीय स्वरूप को ध्यान में रखते हुए कश्मीर को भारत अपनी जातीय नीति का परीक्षण स्थल और मिसाल बना सकता है। कश्मीरियों की देशभक्ति निर्धारित करने के लिए पाकिस्तान-विरोध ा की कसौटी जैसी अव्यावहारिक नीति के बजाय कश्मीर को देश के इस अहम पश्चिमी पड़ोसी के साथ एक राष्ट्रीय मैत्री अभियान छेड़ने के लिए बढ़ावा देना चाहिए।

न तो कश्मीर ने भारतीय गणराज्य का अंग बने रह कर जो हासिल किया जा सकता था, उस दिशा में अपनी सारी शक्ति लगायी और न ही भारतीय गणराज्य ने उन सारी संभावनाओं का दोहन किया, जो इस क्षेत्र को संतुष्ट और अपने अनुकूल बना कर पाया जा सकता था। भारत जैसे देश के लिए एक विवेकपूर्ण और तर्कसंगत जातीय नीति जरूरी है, जिससे न सिर्फ अंदरूनी अलगाववादी प्रवृत्तियों का सामना किया जा सके, वरन उसके पड़ोसी प्रेरणा और सांस्कृतिक सीख भी ले सकें। भारत दक्षिण एशिया का सबसे बड़ा देश है और इस क्षेत्र में उसकी हैसियत का निर्धारण बहुत हद तक इस नीति की सफलता पर निर्भर करता है। और, भारत की क्षेत्रीय हैसियत ही अंतर्राष्ट्रीय राजनीति में उसका स्थान तय करेगी।

कश्मीर का भविष्य

राजकिशोर

कश्मीर भारत का अविच्छिन्न अंग है–यह वाक्य हम भारतवासियों को बहुत मधुर लगता है। जब कोई विदेशी इस वाक्य को–सीधे या थोड़ा घुमा-फिरा कर–दुहराता है, तो हमारी बाँछें खिल जाती हैं। विदेश से जब भी कोई राजनेता भारत आता है, हमारी कोशिश होती है कि वह कश्मीर पर भारत के पक्ष में जरूर कुछ बोले। हमारे प्रधानमंत्री जब विदेश जाते हैं, वे वहाँ के लोगों को यह याद दिलाना नहीं भूलते कि कश्मीर भारत का अविच्छिन्न अंग है। कहना न होगा कि भारत का यह कश्मीर-प्रेम अब ऊब-सी पैदा करने लगा है, क्योंकि इसके साथ ही कश्मीर की जमीन से यह घोषणा एक बार भी सुनाई नहीं पड़ती कि हाँ, हम भारत के अविच्छिन्न अंग हैं। न इसके लिए पिछले चार साल से कोई प्रयास ही किया गया है।

क्या यह कुछ-कुछ वैसी ही स्थिति नहीं है, जैसे किसी स्त्री के बारे में कोई पुरुष बार-बार घोषणा करे कि वह मेरी पत्नी है, लेकिन वह स्त्री इस बारे में क्या सोचती है, इस बात को कोई अहमियत न दी जाये ? जाहिर है, दाम्पत्य संबंध एकतरफा नहीं होता। इस संबंध के होने की घोषणा दोनों ओर से होनी चाहिए। यह उन मामलों में एक है, जिनमें मौन स्वीकृति का लक्षण नहीं होता। लेकिन कश्मीर मौन भी नहीं है। वह बार-बार और तरह-तरह से आजादी की माँग कर रहा है। वह कह रहा है कि हम भारत का अविच्छिन्न अंग नहीं हैं–बल्कि भारत का अंग ही नहीं हैं। कश्मीर का एक बड़ा हिस्सा कह रहा है कि हम पाकिस्तान का भी अंग नहीं हैं। कश्मीरियों का बहुमत आज आजादी यानी स्वतंत्र कश्मीर के पक्ष में है। यह विकल आवाज भारत के दावे को संदिग्ध बनाती है। यह संदिग्धता जितनी गहरी होती जाती है, भारत का सत्तारूढ़ वर्ग उतने ही जोर से चीखता है कि कश्मीर भारत का अविच्छिन्न अंग है। शायद यह शेष दुनिया के साथ-साथ कश्मीरियों को भी सुनाने के लिए है यानी तुम अपने को हमारा अंग मानो या

नहीं, तुम्हें अब हमारे साथ ही रहना होगा। इससे शेष भारत से कश्मीर की दूरी और बढ़ती है।

दूसरी ओर पाकिस्तान साफ-साफ नहीं कहता कि कश्मीर हमारा है, हालाँकि उसकी यह अभिलाषा तरह-तरह से व्यक्त होती रहती है। लेकिन वह जम्मू और कश्मीर को भारत का हिस्सा मानने से भी इनकार करता है। उसकी माँग है कि कश्मीरवासियों की राय ली जाये कि वे भारत में रहना चाहते हैं या पाकिस्तान में। कश्मीरी पाकिस्तान का अंग बन जायें, इसके लिए वह तरह-तरह के प्रयास जरूर करता रहता है। वह कहता है कि कश्मीरियों के आत्मनिर्णय के संघर्ष को हम नैतिक समर्थन देते हैं। भारत में यह आम मान्यता है कि पाकिस्तान का समर्थन सिर्फ नैतिक नहीं है। यह समर्थन भौतिक भी है। पाकिस्तान में प्रशिक्षण पाये हुए अनेक कश्मीरी उग्रवादी भारत में गिरफ्तार हो चुके हैं। पाकिस्तानी हाथ का आरोप भारत में लगभग रोज लगाया जाता है। लेकिन भारत की विदेश नीति इतनी दुर्बल है कि वह इस हाथ को न रोकने की कोशिश करती है और न तोड़ने की। किसी देश के एक समूह में यदि अलगाव की इच्छा है, तो कोई दूसरा देश इस इच्छा के तर्क का सम्मान, और स्वागत, कर सकता है। न करे तो अच्छा है। लेकिन करे तो आप रोक कैसे सकते हैं ? आंतरिक मामले में दखल न देने का सिद्धांत यहाँ लागू नहीं होता, क्योंकि किसी भी राष्ट्र के अंदर बहुत-से मामले ऐसे होते हैं जो वस्तुतः विश्व या सार्वभौम मामले हैं। जैसे मानव अधिकारों का सवाल। फिर यह पूर्ण रूप से आंतरिक मामले में दखल भी नहीं है, क्योंकि जब कोई समूह अलग होने की इच्छा व्यक्त कर चुका होता है तब वह पूरी तरह से उस देश का अंग नहीं रह जाता तथा उस समूह को अन्य देशों से या अन्य देशों के समूहों से नैतिक समर्थन माँगने का अधिकार हो जाता है। लेकिन अलगाववाद को सम्पन्न करने में धन या अधिकारों की मदद करना हमेशा उचित नहीं माना जा सकता। हिंसक शक्ति तर्क और सद्भाव से नहीं, पाशविकता से सहमति पैदा करती है। फिर तो शक्तिशाली देश किसी भी कमजोर देश की एकता में कभी भी बाधा पैदा कर सकते हैं। हाँ, जब स्थिति बहुत ज्यादा बिगड़ जाये, तब बाह्य हस्तक्षेप नैतिक भी हो सकता है। जैसे बांग्लादेश में भारत का हस्तक्षेप नैतिक था। लेकिन कश्मीर में अभी ऐसी स्थिति नहीं है। अतः पाकिस्तानी सहायता अनुचित है। ऐसे हिंसक समर्थन को निरस्त करने के दो ही रास्ते हैं–(1) प्रत्याक्रमण या (2) संयुक्त राष्ट्र संघ द्वारा शक्तिशाली हस्तक्षेप। भारत ने इन दोनों में से कोई भी रास्ता नहीं अपनाया–यह उसकी इच्छा और तर्कशक्ति, दोनों की दुर्बलता का सूचक है। यदि अमेरिका या चीन के किसी राज्य में किसी पड़ोसी देश का ऐसा हस्तक्षेप हो रहा होता, तो क्या वे इतने दिनों तक बरदाश्त करते ? कमजोर सिर्फ आरोप लगा कर रह जाते हैं, मजबूत आरोप को उसकी तार्किक परिणति तक

ले जाते हैं।

कश्मीर समस्या का समाधान शिमला समझौते के तहत बातचीत के द्वारा हो सकता है–यह न केवल भारत की बहुप्रचारित स्थापना है, बल्कि भारत में शुभचिंतक देशों ने भी इसे बार-बार दोहराया है। लेकिन इस उक्ति में एक खतरनाक स्थापना निहित है। वह स्थापना यह है कि कश्मीर या तो भारत का हिस्सा रहे या पाकिस्तान का। यह सच है कि अंग्रेजों ने भारत को 15 अगस्त 1967 से स्वाधीनता देने का फैसला किया, तो लगभग पौने छह सौ रियासतों को भी उन्होंने आजाद कर दिया तथा उन्हें यह विकल्प दिया कि वे चाहें तो भारत या पाकिस्तान में शामिल हों चाहे तो स्वतंत्र रहें। लेकिन लॉर्ड माउंटबेटन ने उन्हें यह सलाह भी दी कि स्वतंत्र रहना उनके हित में न होगा–उन्हें भारत या पाकिस्तान, दोनों में से किसी एक को चुन लेना चाहिए। कुछ रियासतें स्वेच्छा से पाकिस्तान में शामिल हुईं, ज्यादातर भारत में। ये छोटी-छोटी रियासतें थीं। जूनागढ़ और हैदराबाद का भारत में विलय करने के लिए सैनिक कार्रवाई की गयी। यह शायद उचित नहीं था। कुछ दिन और इंतजार करने से ही स्थिति अनुकूल हो जाती। लेकिन दूसरी तरफ यह आवश्यक नहीं था कि स्वाधीन भारत एक महादेश ही होता। इसके लिए प्रयास करना गलत नहीं था, पर कोई छोटे-छोटे सुव्यवस्थित देश हो जाते, तब भी कोई हर्ज नहीं था। भारत की जो राजनीतिक एकता अंग्रेजों ने संभव की थी, उसे ही अपनी विरासत मान कर चलना कोई बुद्धिमानी नहीं थी। स्वतंत्र भारत को अपना नक्शा स्वयं खींचना चाहिए था। गाँधी जी की यह सलाह ही ठीक थी कि अंग्रेज चले जायें, हम अपना फैसला कर लेंगे। यदि इतिहास इस राह पर चलता तो शुरू में जरूर कुछ कटुताएँ होतीं, पर बाद में फल मीठे आते। चूँकि भारत विभाजन और उसके बाद रियासतों के विलय का सारा किस्सा जोड़-तोड़ पर आधारित था, इसीलिए भारत और पाकिस्तान दोनों देशों में अलगाववाद की इतनी समस्याएँ नजर आती हैं। कश्मीर समस्या को हम इस दृष्टि से देखेंगे, तभी समझ सकेंगे कि सिर्फ भारत और पाकिस्तान उसके दो ही विकल्प क्यों नहीं हैं।

जोड़-तोड़ की एक नीति का परिणाम हम आज तक भुगत रहे हैं। यह अकारण नहीं कि अंग्रेजों ने भारत के दो टुकड़े किये, लेकिन आज तीन टुकड़े हैं। यह हमारी अपनी ही नीतियों का नतीजा है। इससे यह निष्कर्ष निकलता है कि यदि हमारी नीतियाँ गलत न होतीं, तो शायद दो टुकड़े होने को भी रोका जा सकता था। इससे यह निष्कर्ष भी निकलता है कि यदि दो के तीन टुकड़े हुए तो तीन के चार टुकड़े भी हो सकते हैं। राष्ट्रों के मामले में 'दो या तीन, बस' का सिद्धांत लागू नहीं होता। किसी भी राष्ट्र की सीमाएँ एक हद तक ही प्राकृतिक चीज हैं। उसके बाद वह एक राजनीतिक परिघटना बन जाती है। अतः

कश्मीर के बारे में यह कहना कि भारत और पाकिस्तान के प्रतिनिधि मिल कर उसके भाग्य का फैसला कर लें, जानबूझ कर कश्मीरियों का अपमान करना है। वस्तुतः भारत द्वारा कश्मीरियों का बार-बार अपमान किये जाने से ही कश्मीर में अलगाव की इच्छा मजबूत हुई है। कश्मीर सिया चिन की तरह निर्जन इलाका होता, तो न केवल भारत और पाकिस्तान आपसी बातचीत से उसका निपटारा कर सकते थे, बल्कि उसे बोली पर भी चढ़ा सकते थे। अतः कश्मीर के लोग यदि यह माँग करते हैं कि कश्मीर पर किसी भी बातचीत में उनके प्रतिनिधियों को अवश्य शामिल किया जाये, तो यह एक तार्किक माँग प्रतीत होती है।

दूसरी बात यह है कि शिमला समझौते के तहत या वैसे भी कश्मीर पर भारत-पाकिस्तान के बीच बातचीत का मौजूदा माहौल में कोई अर्थ नहीं है। ऐसी बातचीत सफल नहीं होगी। अतः यह ढोंग जल्द-से-जल्द छोड़ देना चाहिए। बातचीत शत्रुओं के बीच नहीं होती। मित्रों के बीच होती है। पहले मित्रता का माहौल बनाया जाना चाहिए। तब बातचीत खुद-ब-खुद होगी। जहाँ तक कश्मीर का सवाल है, भारत और पाकिस्तान के बीच बातचीत हो सकती है, तो कुछ इसी तरह की कि भारत, पाकिस्तान और संयुक्त कश्मीर का एक महासंघ बनाया जाये। इस ढाँचे में कश्मीर को एक स्वतंत्र देश का दरजा दिया जा सकता है। बाद में इस महासंघ में बाँग्लादेश, नेपाल और अफगानिस्तान को भी शामिल किया जा सकता है। लेकिन भारत उपमहादेश की प्रभावशाली राजनीतिक धाराएँ इस बारे में फिलहाल सोचतीं तक नहीं। न ऐसी कल्पना शक्ति है और न इतना बड़ा कलेजा है। फिर भी यह एक ऐसा विकल्प है, जिसके बारे में सभी बुद्धिमान लोगों को जनमत बनाना चाहिए। देश तोड़े जा सकते हैं, तो देश जोड़े भी जा सकते हैं। शायद यही एकमात्र रास्ता है, जिससे सबके स्वाभिमान की रक्षा की जा सकती है और सबका भविष्य भी सुधर सकता है। भारतीय उपमहादेश को शायद एक बिस्मार्क या कोल चाहिए।

कश्मीर के भविष्य पर विचार करते समय यह प्रश्न स्वाभाविक रूप से प्रकट होता है कि कश्मीर किसका है ? इसमें क्या संदेह है कि कश्मीर सबसे पहले कश्मीरियों का है। मजे की बात यह है कि भारत स्वयं इस सिद्धांत की घोषणा कर चुका है। भारत में कश्मीर के विलय पर भारत की मान्यता यह थी कि यह कश्मीरी अवाम की इच्छा पर निर्भर होना चाहिए। भारत में कश्मीर के विलय के प्रस्ताव को स्वीकार करते हुए भारत के गवर्नर-जनरल के रूप में लॉर्ड माउंटबेटन ने कश्मीर के महाराजा को लिखा था कि हमारी सरकार चाहती है कि जैसे ही कश्मीर में शांति स्थापित हो जाये और हमलावरों से छुटकारा मिल जाये, विलय का अंतिम

निर्णय राज्य की जनता की राय से हो। यह लॉर्ड माउंटबेटन का निजी मत नहीं था–भारत सरकार की राय थी। कांग्रेस शुरू से ही कहती रही थी कि प्रभुसत्ता जनता की होती है, राज्य की (यानी सरकार की) नहीं। इस दृष्टि से कश्मीर के महाराजा हरि सिंह द्वारा भारत में विलय का निर्णय उसका निजी निर्णय था। बेशक इस निर्णय को कश्मीरी बहुमत का समर्थन था, लेकिन यह समर्थन परिस्थितिजन्य था। कश्मीरी जनता ने यह फैसला खूब सोच-समझ कर नहीं लिया था न विलय की शर्तें तय की थीं। विलय बेशक सशर्त था। भारतीय संघ को सिर्फ सुरक्षा, विदेश नीति और संचार के अधिकार प्रदत्त किये गये थे। बाकी सब अधिकार कश्मीरी राज्य ने अपने पास सुरक्षित रखे थे। लेकिन विलय का यह सीमित स्वरूप बना नहीं रह सका। भारत ने कश्मीर की स्वायत्तता का लगातार अतिक्रमण किया। यहाँ तक कि कश्मीर की संविधान सभा ने (बहुत-से लोगों को यह भी पता नहीं कि कश्मीर का अपना स्वतंत्र संविधान है, उसका अपना राष्ट्रध्वज भी है) कश्मीर और भारत के बीच जो रिश्ते तय किये, उनका भी भारतीय सरकार ने लगातार अतिक्रमण किया। इस बात को हम जितनी अच्छी तरह समझेंगे, उतनी ही स्पष्टता से यह अनुभव कर सकेंगे कि कश्मीर के मामले में इतनी पेचीदगियाँ कहाँ से पैदा हुई हैं। भारत को या तो 1947 में ही संपूर्ण विलय की माँग करनी चाहिए थी या जिन शर्तों पर विलय हुआ था, उनका सम्मान करना चाहिए था। अतिक्रमण से एकता नहीं बढ़ती। आंशिक विलय से संपूर्ण विलय की ओर बढ़ने का एक और तरीका था। कश्मीर में शांति स्थापित हो जाने के बाद पूर्ण विलय के पक्ष में वातावरण बनाया जाता और कश्मीरी जनता की राय ली जाती। कश्मीर में जनमत संग्रह का वादा भारत की ओर से सिर्फ पाकिस्तान को नहीं था, न ही शेष विश्व को। यह वादा कश्मीर की जनता से भी था। इस वादे से पीछे हटना अनैतिक है। अतः कश्मीर में जनमत संग्रह का समर्थन सिर्फ आत्म-निर्णय के सामान्य सिद्धांत के तहत ही नहीं, बल्कि कानूनी और तकनीकी दृष्टि से भी उचित है।

लेकिन राष्ट्रों के मामले में अक्सर कुछ घाल-मेल मौजूद रहता है, क्योंकि किसी भी राष्ट्र का निर्माण पाक-साफ ढंग से नहीं हुआ है। अलगाव के सवाल पर जनमत संग्रह के सिद्धांत से सभी राष्ट्र डरते हैं, क्योंकि यदि इस सिद्धांत को मान्यता मिल गयी, तो कोई भी राष्ट्र अक्षत नहीं रह जायेगा। अब भारत सरकार का दावा है कि विलय के बाद कश्मीर में संविधान सभा का गठन हुआ, उसका अपना संविधान बना, कश्मीर में लगातार चुनाव होते रहे, इन चुनावों में कश्मीर के लोगों ने हिस्सा लिया, कश्मीर में प्रतिनिधि सरकारें बनीं और चलती रहीं, इस सबसे स्पष्ट है कि भारत में कश्मीर के विलय को कश्मीर के लोगों का लोकतांत्रिक समर्थन रहा है। यह सच है। दूसरी ओर यह भी सच है कि आज कश्मीर की

बहुसंख्यक आबादी आजादी के पक्ष में है या कम से कम कश्मीरी उग्रवादियों का दावा यही है और कश्मीरी अवाम ने अभी तक इस दावे का खंडन नहीं किया है। जब शेख अब्दुल्ला कश्मीर के मुख्यमंत्री थे, तब कश्मीर में जनमत संग्रह किया जाता तो बहुमत विलय के पक्ष में ही होता। आज जनमत संग्रह कराया जाये, तो बहुमत शायद विलय के विरुद्ध होगा। किंतु दोनों ही सच्चाइयों के साथ कुछ मिलावट भी है। भारत में कश्मीर के विलय की शर्तों को धीरे-धीरे कम किया गया, तो इसमें कश्मीरी जनता की राय नहीं ली गयी। मानो यह भारत सरकार और राज्य सरकार के बीच का मामला हो। कश्मीर के अधिकांश चुनावों में धाँधली की गयी, यह कश्मीर के साथ अब्दुल्ला परिवार और भारत सरकार दोनों का संयुक्त भितरघात था। अब्दुल्ला परिवार जब यह कहता था कि भारत में कश्मीर का विलय अटूट है, तो वह कश्मीर की जनता को इस बारे में कायल करने की कोशिश नहीं करता था न यह परिभाषित करता था कि विलय की शर्तें ठीक-ठीक क्या हैं। अतः यह बताने का प्रश्न ही नहीं था कि उन शर्तों की रक्षा कैसे की जा सकती है। यहाँ तक कि भारत सरकार ने 1970 और 1980 के दशकों में ऐसे अनेक कानून बनाये, जो कश्मीर की वैधानिक स्वायत्तता का अपहरण करते थे, किंतु अब्दुल्ला परिवार ने उनका विरोध नहीं किया। अब्दुल्ला परिवार ने कश्मीर को हमेशा एक सौदे की चीज माना। उसका रुख यह रहा है कि कश्मीर पर हमारा वर्चस्व भारत सरकार स्वीकार करे, हम भारत में कश्मीर के विलय को स्वीकार करते हैं।

शेख अब्दुल्ला लगातार दोहरी भाषा बोलते रहे और अब सत्ताच्युत फारूक अब्दुल्ला यही कर रहे हैं। कश्मीर के इस परिवारवाद को भारत सरकार ने उस वक्त तक घिनौनी मान्यता दी, जब फारूक अब्दुल्ला को बरखास्त कर नेशनल कांफ्रेंस के किसी अन्य नेता को नहीं, बल्कि शेख अब्दुल्ला के दामाद जी. एम. शाह को मुख्यमंत्री बना दिया गया। उसके पहले और उसके बाद कश्मीर की राजनीति में जी. एम. शाह की कोई खास वकत नहीं रही। बहरहाल, इससे इनकार नहीं किया जा सकता कि अब्दुल्ला परिवार ने लंबे समय तक कश्मीर को एक खास तरह का नेतृत्व दिया, जिसे स्वीकार करने के कारण कश्मीरी बहुमत का राजनीतिक निर्णय वही रहा जो अब्दुल्ला परिवार का राजनीतिक निर्णय था। यह निर्णय कश्मीर पर परिस्थितियों द्वारा आरोपित निर्णय था, यह इस बात से साबित होता है कि अब्दुल्ला परिवार का राजनीतिक वर्चस्व कमजोर होने से अब कश्मीर के उग्रवादी कश्मीरी जनता को एक और तरह का–पहले के बिलकुल विपरीत–नेतृत्व दे रहे हैं और यह नेतृत्व भी उतनी ही उत्कटता से स्वीकार किया जा रहा है।

दोनों नेतृत्वों में एक बुनियादी फर्क है, हालाँकि दोनों से ही कश्मीर की समस्या जटिल हुई है। अब्दुल्ला परिवार के नेतृत्व में छल था–भारत के साथ

छल और कश्मीरी जनता के साथ भी छल। यही कारण है कि जब कश्मीर में उग्रवादियों का शिकंजा मजबूत होने लगा और फारूक अब्दुल्ला को भारत सरकार का समर्थन नहीं रहा, तो फारूक कश्मीर छोड़ कर भाग चले। यह कश्मीर के साथ फारूक का सबसे बड़ा विश्वासघात था, जिसके लिए उन्हें क्षमा नहीं किया जा सकता। यदि फारूक की बर्खास्तगी गलत थी, तो फारूक को कश्मीर की जमीन से ही अपना लोकतांत्रिक संघर्ष चलाना चाहिए था। तब तक फारूक की लोकप्रियता काफी कम हो चुकी थी, किंतु इतनी तो थी ही कि वे कश्मीर के स्वाभिमान को एक महत्वपूर्ण प्रश्न के रूप में स्थापित कर पाते। इससे उग्रवाद का प्रभाव निश्चय ही कम होता। लेकिन ऐसा लगता है कि फारूक स्वयं चाहने लगे थे कि कश्मीर में उग्रवाद बढ़े, ताकि भारत सरकार को फारूक की जरूरत महसूस हो। यही खेल कुछ हद तक उनके पिता शेख अब्दुल्ला भी खेलते रहे। यह अंततः अपने ही पैरों पर कुल्हाड़ी मारना साबित हुआ। जो दूसरों के लिए साँप पालता है, उसकी अपनी मौत अक्सर साँप के काटने से ही होती है। कश्मीर से भाग कर फारूक कहाँ गये ? वे भारत नहीं आये, इंग्लैंड चले गये। इस तरह उन्होंने वस्तुतः यही सिद्ध किया कि कश्मीर का मामला कश्मीर और भारत का मामला नहीं, एक अंतर्राष्ट्रीय मामला है। उनकी तुलना दलाई लामा से की जा सकती है। दलाई लामा तिब्बत से भागे, तो उन्होंने भारत की शरण ली, क्योंकि भारत में रह कर ही तिब्बत की मुक्ति का संघर्ष सर्वश्रेष्ठ ढंग से चलाया जा सकता था। लेकिन कश्मीर की हालत चीन-अधिकृत तिब्बत से लाख दरजे बेहतर थी और है। कश्मीर पर भारत ने कब्जा नहीं किया है। वहाँ खतरा उग्रवादियों से है। क्या उग्रवादियों से नागरिक संघर्ष की पृष्ठभूमि बनाने की उचित जगह भारत नहीं है ? लेकिन फारूक आम तौर पर इंग्लैंड में रहते हैं और समय-समय पर अंतर्राष्ट्रीय सम्मेलनों में भारत सरकार का प्रतिनिधित्व करते हैं। ऐसे में कश्मीर के लोग अब्दुल्ला परिवार के नेतृत्व पर कैसे भरोसा करें ? इस परिवार का छल पूरी तरह सामने आ चुका है, इसीलिए उसका नेतृत्व भी समाप्त हुआ है।

उग्रवादियों के नेतृत्व ने छल की जगह बल की स्थापना की है। उनका राजनीतिक दर्शन बंदूक की नली से निकलता है। इसलिए कश्मीर के जनसामान्य पर उनका एक तरह का आतंक भी है। उनके आह्वान पर कश्मीर घाटी में तुरंत हड़ताल हो जाती है–इसके पीछे उनके प्रति कश्मीरी अवाम को सिर्फ लगाव नहीं, बल्कि डर भी है। यह सच है कि कश्मीरी अवाम को भारतीय राष्ट्रीयता से दूर करने की कोई भी कोशिश भारत सरकार ने उठा नहीं रखी है। इससे उग्रवादियों का काम और आसान हुआ है। फिर भी यह असंदिग्ध रूप से नहीं कहा जा सकता कि कश्मीर के उग्रवादी जो चाहते हैं, वही कश्मीर की जनता भी चाहती है। स्वयं कश्मीर के उग्रवादियों ने राज्य में ऐसी स्थिति पैदा कर रखी है जिसमें जनमत

का निर्भीक प्रकाश नहीं हो सकता। ऐसे भयभीत माहौल में जनमत संग्रह का क्या मतलब हो सकता है ? आत्मनिर्णय का अधिकार स्वतंत्र जनता का होता है, न कि किसी बंधक समूह का। बारूद की छाया में कोई लोकतांत्रिक निर्णय नहीं हो सकता न शांत सोच-विचार ही संभव है। कश्मीर कश्मीर की जनता का ही है। यदि वह हरि सिंह या अब्दुल्ला परिवार की जागीर नहीं थी तो उग्रवादियों की भी जागीर नहीं है। अतः कश्मीर के उग्रवादियों के मत को कश्मीर का मत मान कर चलना न तो निर्भ्रांत है और न ही उचित। कश्मीर का वास्तविक मत जानने के लिए पहले कश्मीर में भयमुक्त समाज की स्थापना की जरूरत है। जिस तरह अब्दुल्ला परिवार ने पहले कश्मीर को बंधक बना कर रखा था, उसी तरह आज उग्रवादियों ने कश्मीर को बंधक बना कर रखा है। लेकिन भारत के राजनेता तो जनमत मात्र से डरते हैं। यह अकारण नहीं कि भारत विभाजन जैसा ऐतिहासिक निर्णय भी बिना जनमत संग्रह के कर लिया गया था। कांग्रेस और मुस्लिम लीग के नेताओं ने मिल कर देश को बाँट लिया। यह मुस्लिम लीग द्वारा प्रायोजित हिंसा की सफलता थी। हिंसा को सफल होने का मौका कम-से-कम मिलना चाहिए। हिंसा के प्रति आकर्षण कम करने का एक तरीका यह भी है।

क्या कश्मीर के अलगाववादियों की हिंसा भी सफल होगी ? अधिकांश परिस्थितियाँ इसके पक्ष में नहीं हैं। कश्मीर एक छोटा-सा राज्य है। फिर अलगाववादियों का वर्चस्व पूरे कश्मीर पर भी नहीं है। भारत की सेना काफी मजबूत है। सेना के बल पर कश्मीर को अनंत काल तक भारत का अंग बना कर रखा जा सकता है। पाकिस्तान का समर्थन बहुत दूर तक कश्मीर की मदद नहीं कर सकता। पाकिस्तान की सामरिक शक्ति हर हाल में भारत से कमतर ही रहेगी। सिर्फ नाभिकीय क्षमता ही दोनों देशों की सामरिक शक्ति को बराबर कर सकती है, लेकिन महज कश्मीर घाटी के लिए पाकिस्तान नाभिकीय युद्ध का खतरा मोल लेगा, यह संभाव्य नहीं जान पड़ता। यदि ऐसा होता है तो यह उन्मादवश ही होगा। पर व्यक्तिगत जीवन की तरह राष्ट्रीय जीवन में भी उन्माद के महत्व को कम करके नहीं आँकना चाहिए। जैसे लोग छोटी-छोटी चीजों के लिए जान दे देते हैं, वैसे ही राष्ट्र भी।

पाकिस्तान में कश्मीर को ले कर ऐसा उन्माद पैदा हो जाये, इसके लिए परिस्थितियाँ तैयार करने में भारत भी अंशतः जिम्मेदार है। पाकिस्तान शुरू से ही कश्मीर को अपना अंग बनाना चाहता रहा है। एक समय तो मुहम्मद अली जिन्ना ने घोषणा तक कर दी थी कि कश्मीर मेरी जेब में है। पाकिस्तान के कश्मीर-लगाव का एक मुख्य कारण यह है कि कश्मीर भारत का एकमात्र राज्य है, जहाँ मुसलमानों का बहुमत है और वह पाकिस्तान की सीमा से सटा हुआ

है। यदि भारत विभाजन पर जनमत संग्रह हो गया होता और रियासतों की भी राय ले ली जाती, तो सब कुछ साफ-साफ तय हो जाता और भारत-पाकिस्तान के बीच विद्वेष का कोई कारण नहीं रह जाता। लेकिन सब कुछ षडयंत्रपूर्ण माहौल में हुआ। अतः पाकिस्तान का यह मलाल स्वाभाविक है कि कश्मीर के हिंदू महाराजा ने जबरदस्ती कश्मीर का विलय भारत में कर दिया। स्पष्ट है कि पाकिस्तान द्विराष्ट्रवाद के सिद्धांत पर अब भी अडिग है। लेकिन क्या भारत भी व्यावहारिक रूप से यही सिद्धांत नहीं मानता ? भारत के नेता बार-बार कहते हैं कि हम द्विराष्ट्रवाद को नहीं मानते। यदि सचमुच नहीं मानते, तो उन्होंने भारत-पाकिस्तान-बाँग्लादेश एकता के लिए प्रयास क्यों नहीं किया ? यदि भारत विभाजन कृत्रिम था और सिर्फ मुस्लिम लीग की तात्कालिक दादागीरी के कारण स्वीकार कर लिया गया था, तो भारतीय नेताओं को बराबर यह कोशिश करनी चाहिए थी कि उस कृत्रिम विभाजन को समाप्त कर वास्तविक एकता स्थापित की जाये। लेकिन हुआ इसके बिलकुल विपरीत। भारतीय नेताओं ने पाकिस्तान को हमेशा शत्रु देश के रूप में चित्रित किया। यहाँ तक कि पाकिस्तान की जनता के साथ भी दोस्ती करने की कोशिश नहीं की गयी। अतः पाकिस्तान किस बात के लिए भारत का आभारी हो ?

भारत-पाक तनाव बढ़ने के दो मुख्य कारण हैं। एक कारण तो कश्मीर ही है। यदि अनुकूल परिस्थितियों में जनमत संग्रह करा कर भारत ने कश्मीर की स्थिति स्पष्ट कर दी होती, तो पाकिस्तान का कश्मीर-मोह कभी का समाप्त हो जाता। लेकिन कश्मीर स्थिति की अस्पष्टता लगातार बने रहने के कारण पाकिस्तान की आशा कभी खत्म नहीं हुई और अब जबकि कश्मीर की आंतरिक स्थिति भारत के प्रतिकूल है, पाकिस्तान की कश्मीर आशा और भी उदग्र हो गयी है। भारत-पाकिस्तान के बीच तनाव चढ़ने का दूसरा कारण वे परिस्थितियाँ हैं, जिनमें बाँग्लादेश का जन्म हुआ। हम भारतीय इस बात पर बहुत गर्व करते हैं कि बाँग्लादेश के मुक्ति संग्राम में भारतीय सेना की गौरवशाली भूमिका थी। लेकिन अब ऐसा प्रतीत होता है कि यह भूमिका इस उपमहादेश में सौहार्द बढ़ानेवाली नहीं सिद्ध हुई। पहली बात तो यह है कि हमें किसी भी परिस्थिति में पाकिस्तान के विभाजन को प्रोत्साहित नहीं करना चाहिए था। बाँग्लादेश में पाकिस्तानी सेना द्वारा जाति संहार निश्चय ही एक बहुत गंभीर घटना थी। किंतु इसे रोकने के लिए पाकिस्तान पर नैतिक दबाव का भरपूर इस्तेमाल होना चाहिए था और वह विफल हो जाने पर राष्ट्र संघ का हस्तक्षेप आमंत्रित करना चाहिए था। यदि राष्ट्र संघ का हस्तक्षेप व्यर्थ साबित होता, तब भी भारतीय सेना को अकेले बाँग्लादेश में प्रवेश नहीं करना चाहिए था। बाँग्लादेश की मुक्ति के लिए एक संयुक्त दक्षिण एशियाई सेना का गठन करना चाहिए था। सब तरह के विकल्पों को आजमा लेने के बाद यदि

भारतीय सेना बाँग्लादेश में जाती और गहरे अनुताप के साथ जाती तथा सफलता के बाद भी यह अनुताप न केवल बना रहता, बल्कि समय-समय पर प्रकट भी किया जाता, तो पाकिस्तान की जनता में भारत के प्रति प्रशंसा भाव पैदा हो सकता था। लेकिन बाँग्लादेश के निर्माण पर भारत में जिस तरह की खुशी मनायी गयी और अब भी जैसे उस पर गर्व किया जाता है, उसने भारत-पाकिस्तान के बीच की दूरी और बढ़ा दी। बाँग्लादेश के जन्म की व्याख्या द्विराष्ट्रवाद की विफलता के रूप में की गयी, किंतु भारत-पाकिस्तान युद्ध और तनाव की लगातार उपस्थिति क्या द्विराष्ट्रवाद की सफलताएँ नहीं हैं ? द्विराष्ट्रवाद का सिद्धांत यदि पूर्णतः व्यर्थ है, तो भारत-बाँग्लादेश में एकता की इच्छा क्यों नहीं पैदा हुई ? इसमें क्या शक है कि पंजाब और कश्मीर के उग्रवाद को पाकिस्तान का सहयोग निश्चित रूप से पाकिस्तान के बाँग्लादेश के प्रतिशोध की भावना से पैदा हुआ था। जब तक पाकिस्तान भारत को कुछ वैसा ही सबक नहीं सिखा देता, वह अंदर ही अंदर आत्मलज्जा से घिरा रहेगा। यह प्रयास भारत को ही करना है कि पाकिस्तान अपनी भारत-ग्रंथि से उबर सके और सामान्य आचरण कर सके।

क्या अंतर्राष्ट्रीय दबाव कश्मीर की आजादी के पक्ष में काम कर सकता है ? कुछ हद तक निश्चित रूप से, क्योंकि यह अमेरिका की नयी भूमिका की माँग है। शीत युद्ध की समाप्ति के बाद अमेरिका अपने को एक मात्र विश्व नेता के रूप में स्थापित करने की कोशिश कर रहा है। विश्व का नेतृत्व करने की इच्छा कोई बुरी या अनैतिक इच्छा नहीं है। लेकिन हम जिसका नेतृत्व करना चाहते हैं, उसके प्रति हमारे अंदर शुभकामना भी होनी चाहिए। अमेरिका ने जरूरत पड़ने पर यूरोप के प्रति तो कुछ शुभकामना दिखायी है, किंतु तीसरी दुनिया के प्रति नहीं। यहाँ वह सिर्फ धौंस से काम लेना चाहता है। कश्मीर के मामले में भी उसकी आवाज में प्रेम या विनय नहीं है–महज अकड़ है। बहरहाल, अमेरिकी हस्तक्षेप किस हद तक बढ़ता है, यह इस पर निर्भर करता है कि भारतीय उपमहादेश में अमेरिकी स्वार्थ कितने प्रबल सिद्ध होते हैं। कुवैत में अमेरिका का स्वार्थ बहुत प्रबल था, अतः इराक पर तुरंत हमला जरूरी हो गया। कश्मीर में अमेरिका का वैसा स्वार्थ नहीं है, अतः चेतावनी का स्वर अब भी धीमा है। भारत द्वारा नयी अर्थनीति अपनाने के बाद भारत में अमेरिका का स्वार्थ तेजी से बढ़ा है। अतः भारत को अपना दुश्मन बना कर अमेरिका कश्मीर को आजाद कराना शायद न चाहे। लेकिन भविष्य की कौन जानता है ? अंतर्राष्ट्रीय राजनीति की रफ्तार और मोड़ों के बारे में कोई भविष्यवाणी नहीं की जा सकती।

यही बात कुछ हद तक राष्ट्रों के बनने-बिगड़ने के बारे में भी सच है। इस बारे में कोई गफलत नहीं होनी चाहिए कि कश्मीर का मामला असम, पंजाब वगैरह से बिलकुल अलग है। असम आंदोलन के साथ असम की जनता थी, किंतु

असम आंदोलन अलगाववादी नहीं था। पंजाब आंदोलन खाड़कुओं के हाथ में पड़ कर अलगाववादी हो गया, किंतु उन्हें कभी भी पंजाब की व्यापक जनता का समर्थन नहीं मिल पाया। कश्मीर की स्थिति भिन्न इसलिए है कि वहाँ माँग आजादी की है और उसे कश्मीर घाटी के मुसलमानों का लगभग पूर्ण समर्थन दिखाई देता है। अतः यह उम्मीद नहीं करनी चाहिए कि कश्मीरी अलगाववाद भी अंततः थक कर दम तोड़ देगा। यह एक संभावना जरूर है, क्योंकि हिंसक आंदोलनों की व्याप्ति की एक सीमा है। लेकिन कौन जाने ! परिस्थितियों के अनुकूल होने से वह बढ़ भी सकता है। शिवाजी के सैनिक चने खा कर लड़ सकते थे, तो कश्मीर उग्रवादी भी आधे पेट खा कर अपना संघर्ष जारी रख सकते हैं। यह बहस बहुत महत्वपूर्ण नहीं है कि कश्मीरी राष्ट्रीयता एक वैध अवधारणा है या नहीं। राष्ट्रीयता के बारे में देकार्त की यह उक्ति ज्यादा संगत प्रतीत होती है–'मैं सोचता हूँ, इसलिए मैं हूँ।' द्विराष्ट्रवाद के तमाम तार्किक खंडन के बावजूद पाकिस्तान बन कर रहा, क्योंकि पाकिस्तानी राष्ट्रीयता का विचार जड़ पकड़ चुका था। राष्ट्र हमेशा तर्क के आधार पर नहीं बनते। अक्सर तो उनके पीछे भावना ही होती है। तर्क उनकी एकता को मजबूत करता है। दूसरी ओर अतार्किक स्थितियों से भावनाएँ भी दरकने लगती हैं। फिलहाल कश्मीर और भारत के बीच न तर्क का कोई रिश्ता बचा दिखाई देता है न भावना का। अतः कश्मीर यदि भारत का अंग बना रहता है, तो इसका श्रेय भारतीय सेना को ही होगा।

यदि भारत सचमुच मानता है कि कश्मीर उसका अविच्छिन्न अंग है तो उसे कश्मीर के साथ सचमुच का आवयविक संबंध बनाना चाहिए। आजादी की व्यापक माँग से लोकतांत्रिक ढंग से निपटने का एक व्यावहारिक रूप यह हो सकता है कि उग्रवादियों के साथ भारत का एक समझौता हो कि दोनों ओर से हिंसा एक निश्चित अवधि के लिए बंद रहेगी। इस बीच कश्मीर का प्रशासन किसी ऐसे व्यक्ति के हाथ में रहेगा, जिस पर दोनों को भरोसा होगा। यह व्यक्ति राष्ट्र संघ का कोई प्रतिनिधि भी हो सकता है। बेहतर होगा कि यह दायित्व किसी पड़ोसी देश के तटस्थ व्यक्ति को सौंपा जाये। इस अवधि में सबको अपने-अपने ढंग से कश्मीर में प्रचार करने की सुविधा हो। उसके बाद जनमत संग्रह किया जाये। यह एक रास्ता है। इस तरह के कई और रास्ते भी निकल सकते हैं। लेकिन इन रास्तों पर वही भारत गौर करेगा जो कश्मीर समस्या का न्याययुक्त तथा शांतिपूर्ण समाधान करना चाहेगा। हर सूरत में एक बात बहुत साफ है। कश्मीर में बहुत मवाद जमा हो गया है। यह मवाद साफ करना बहुत जरूरी है, अन्यथा कश्मीर अपने लिए और भारत के लिए लगातार एक रिसता हुआ घाव बना रहेगा। इस बात का

एहसास हम भारतीयों को नहीं हो पाता, तो इसीलिए कि हममें से अधिकांश का अपना अस्तित्व भी एक रिसता हुआ घाव ही है और हम उसके उपचार की कोई गंभीर कोशिश नहीं करते।

दूसरे शब्दों में, कश्मीर का भविष्य मुख्यतः इस बात से निर्धारित होगा कि भारत और पाकिस्तान का भविष्य किस रूप में ढलता है। यदि इन देशों में मनुष्यता और राजनीति का स्तर कुछ ऊँचा उठता है, तो कश्मीर समस्या का भी कोई मानवीय समाधान निकल सकता है। वैसे कश्मीर में आजादी का जो संघर्ष चल रहा है, उसने भी अभी तक अपना कोई सुसंगत और मानवीय रूप नहीं बनाया है। यहाँ तक कि उसका कोई सुव्यवस्थित नेतृत्व तक नहीं है। आपस में इतनी प्रतिद्वंद्विता है जैसे वे किसी साझा उद्देश्य के लिए न लड़ रहे हों। कहना न होगा कि यह भी भारतीय उपमहादेश के चरित्र का ही एक दुर्भाग्यपूर्ण हिस्सा है। ऐसी स्थिति में यह आशा भी नहीं बँधती कि स्वयं कश्मीर इस उपमहादेश को कोई दिशा दे सकता है। उसकी वेदना सच्ची है। लेकिन सिर्फ इतने से किसी समुदाय की मुक्ति के रास्ते नहीं खुलते। कश्मीर की आजादी में ही उसकी मुक्ति है–यह सोचना भ्रामक है। आजाद भारत 47 वर्षों से अपनी मुक्ति की प्रतीक्षा कर रहा है। लेकिन सिर्फ इसी से कश्मीर पर हुकूमत करने का अधिकार किसी और को नहीं मिल जाता। सबको अपना भविष्य तय करने की सुविधा होनी चाहिए–यहाँ तक कि उसके साथ खेलने की भी। इसी में भविष्य की पवित्रता है। और वर्तमान की पवित्रता ? जाहिर है, वह इसमें है कि कोई किसी के साथ न खेले–यहाँ तक कि अपने साथ भी नहीं।

लेखक परिचय

अशोक सेकसरिया : विशिष्ट लेखक और कहानीकार। 'जन' और 'चौरंगी वार्ता' के संपादन से संबद्ध रहे। आजकल 'सामयिक वार्ता' के संपादक मंडल में। 16, लॉर्ड सिन्हा रोड , कलकत्ता-700071

नीरेन्द्र नागर : स्वतंत्र विचारों के जागरूक पत्रकार। नवभारत टाइम्स, नयी दिल्ली में वरिष्ठ उपसंपादक। ई 18, गली नंबर 5, पांडव नगर, दिल्ली-110092

अरुण कुमार त्रिपाठी : अध्ययनशील एवं विचारवान पत्रकार। आजकल जनसत्ता, नयी दिल्ली के संपादकीय विभाग में। सी-24, आनंद विहार, दिल्ली-110092

सत्येन्द्र रंजन : सक्रिय एवं जागरूक पत्रकार। सप्रंति जनसत्ता, नयी दिल्ली के संपादकीय विभाग में। पीपुल्स यूनियन फॉर सिविल लिबर्टीज, दिल्ली के महासचिव। डी-125, आनंद विहार-110092

सुभाष धूलिया : पत्रकारिता और मीडिया अध्यापन। वामपंथी आंदोलन से संबद्ध। भारतीय जन संचार संस्थान, नयी दिल्ली में एसोशिएट प्रोफेसर। 9/10, पुष्प विहार, सेक्टर I, साकेत, नयी दिल्ली-110017

सुरेन्द्र मोहन : जनता दल के नेता, राजनीतिक टिप्पणीकार और स्तंभ लेखक। पूर्व सांसद। एक्स बी-1, सह विकास, पटपड़गंज, दिल्ली-110092

गीता पुरी : राजनीतिक टिप्पणीकार। दयाल सिंह कॉलेज, नयी दिल्ली में राजनीतिविज्ञान विषय की रीडर। 3, करोड़ीमल कॉलेज स्टाफ फ्लैट्स, दिल्ली विश्वविद्यालय, दिल्ली-110007

जवाहरलाल कौल : वरिष्ठ पत्रकार। 'दिनमान' में लंबे समय तक काम किया। आजकल जनसत्ता, नयी दिल्ली में सहायक संपादक। बी-32, चंद्रनगर, गाजियाबाद-201011

मस्तराम कपूर : अनेक विधाओं के यशस्वी लेखक और राजनीतिक टिप्पणीकार। समाजवादी आंदोलन से संबद्ध। 79 बी, पाकेट-3, मयूर विहार-I, दिल्ली-110091

अमरीक सिंह : प्रसिद्ध शिक्षाशास्त्री तथा शिक्षा पर अनेक पुस्तकों के लेखक। पंजाब विश्वविद्यालय के पूर्व कुलपति। 'इंडियन बुक क्रॉनिकल' के संपादक। 2/26, सर्वप्रिय विहार, नयी दिल्ली-110016

रघुनाथ वैष्णवी : उच्चतम न्यायालय के अधिवक्ता। कश्मीर के सवाल पर कई दशकों से सक्रिय। द्वारा द अदरसाइड, 6/105, कौशल्या पार्क, हौज खास, नयी दिल्ली-110016

सच्चिदानन्द सिन्हा : सम्मानित समाजवादी विचारक तथा अनेक चर्चित पुस्तकों के लेखक। लगभग चार दशकों से भारतीय किसान और मजदूर आंदोलनों में सक्रिय। मनिका, मुजफ्फरपुर (बिहार)-843119

बलराज पुरी : पत्रकार, स्तंभ लेखक तथा राजनीतिक-सामाजिक आंदोलनों से संबद्ध। जम्मू और कश्मीर पर अनेक महत्वपूर्ण पुस्तकों के लेखक। नागरिक अधिकार आंदोलन में सक्रिय। निदेशक, इंस्टीट्यूट ऑफ जम्मू ऐंड कश्मीर एफेयर्स, जम्मू–180005

राजकिशोर : नवभारत टाइम्स, नयी दिल्ली में वरिष्ठ सहायक संपादक। 139, सहयोग अपार्टमेंट्स, मयूर विहार-I, दिल्ली-110091

■ ■